亚 太 国 家 现 代 化 与 国 际 问 题 研 究 中 心 项 目

# 转型期俄罗斯
# 国家意识形态研究

张钦文 / 著

社会科学文献出版社
SOCIAL SCIENCES ACADEMIC PRESS (CHINA)

# 序　言

　　人类社会发展史就是一部社会制度不断转型的历史，一定的社会制度总是与一定的意识形态相适应，因而在社会制度调整和变革过程中，意识形态又总是发挥着重要的引领和指导作用。张钦文同志多年从事青年思想政治教育工作，她凭借自己执着的追求、坚韧的毅力和刻苦的钻研，在繁忙的工作之余独辟蹊径，深度挖掘，一举完成专门研究转型时期俄罗斯意识形态的力作，跻身于国内中俄转型研究学者的行列，实属不易。

　　研究转型时期的俄罗斯意识形态问题，意义十分重大。首先，有助于总结苏联解体的原因和教训，进一步了解苏共在意识形态方面的掌控和教育为什么会失败，认清苏联解体的深层次原因。其次，通过对转型时期俄罗斯意识形态培育过程的跟踪研究，有助于掌握意识形态建设的一般规律，把握掌控意识形态的内在机理，也有助于厘清政治经济转型和意识形态转型的关系，进而了解社会转型的一般规律。最后，对当下我国的社会转型具有特殊的借鉴意义。中国和俄罗斯有很多相似之处，两国都是大国，世界上没有哪两个大国如中俄这般互为比邻；两国都是多民族的国家，都有悠久的历史和灿烂的文化；近代以来，两国有着较为密切的政治、经济和文化交往，曾经亲如兄弟，又一度反目为仇，甚至兵戎相见，两国之间有着纷繁复杂的历史恩怨；两国都曾经是世界强国，又都曾衰落下来，几经沧海，分分合合，起起落落；两国曾经都是社会主义国家，在新中国开展社会主义建设的初期，苏联曾对中国的发展产生巨大的影响。改革开放以来，我国也曾经以苏联东欧国家前期的改革尝试为榜样，努力借鉴其经验教训。在中国实行改革之后，苏联再次启动改革，并不断加快改革的步伐，走上激进改革的道路，其经验教训也更为中国所关注。两国都在进行前所未有的重大社会转型，且经历过不同的曲折，面临新的挑战和新的希望，两国的改革和发展一直处于互动状态。正是由于中俄两国在国情、改革和发展面临的目标任务以及困难障碍等方面有众多相似之处，所以两国的改革才具有可比性。我国当下处在改革的攻坚期和深水区，该书对于如何培育和践行社会主义核心价值观，如何牢牢掌握意识形态工作的领导权和话语权，具有一定的启示意义。

本书作者综合运用历史唯物主义和辩证唯物主义理论，在叙述俄罗斯意识形态变化的基础上，梳理了转型以来俄罗斯意识形态演变的历史过程，进而分析了新时期俄罗斯意识形态的内涵和特点，探讨了俄罗斯意识形态国家控制的内在逻辑，并力图探究俄罗斯政治转型、经济转型、对外政策调整与意识形态转型之间的关系，对俄罗斯意识形态面临的困难和挑战进行了研究，分析了俄罗斯意识形态发展的前景。全书颇有新意。第一，视角新颖。当下对俄罗斯政治、经济和对外政策转型的研究颇多，但对俄罗斯意识形态转型的研究较少，特别是该书把俄罗斯意识形态转型与政治转型、经济转型、对外政策调整结合起来加以研究，弥补了在俄罗斯转型研究方面的不足。第二，该书把转型以来俄罗斯的意识形态巧妙地概括为一个不断发展的三环同心圆结构：其核心靶点是全民族的共同价值目标"强国梦"；内层第一环为俄罗斯意识形态的核心价值理念，即"俄罗斯新思想"；中层第二环为建立在强国理想和核心价值理念基础上的"主权民主"国家治理思想；外层第三环为呼应时代和政治发展而不断丰富深化的"俄罗斯保守主义"。俄罗斯国家意识形态的同心三环结构紧密、相互渗透、一脉相承，共同构成了当下俄罗斯意识形态的具体内容。该书进而把俄罗斯意识形态的特点概括为构建方式的多元性和兼容性、主体内容的民族性和完整性、实现方式的柔和性和隐蔽性，总结概括准确，符合俄罗斯的现实，反映了作者研究的科学性和深刻性。第三，该书分析了俄罗斯推行国家意识形态的内在逻辑，总结了俄罗斯掌控意识形态的具体途径，提出意识形态国家掌控应该以规则为前提，以维护公民权益为底线，其实质是一种教育关系，指出了意识形态掌控的原则和建设的规律，对我国具有重要的借鉴意义。第四，该书把俄罗斯意识形态的转型置于俄罗斯整个社会转型的大背景下来考察，论述了俄罗斯意识形态转型与政治转型、经济转型、对外政策调整的内在互动关系，指出意识形态既能够为政治转型指明方向，提供合法性，统一思想，凝聚人心；又能够为经济转型提供理论指导，促进经济现代化；还可以为对外政策调整提供战略指导。

社会存在决定社会意识，社会意识对社会存在具有能动的反作用。苏共的败亡，根源于其对社会主义意识形态的教条化、空想化和形式化，表现于改革过程中社会思潮的多元化和社会主义主流意识形态的丧失。社会转型是一个涉及政治改革、经济改革、社会改革、文化改革和生态文明建设的系统工程，它是从旧体制向新体制的转型。旧体制是相互配套、协调运行的一个有机整体，传统的社会主义意识形态是与计划经济体制和集权政治体制相配套的，它们一体运行，维系了传统社会主义的存在和发展，但这种体制的空想性和集权型决定了改革的必然性。由于经济基础的决定性作用，社会主义国家的改革大多是从经济体制方面入手的，但受思想保守、路径依赖和既得利益集团的阻碍等因素的作用和影响，政治体制改革和意识形态的创新往往步履维艰、相对滞后。政治体制改革滞后，旧的政治体制所产生的腐败、低效就会侵蚀经济体制改革带来的成果，阻碍经济体制改革的深化，导致政治腐败、两极分化、分配不公和社会动荡。文化改革滞后，则落后的文化意识形态必然会遭到其他社会思潮的挑战，在社会中造成价值多元、思想混乱、道德缺失、行为失范，从而严重制约经济、政治的发展，甚至会造成体制的冲突、社会的分化、人格的分裂和矛盾的叠加，最后导致转型失败。新型的社会主义体制是一个相互配套、协调运行的有机整体，社会主义市场经济体制必须有高度的社会主义民主政治体制和以社会主义核心价值为灵魂的社会主义意识形态相配套，它们良性互动、一体运行，才能促进社会主义事业的健康发展。社会主义国家社会转型必须实施全面、协调、可持续发展的战略，反对单纯的经济决定论、政治决定论和文化决定论，防止经济、政治或文化方面改革的孤军突进或孤军滞后。必须推进政治改革、经济改革、文化改革、社会改革和生态文明建设的协调发展，才能继取得社会主义革命胜利之后取得社会主义改革这一新胜利，迎来国家民族的复兴和世界社会主义运动的复兴。

王立新

2016 年初夏于南京燕子矶

（本序作者是南京师范大学教授、博士生导师，现任南京特殊教育师范学院党委副书记）

CONTENTS 目 录

# 导　论

## 一　问题的缘起与研究意义

　　20世纪末，以苏联解体为标志，以意识形态对抗为显著特征的冷战时代结束了。在全球化浪潮的席卷下，一大批前社会主义国家包括俄罗斯走上了各具特色的国家转型道路，经济上从计划经济向市场经济转型，政治上从集权政治向民主政治转型，同时社会各领域都发生了深刻变化。在这一历史潮流之下，"意识形态"一词似乎成了国际政治领域中被尽量回避、隐而不宣的政治术语。

　　俄罗斯激进改革使苏联时代的思想体系彻底崩溃，意识形态领域从苏联"斯大林模式"僵化控制的极端，走向完全放任自流的另一个极端。俄罗斯1993年宪法明确规定："俄罗斯联邦主张意识形态多元化……任何思想体系都不能被确立为国家的、每一个公民都必须接受的意识形态。"① 国家意识形态作为极权制度的标志被否定。然而激进改革并没有使俄罗斯融入向往已久的西方世界，而是一步步陷入持续多年的社会灾难之中。意识形态领域的混乱更使俄罗斯民族的自尊心和自信心遭受重创，整个社会迷失了方向，国家经历着深刻的国家认同和基本价值观危机，处于崩溃的边缘。

　　俄罗斯前总统叶利钦认识到了意识形态领域问题的严重性，于1996年7

---

　　① 俄罗斯联邦宪法，http://www.poccuu.org/xianfa0.htm，2015–04–17。

1

月提出了制定国家思想即"俄罗斯民族思想"的政治任务。但动荡的政局和1998年金融危机的冲击没有为叶利钦的意识形态建设提供宽松的现实条件，党派林立、政治思想混乱无序也使制定能为多数人所接受的俄罗斯思想的政治任务更加艰难，叶利钦数年的努力并未取得实际成效。普京当选俄罗斯总统后，以复兴俄罗斯为根本目标，努力探索符合俄罗斯现实国情的现代化发展道路。在此进程中，普京逐步提出了"俄罗斯新思想"、"主权民主"和"俄罗斯保守主义"等概念和思想，事实上启动了国家意识形态的建设，并在维护俄罗斯社会稳定、民族团结，促进俄罗斯经济发展，恢复强国形象和大国地位中发挥了重要作用。

对转型期俄罗斯国家意识形态建设进行研究，可以促进我们进一步梳理和总结苏联意识形态崩溃的根本原因和经验教训，更深刻地认识国家意识形态建设对俄罗斯转型的重要意义。梳理转型期俄罗斯意识形态建设的主要脉络，把握其国家意识形态的理论框架和基本内涵，总结国家意识形态构建的一般规律，也能为各转型国家的意识形态建设提供一定的借鉴。

## 二　国内外研究现状与评析

### （一）国内学者关于此课题的研究情况

#### 1. 对俄罗斯政治文化的相关研究

这方面的研究主要集中在以下三个方面。

一是关于俄罗斯转型期政治思潮的概述性研究。黄军甫对俄罗斯最主要、最有影响的自由主义、民族主义、社会主义三种政治思潮兴衰更替及对立互动的历史进程进行了梳理，论述了造成三种思潮兴衰的传统因素、国际背景及与社会转型的关系，并对三种思潮的前景及其影响下俄罗斯的未来走向进行了预判。[①] 王立新论述了转轨以来俄罗斯政治文化演变和政治亚文化之间的冲突及其与经济政治转轨的关系，指出这种冲突既是俄历史上文化冲突的延续，又是俄经济政治转轨的结果。[②] 他还分析了1991年俄罗斯社会转型以来，俄罗斯

---

① 黄军甫：《社会转型过程中的俄罗斯政治思潮分析》，华东师范大学出版社，1994。
② 王立新：《转轨以来俄罗斯政治文化的发展》，《学海》2001年第3期。

社会思潮经历的从右翼自由主义到左翼社会主义和民族主义再到中间主义的演变和矛盾冲突。①

二是关于俄罗斯转型期凸显的民族主义、欧亚主义、大国思想等的相关研究。李志忠②和刘长江③分别对反全球化，即反体系运动的俄罗斯民族主义进行了研究，认为俄罗斯民族主义关注俄罗斯作为一个世界大国的历史作用和现实地位，强调俄罗斯独特的发展道路，对俄罗斯人的政治认同和内外政策都产生了决定性影响。解蕾分析了俄罗斯欧亚主义复兴的历史背景和地缘政治起点，阐述了当代欧亚主义兼容百家的本质内涵。④ 李渤从俄罗斯特定的自然地理环境、独特的社会历史文化和东正教超民族主义的"救世"意识和"第三罗马"观念等方面分析了俄罗斯大国思想的渊源。⑤

三是对俄罗斯宗教历史传统的相关研究。刘玉英⑥和苗贞、丁晓正⑦分别研究了俄罗斯东正教与政府政治权力关系发展的历史沿革：一方面俄罗斯东正教作为政治权力的意识形态资源，可以为权力起到提供合理性、权威性、合法性支持的重要作用；另一方面俄罗斯各种政治权力根据自身利益需求，对东正教采取了依赖、保护、支持或打击等不同政策。刘莹指出，东正教和专制制度思想成为俄罗斯民族对内自我确认、对外树立形象的重要认同标准和政治文化指向。⑧ 郭小丽分析了弥赛亚意识的当代影响：在宗教层面认为只有俄罗斯能够拯救濒危的世界；在精神层面表现为俄罗斯的欧亚主义；在政治层面表现为要"成为强大国家"。俄式弥赛亚意识既使俄罗斯民族始终具有全球化倾向，又使俄罗斯人反复强调自己的发展道路具有独一无二性，从而始终与全球化保

① 王立新：《转轨以来俄罗斯社会思潮的变迁和应对策略》，《南京师大学报》（社会科学版）2010 年第 5 期。
② 李志忠：《社会转型时期的俄罗斯民族主义》，北京大学出版社，2003。
③ 刘长江：《全球化背景下的俄罗斯民族主义》，《唯实》2008 年第 1 期。
④ 解蕾：《试析俄罗斯欧亚主义的兼容性特征》，《今日东欧中亚》1999 年第 5 期。
⑤ 李渤：《俄罗斯人大国思想渊源初论》，《俄罗斯中亚东欧研究》2009 年第 5 期。
⑥ 刘玉英：《东正教在俄罗斯社会转型时期的作用与影响》，《辽宁大学学报》（哲学社会科学版）2002 年第 3 期。
⑦ 苗贞、丁晓正：《穿越历史时空的意识形态资源——俄罗斯东正教的历史、现状与未来》，《科学大众》2007 年第 6 期。
⑧ 刘莹：《俄罗斯民族认同中的政治文化指向》，《西伯利亚研究》2008 年第 3 期。

持一定距离。对俄罗斯政治文化的研究是进行俄罗斯转型期意识形态研究的前提。①

学者们的这些研究为俄罗斯国家意识形态研究提供了丰厚的政治文化背景和宝贵的基础性资料。但对于如何适应俄罗斯社会思潮多元化趋势、构建多样政治文化的融合机制，如何培育与新体制相适应的、全民族认可的核心价值观，如何用新方式掌控社会思潮等问题，学者们并没有给出答案。

2. 对俄罗斯意识形态的相关研究

这方面的研究也集中在以下三个方面。

一是关于俄罗斯国家意识形态构建过程的研究。关贵海对俄罗斯转型以来意识形态方面的文化革命时期、未成功的转折时期、国家思想的探索时期进行了分析，并对下一时期国家意识形态构建的社会共识基础、构造主轴、主要成分进行了总结。② 王丹认为1991年以来俄罗斯国家意识形态构建历程可分为四个阶段，并实现了历史意识认知类型的转变，俄罗斯开始强调国家意识形态中应该包括对国家过去、现在和将来的认识，把完整的历史记忆作为稳定社会的重要因素。③ 王春英发表于2009年和2010年的三篇文章④⑤⑥分别对俄罗斯转型期意识形态构建的重要性、意识形态生成的发展历程、意识形态建设的基本经验进行了论述。因为俄罗斯的意识形态建设是个发展的过程，目前依然处在进行时，所以学者们对俄罗斯意识形态构建过程的研究受制于时间和资料，呈现出鲜明的阶段性和局限性，表现为对不同阶段俄罗斯国家意识形态构建的主题提炼不够，对各阶段之间的递进关系关注不多，对俄罗斯国家意识形态构建过程的整体把握不够等。

二是关于俄罗斯国家意识形态内容的研究。随着俄罗斯改革的进展和普京政治思想的发展，"俄罗斯新思想""主权民主""俄罗斯保守主义"陆续成

---

① 郭小丽：《俄罗斯的弥赛亚意识》，人民出版社，2009。
② 关贵海：《论俄罗斯转型期的意识形态》，《俄罗斯研究》2001年第2期。
③ 王丹：《俄罗斯国家意识形态的构建与历史意识的转变》，《中国社会科学院报》2004年9月2日。
④ 王春英：《转型期间俄罗斯意识形态构建的路径及启示》，《黑龙江社会科学》2009年第4期。
⑤ 王春英：《转型期间的俄罗斯意识形态建构之状况》，《学术交流》2010年第1期。
⑥ 王春英：《建构中的俄罗斯新意识形态》，《俄罗斯中亚东欧研究》2010年第5期。

为学者们研究的对象。围绕"俄罗斯新思想"，白晓红对普京的"俄罗斯思想"形成的历史和社会根源进行了追溯，认为该思想以"强有力的国家"观念为中心，带有集权主义色彩，符合俄罗斯现实，是未来俄罗斯国家的官方意识形态。① 周尚文认为"俄罗斯思想"是俄罗斯民族特有的思想观念和独特的思维方式，是解读苏联和俄罗斯社会历史上许多重大事件的一把钥匙；重塑"俄罗斯思想"是维系俄国各民族、各阶层人民的精神支柱，并成为当政者和全社会的一项重大任务。② 汪宁对俄罗斯思想的历史演进进行了总结和探讨，把普京提出的"俄罗斯新思想"要解决的问题总结归纳为"俄罗斯在世界文明中的地位""俄罗斯要往哪里去""该怎么办"三个方面，并从政治、经济、文化和外交战略四个方面对普京执政三年的业绩进行了分析研究。③ 围绕"主权民主"，顾志红认为"主权民主"思想不仅是对俄罗斯现行政治制度性质的解释，也体现了俄罗斯传统文化哲学思想，是构成俄罗斯国家意识形态内核的政治理论。④ 刘莹认为普京"国家主义"的执政理念表现为对内实行"可控民主"、对外主张"主权民主"，前者强调国家政权在国内政治经济改革建设中的绝对权威地位，后者强调俄罗斯国家在国际上独立、自主的整体形象。⑤ 郑羽在其主编的三卷本《普京八年：俄罗斯复兴之路（2000～2008）》中对普京"主权民主"主流价值观确立的发展进程做了较充分的描述。⑥ 围绕"俄罗斯保守主义"，李兴耕论述了统一俄罗斯党的意识形态演变过程、俄保守主义的含义和各界评价，并对统一俄罗斯党十一大首次确定党的意识形态是俄罗斯保守主义进行了初步评析。⑦ 他还在《俄罗斯四大议会政党的意识形态比较研究》一文中描述了苏联解体后俄罗斯政党意识形态嬗变的基本轨迹，对统一俄罗斯党主张俄罗斯保守主义、俄共坚持共产主义、公正俄罗斯党信奉社会民

---

① 白晓红：《普京的"俄罗斯思想"》，《东欧中亚研究》2000 年第 2 期。
② 周尚文：《俄罗斯思想与俄罗斯社会转型》，《当代世界与社会主义》2002 年第 4 期。
③ 汪宁：《普京的"俄罗斯新思想"》，华东师范大学 2002 年博士学位论文集。
④ 顾志红：《俄罗斯国家意识形态露出端倪》，《中国社会科学院报》2007 年 9 月 4 日。
⑤ 刘莹：《普京的国家理念与俄罗斯民族国家认同重建》，《俄罗斯文艺》2008 年第 4 期。
⑥ 郑羽、蒋明君总主编《普京八年：俄罗斯复兴之路（2000～2008）》，经济管理出版社，2008。
⑦ 李兴耕：《统一俄罗斯党的意识形态——"俄罗斯保守主义"》，《当代世界与社会主义》2010 年第 1 期。

主主义、俄罗斯自由民主党鼓吹民族主义等不同政党意识形态分别进行了分析和比较。① 庞大鹏的专著《观念与制度——苏联解体后的俄罗斯国家治理（1991～2010）》全面回顾了由于观念演变而引起的制度变迁和战略选择推动的俄罗斯国家治理进程，其中不少内容涉及俄罗斯国家意识形态的相关内容。② 焦建辉探讨了俄罗斯国家意识形态形成的历史及现实背景，认为俄国家意识形态带有专制色彩，这是源于对所谓"公意"和"传统"的尊重与服从。③ 学者们对俄罗斯意识形态相关内容的研究呈现出阶段性和零散性特征，缺乏对俄罗斯意识形态理论框架的系统梳理和研究，相关概念间逻辑发展关系不明确，对俄罗斯国家意识形态与政治、经济、社会发展之间的互动关系研究不足。

三是关于俄罗斯思想政治教育方面的研究。安启念、姚颖④、武卉昕、徐宁⑤、于晓霞⑥、付轶男⑦等学者分析了苏联解体后俄罗斯公民道德水平极速下滑的原因，东正教、俄罗斯思想、民族主义等在公民道德教育中所起的特殊作用以及政府所做的努力。徐海燕⑧、姜晓燕⑨、葛立娟、袁晓东⑩、韩莉⑪等学者的一系列文章从俄罗斯加强爱国主义教育的重要性、具体举措、表现特点、面临挑战等不同角度对该问题进行了分析研讨。高雨阳⑫、王春英⑬、耿密⑭、

① 李兴耕：《俄罗斯四大议会政党的意识形态比较研究》，《中共天津市委党校学报》2010 年第 5 期。

② 庞大鹏：《观念与制度——苏联解体后的俄罗斯国家治理（1991—2010）》，中国社会科学出版社，2010。

③ 焦建辉：《普京时代俄罗斯国家意识形态分析》，华东理工大学 2009 硕士学位论文集。

④ 安启念、姚颖：《苏联解体后俄罗斯的道德混乱与道德真空》，《国外理论动态》2006 年第 12 期。

⑤ 武卉昕、徐宁：《俄罗斯公民道德教育的复归》，《西伯利亚研究》2009 年第 2 期。

⑥ 于晓霞：《社会转型时期俄罗斯中小学德育改革研究》，东北师范大学出版社，2006。

⑦ 付轶男：《国家政策的回归——新世纪俄罗斯思想道德教育发展走向》，《外国教育研究》2003 年第 3 期。

⑧ 徐海燕：《普京时代的青年爱国主义教育》，《青年探索》2007 年第 6 期。

⑨ 姜晓燕：《俄罗斯的爱国主义教育及村社意识》，《比较教育研究》2008 年第 2 期。

⑩ 葛立娟、袁晓东：《俄罗斯爱国主义教育研究》，《中国科技信息》2009 年第 14 期。

⑪ 韩莉：《解体后俄罗斯爱国主义教育体系的重构及其特点》，《西北师大学报》（社会科学版）2008 年第 1 期。

⑫ 高雨阳：《叶利钦时期的俄罗斯思想政治教育》，《科教文汇》2008 年第 10 期。

⑬ 王春英：《近期俄罗斯思想政治教育发展路向及启示》，《思想理论教育导刊》2008 年第 7 期。

⑭ 耿密：《近十年俄罗斯的思想政治教育浅析》，《西伯利亚研究》2009 年第 36 期。

迟凤云、张鸿燕①等学者的文章揭示了加强思想政治教育是俄罗斯摆脱社会道德下滑和价值观混乱危机、弘扬俄罗斯历史传统的现实需求，俄罗斯通过重塑爱国主义教育理论基础、制定《公民爱国主义教育纲要》等系列方针政策和恢复思想政治教育在学校的重要地位等措施，改进和加强新时期的思想政治教育工作。新时期俄罗斯思想政治教育体系的特点表现在：充分考虑俄罗斯多民族组成因素、重视革命历史及传统教育、注重爱国教育与军事体育训练相结合、提倡人文精神和维护民族文化、在教育中广泛使用国家象征等，内容上更加科学和完整，形式和方法上更为多样。面临的挑战是多元办学体制使国家纲要难以落实，社会大环境中自由主义、实用主义等不利因素长期存在等。我国学者们对俄罗斯思想政治教育的研究带有鲜明的中国思维方式，在恢复苏联传统方面着墨较多，对新旧时期思想政治教育的本质差异研究不足；对政策、做法、现象等表象性内容陈述较多，对俄罗斯思想政治教育的理论依据和工作体系缺乏研究；从意识形态掌控的角度看，对思想政治教育以外的方式研究比较匮乏。

**（二）国外学者关于此课题的研究现状**

1. 俄罗斯学者的相关研究

俄罗斯人文科学研究院院长 B. 普利亚耶夫和人文科学研究院通讯院士 H. 舍利亚平在 2001 年发表的《当代俄罗斯民族国家意识形态形成的趋势》一文中指出，不存在所谓的"非意识形态化"，俄罗斯社会各阶层分化严重，不同思想观念间的斗争十分激烈。两位学者对 20 世纪 90 年代以来俄罗斯国内意识形态的演化过程、当代俄罗斯主要政党和社会政治运动关于国家意识形态的基本观点做了系统分析，认为在国家意识形态的形成中传统俄罗斯思想中的国家观念、东正教、精神的独特性和社会主义的思想等历史价值观起着关键性作用；最有前途的意识形态和俄罗斯思想的最主要成分是"欧亚主义"。②弗·多博林科夫认为，在全球化以及以美国为首的西方自由派居统治地位的时代，俄罗斯要摆脱危机、获得复兴，必须借助保守的意识形态。保守主义政策和意识形态的最基本轮廓表现在如下几个方面：精神和道德的复兴、强大的国

---

① 迟凤云、张鸿燕：《当代俄罗斯公民教育的特点及启示》，《外国教育研究》2007 年第 11 期。

② 范建中：《俄罗斯各派关于国家意识形态的不同主张》，《国外理论动态》2002 年第 6 期。

家、多种经济结构中强大的国有成分、强有力的国家领导人、社会组织（人民权利和民生福利）、解决人口危机的出路、作为统一国家的俄罗斯、俄国多民族人民与俄罗斯族人民一起作为俄国人民的有机整体、坚决地与犯罪现象和腐败做斗争、对移民的限制、将俄罗斯作为抵抗全球自由主义的中心之一。① 罗伊·麦德维杰夫在 2013 年接受中国学者采访时认为，是普京挽救了俄罗斯联邦，俄罗斯作为有限度的民主国家，需要一个强有力的中央政权。他认为俄罗斯迄今为止还没有真正找到一条适合自己的发展道路，国家需要重新制定包括经济、政治和意识形态各方面内容的长远规划；普京政府的工作重点应放在发展经济、制定人口政策、强军和构建强大政府等多方面；为国家和民族构建新的思想体系是意识形态领域的迫切任务；外交政策的目标是恢复俄罗斯的大国地位，重获国际社会的尊重。弗·尼·舍甫琴科探讨了俄罗斯独特的民族发展道路问题，他认为俄罗斯应该选择独立性的社会主义道路，因为社会主义制度中包含的自由、正义和集体主义等思想深深植根于俄罗斯民族文化之中，西欧社会实际上也在缓慢地、渐进地向实现社会主义价值的方向发展。② 俄罗斯国家宪法规定不得确立官方的意识形态，在政治思想多元化的指导下，学者们对国家发展道路、国家意识形态的定位和认识存在明显分歧。

2. 其他国家学者的相关研究

詹姆斯·比灵顿（James H. Billionton）在《俄罗斯寻找自己》一书中精辟独到地论述了俄罗斯人努力追寻自己民族身份的漫长进程：第一阶段是 19 世纪前俄罗斯对自己民族身份的探寻；第二阶段是 20 世纪苏联运用意识形态工具实现了俄罗斯民族意识和国家身份的强化；第三阶段是后苏联时代俄罗斯重新确立其民族国家身份。③ 他认为贤明的领袖、精神的复苏与和谐的文化将凝聚俄罗斯人民，并决定俄罗斯的未来走向。他建议俄罗斯在复兴东正教等本国宗教和道德传统的同时实现与西方政治经济体制的结合。美国著名斯拉夫语

---

① 〔俄〕弗·多博林科夫：《全球化条件下的俄罗斯意识形态》，徐海燕摘译，《国外理论动态》2007 年第 2 期。

② 〔俄〕弗·尼·舍甫琴科：《现代化之路还是民族之路——关于俄罗斯发展道路的争论》，陈红编译，《当代世界与社会主义》2013 年第 6 期。

③ 〔美〕詹姆斯·比灵顿：《俄罗斯寻找自己》，杨恕译，兰州大学出版社，2007。

言学家汤普逊在自己的著作中分析了俄罗斯社会和文化中的"圣愚现象",通过对俄国各宗教样态和社会行为模式的分析,揭示了俄罗斯民族的人格类型和政治心态,诠释了俄罗斯现代知识分子和俄国文学的本质特征。① 他认为,"圣愚现象"在俄罗斯一直被视作民间中下层文化中的潜流文化,属于东正教的亚群体,但事实上,其对俄罗斯文化发展影响深远,是俄罗斯整体文化的重要组成部分。斯蒂芬·卡特的专著《俄罗斯民族主义的昨天、今天与明天》(1990)和杰弗里·霍斯金等人选编的《俄罗斯民族主义:过去与现在》(1998)一书都选择了从帝国利益的角度去追溯俄罗斯民族主义历史,论述了沙俄、苏联和后苏联时期俄罗斯民族主义的表现,分析了俄罗斯民族主义对西方国家利益的挑战。② 阿斯特里德·图密尔斯的《1856年以来的俄罗斯民族主义:意识形态与外交政策的制定》(2000)从意识形态与俄罗斯外交政策相互关系的角度研究了1856年以来的俄罗斯民族主义发展情况。③ 杰克·斯奈德的《民族主义与后苏联国家的危机》(1993)专门研究了后苏联地区各国的民族矛盾和民族主义情绪导致的族裔冲突,并把这一民族危机放在国际安全视域进行了全面的分析。④ 曼纽尔·卡斯特认为,狭隘的俄罗斯民族主义影响了对苏联民族共同体的构建和认同,是造成苏联人民历史性共同体夭折的隐秘杀手。⑤ 英国学者叶莲娜·切班科娃分析了保守主义思想观念在俄罗斯政治话语和中央政界中的地位和影响力,否定了西方式国家现代化理念和制度已在俄罗斯牢固确立的论断。⑥ 她强调保守主义文化和观念在俄罗斯社会发展中的至关重要性,认为俄罗斯保守主义与自由主义政治经济计划相对立,抵制了西方式全球化和现代化在俄罗斯的实施,强化了俄罗斯的欧亚文明特征。俄罗斯民族主义是西方学者研究的重点,西方学者或从文化角度切入,使俄罗斯意识形态成为超越现实基础的纯精神领域活动,或从本国利益和国际关系角度切入,研

---

① 〔美〕汤普逊:《理解俄国:俄国文化中的圣愚》,杨德友译,三联书店,1998。
② 转引自杨育才《国外俄罗斯民族主义研究综述》,《俄罗斯中亚东欧研究》2007年第3期。
③ 同上。
④ 同上。
⑤ 〔美〕曼纽尔·卡斯特:《认同的力量》,曹荣湘译,社会科学文献出版社,2006。
⑥ 〔英〕叶莲娜·切班科娃:《俄罗斯的基本保守主义:探寻现代性》,谢礼圣编译,《当代世界与社会主义》2013年第6期。

究外交应对之策，依然带有意识形态对抗色彩，未能体现全面性和客观性。

综上所述，我们可以看到，国内外在诸如俄罗斯政治文化传统、社会思潮演进、思想政治教育、社会转型等方面的相关研究还是比较丰富的，而直接以俄罗斯国家意识形态为选题的研究还比较零散，不够全面系统，缺乏对俄罗斯意识形态生成、发展、演变内在规律的深入研究，未能反映俄罗斯经济基础和上层建筑之间的相互关系，相关研究多停留在意识形态领域，就主义谈主义、就思潮谈思潮。况且俄罗斯意识形态的构建尚处在一个动态发展的变化过程中，目前跟踪俄罗斯意识形态的最新研究成果不多，已有的成果多停留在"梅普组合"时期。

## 三 本书的研究框架、重点、难点及创新点

本书拟以苏联解体后俄罗斯国家转型为背景，开展俄罗斯国家意识形态问题研究。导论部分介绍了选题的缘起和研究意义，对国内外研究现状进行了评析，点明了全书的重点、难点及创新点，也介绍了本书的主要研究方法和手段。第一章概述了意识形态基本理论。重点阐述了意识形态概念的历史流变、意识形态概念的本质特征和功能、马克思主义的意识形态理论，界定了本书研究的俄罗斯意识形态的边界。第二章介绍了俄罗斯意识形态发展的历史背景。重点对苏联社会主义模式的衰落、苏联时期意识形态的兴衰、西方政治思潮的渗透和俄罗斯转型以来的社会变化等内容进行阐述。第三章分析了转型期俄罗斯国家意识形态的发展历程。回顾了叶利钦时期俄罗斯在意识形态方面的迷茫与探索、普京执政后文化思想和政治领域的各派斗争，对普京重塑俄罗斯国家意识形态的四个阶段进行了梳理。第四章阐述了俄罗斯国家意识形态的基本内涵。重点对俄罗斯国家意识形态的理论框架和具体内容进行了分析，对其实质和特征进行了深入探讨。第五章围绕俄罗斯意识形态的国家控制而展开。对俄罗斯意识形态控制的理论、现实和行为逻辑进行了阐述，总结和探讨了俄罗斯国家意识形态控制的具体途径。第六章探讨了俄罗斯国家意识形态对社会转型的能动反作用。分别就俄罗斯意识形态对其经济建设、政治建设、外交政策的影响做了分析。第七章探讨了俄罗斯国家意识形态建设面临的困境与挑战。对来自俄罗斯传统政治文化和政治体制的根本性结构矛盾进行了论述，对来自国

际国内政治形势和全球化信息化时代的挑战进行了分析。结束语总结了俄罗斯国家意识形态建设的基本经验，并对俄罗斯国家意识形态的未来发展进行了合理预测。本书的重点在第四章和第五章。

本书在具体分析和研究过程中，遇到三个方面的难点。其一，俄罗斯国家意识形态的隐蔽性和含混性。一方面，作为国家上层建筑重要组成部分的国家意识形态客观存在；另一方面，俄罗斯宪法规定不允许确立国家和每一个公民都必须接受的意识形态。因此俄罗斯并没有明确的官方意识形态工作机构和组织体系，也没有明确的法律文件、思想体系、系列专著等可供研究。笔者只能从领导人讲话、政党文件、媒体评论、社会调查、教育及传媒等相关领域法规政策中获取间接材料，并开展研究工作。其二，国内对俄罗斯国家意识形态的研究相对较少。目前对俄罗斯研究的热点领域主要是在经济体制改革、政治体制改革、社会转型、外交政策、对苏联历史的重新评价等方面，以俄罗斯国家意识形态为题的研究相对零散，可以借鉴的资料不多。其三，对俄罗斯国家意识形态的研究需要以俄语语言能力为支撑来完成大量第一手俄文资料的阅读，而目前，笔者则需要借助译文和精通俄语的师长和朋友们在语言方面的帮助。

本书在理论上有一些创新之处，主要表现在以下几点：一是选题的创新，在目前的俄罗斯研究中，以意识形态为主题的研究不多，系统地研究俄罗斯国家意识形态的成果更少；二是研究视角的创新，以国家转型的视角切入俄罗斯国家意识形态研究，以历史唯物主义和辩证唯物主义为指导，注重俄罗斯国家意识形态与经济基础、政治基础、社会结构、文化渊源等之间的多元辩证关系；三是系统梳理了俄罗斯国家意识形态发展的历史过程，对俄罗斯意识形态的理论框架、内在逻辑、基本内容和本质特征进行了深入分析，使隐蔽而含混的俄罗斯国家意识形态变得相对清晰可见；四是对俄罗斯意识形态国家控制的理论逻辑、现实逻辑和行为逻辑进行了阐述和分析，揭示了俄罗斯意识形态国家机器的本质和实现路径。

## 四 主要研究方法和手段

### 1. 基本思维方法

笔者始终坚持历史唯物主义和辩证唯物主义，即在研究过程中：一是始终坚持把现实物质生产和社会生活作为研究的历史起点，把人们所处的社会关系作为说明人的精神生活、社会意识形式和国家意识形态的基本依据；二是始终坚持马克思主义的人类社会发展根本动力学说，运用生产力与生产关系、经济基础和上层建筑之间的辩证关系原理，揭示俄罗斯国家意识形态重塑的内在逻辑；三是始终坚持阶级分析法，对俄罗斯纷繁复杂的政治思潮进行阶级分析，明确其理论所代表的是阶级、阶层的价值取向和根本利益。

2. 具体研究方法

①文献研究法。在广泛收集相关经典文献、相关研究资料的基础上，采用马克思主义的世界观和方法论，对资料进行分类整理和逻辑分析，梳理基本思路，形成原创性观点。

②跨学科研究法。通过学习和借鉴哲学、政治经济学、文化学、社会学等相关学科的知识、理论和方法，对俄罗斯转型期的国家意识形态问题进行全方位、多维度的分析研究，提升论文的理论性和前沿性。

③比较研究法。通过对东西方不同政治文化传统的比较、对当前不同社会思潮和不同政党主张的比较、对苏联解体前后俄罗斯意识形态领域的差异性比较来分析、揭示特定历史时期俄罗斯国家意识形态的发展规律。

④系统研究法。意识形态建设是个系统工程。转型时期俄罗斯国家意识形态的建设是国家主导的价值观层面、制度层面和政策实施层面多维互动、系统重构的过程，也是意识形态建设与政治建设、经济建设相互影响和辩证发展的过程。只有坚持系统研究法，才能把转型期俄罗斯国家意识形态研究推向深入。

# 第一章　意识形态理论概述

意识形态是一个深刻复杂而富有争议的概念。正如吉登斯所说："过去二百年间，哲学、政治学和社会学内外一直在辩论着意识形态这个概念。如果说存在有争议的概念，并且给最有争议的概念颁奖的话，意识形态概念会当之无愧地名列第一。"[①] 对意识形态概念历史流变的梳理和对马克思主义意识形态理论的再认识，会为俄罗斯转型期意识形态的研究提供一个相对明晰的理论前提。

## 第一节　意识形态的基本概念

### 一　意识形态概念的历史流变

分类研究法为我们提供了一种从宏观上把握历史上不同意识形态概念的科学方法。我们以历史为线索，选择对在意识形态发展史上占有一定地位的学者、思想家或政治家的意识形态概念进行分类研究，便可以勾勒出意识形态概念历史流变的基本轮廓。

#### （一）意识形态概念争议的历史起点——特拉西与拿破仑

意识形态概念是法国启蒙理性哲学家德斯蒂·德·特拉西（Destutt de

---

① Giddens, A. Four Theses on Ideology. In Arthur, K. & Marilouise, K. (eds.). Ideology and Power in the Age of Lenin in Ruins. NY: St. Martins Press, 1991: 21.

Tracy）于 1796 年最早提出的。他是当时法国国家研究院道德伦理和政治科学部主管。他创建了一门名为 Ideology（直译为"观念学"）的新学科来系统分析人们感知现实事物所形成的观念。特拉西把观念学应用于政治领域，通过分析源于现实社会的观念和感知来认识人性和人类需求，为进行社会改革、重新安排社会与政治秩序提供理论基础。特拉西的意识形态概念具有积极的实证意义，因为他从彻底的感觉主义出发，将道德和政治科学置于对现实和实践的关注基础上。这与过去在神秘宗教基础上寻找道德和政治的理论支撑形成鲜明对比。特拉西的观念学是从新学科的建设入手展开学术探讨与实践，并没有主观价值评判的意味，所以他的意识形态概念属于"描述意义的意识形态"①，也即"中性概念"②。

特拉西与共和主义政治有着密切联系，他本人的政治命运也决定了观念学的命运。1799 年，拿破仑·波拿巴从埃及回国后成为法兰西第一共和国执政官。特拉西关于共和主义归属的政治言论成了拿破仑独裁野心的潜在威胁。拿破仑创造了"观念学者"一词，对特拉西等人采取嘲笑、打击的策略。他将观念学批判为一种抽象的、推测性的矫饰哲学，认为以这种学说为基础的新政治与教育原理旨在煽动反叛。1812 年 12 月，拿破仑经历了灾难性的俄罗斯战役后回到巴黎，进一步把"观念学者"当成其政权式微的替罪羊，指责"观念学者"颠覆国家和法治。拿破仑用"意识形态"这个词来压制反对派、维护其摇摇欲坠的政权，后来他几乎把所有宗教和哲学思想都谴责为"意识形态"。这样，本来值得尊敬的、承续着启蒙精神、具有实证科学意义的"观念学"在人们的观念中蜕变成备受嘲笑与鄙视的、作为抽象和幻想观念的"意识形态"。我们看到，作为意识形态概念争议史上的基本对立之一，即中性意

---

① 莱蒙德·格斯在《批判理论的理念》（The Ideal of a Critical Theory）中将意识形态概念分为"描述意义的意识形态"（Ideology in the description sense）、"贬义的意识形态"（Ideology in the pejorative sense）和"肯定意义的意识形态"（Ideology in the positive sense）三种类型。引自俞吾金《意识形态论》，人民出版社，2009，第 129 页。

② 约翰·汤普森在《意识形态与现代文化》（Ideology and Modern Culture）中用"中性概念"和"批判性概念"两种类型来划分和研究若干意识形态概念。他提出了四种负面性标准用于判断何为"批判性概念"：①抽象的或不实际的；②错误的或幻想的；③表达统治利益；④支持统治关系。引自〔英〕约翰·汤普森《意识形态与现代文化》，高铦等译，凤凰出版传媒集团、译林出版社，2005，第 61 页。

义与负面（或批判）意义的对立，在它生命的头 10 年中即已出现。

### （二）意识形态概念的否定性倾向——黑格尔与马克思

黑格尔虽然很少提及"意识形态"一词，但其巨著《精神现象学》通过对人类意识形态发展不同阶段的说明，揭示了意识形态在现实世界运动和发展的本质，从而奠定了他在意识形态概念发展史上里程碑式的地位。在《精神现象学》中，黑格尔使用了"意识诸形态"一词，并把广义的意识发展分为六个阶段，即"意识"、"自我意识"、"理性"、"精神"、"宗教"和"绝对知识"。在"精神"这个第四阶段，黑格尔考察了社会历史的发展阶段和与之紧密相连的社会意识形态，提出了"教化"（Building）和"异化"（Entfremdung）的概念。黑格尔认为，现实世界是个纯粹"教化"的、与原初实在相对立的世界，教化使人脱离了自己的自然状态和天性。社会教化的目的是要人们形成社会认可的"高贵意识"，远离"卑贱意识"。在社会对个体进行教化的过程中个体不断异化，人们原初的善恶观念被异化为权力和财富观。黑格尔认为，人在教化世界中所体验到的是完全的虚假性，其意识形态观被划入"否定性的意识形态"或"批判性概念"之列。

马克思在意识形态发展史上所居的中心地位是毋庸置疑的。他在多部著作中使用了"意识形态"一词，并在整体上呈现出一种否定性倾向。在 1846 年的《德意志意识形态》中，马克思、恩格斯从否定意义上把意识形态看作"颠倒意识"，他们认为："如果在全部意识形态中，人们和他们的关系就像在照相机中一样是倒立呈像的，那么这种现象也是从人们生活的历史过程中产生的，正如物体在视网膜上的倒影是直接从人们生活的生理过程中产生的一样。"① 恩格斯则把意识形态定义为"虚假的意识"。他指出："意识形态是由所谓的思想家通过意识，但是通过虚假的意识完成的过程。"② 马、恩把观念的产生、发展与阶级统治关系联系起来，"统治阶级的思想在每一时代都是占统治地位的思想"③。马、恩认为，这种"占统治地位的思想"是表达特定历

---

① 《马克思恩格斯选集》第 1 卷，人民出版社，1995，第 72 页。
② 《马克思恩格斯选集》第 4 卷，人民出版社，1995，第 726 页。
③ 《马克思恩格斯选集》第 1 卷，人民出版社，1995，第 98 页。

史时期统治阶级利益的，实际反映的是统治集团力求保持其统治地位的野心以及谋求本集团利益的关切和思考。马克思还以鲜明的批判性语言，形象地描述了过往的意识形态（指历史上的传统思想和社会习俗）对当下社会变革的压制和阻碍。他写道："一切已死的先辈们的传统，像梦魇一样纠缠着活人的头脑。当人们好像刚好在忙于改造自己和周围的事物并创造前所未闻的事物时，恰好在这种革命危机时代，他们战战兢兢地请出亡灵来为他们效劳，借用它们的名字、战斗口号和衣服，以便穿着这种久受崇敬的服装，用这种借来的语言，演出世界历史的新的一幕。"① 出于论战的需要，马、恩在其著作中并未把意识形态表述为社会生活中一个积极的、进步性的因素，而是站在批判的立场，对德意志意识形态的虚幻性以及统治阶级思想对其既得利益的维护、传统思想和社会习俗对社会变革的阻碍等进行抨击。因而学者们一般认为马克思的意识形态概念总体上是"否定性的意识形态"。

**（三）意识形态概念的肯定性倾向——列宁、卢卡奇与葛兰西**

列宁作为马克思主义的继承者，为了应对阶级斗争的紧急状况和革命实践的现实需要，对马克思的"意识形态"内涵进行了改造和弘扬。列宁去除了意识形态概念的否定性倾向，使其展示出一般化特征，即意识形态可以用来表达参与冲突的各主要阶级的自身利益，即不同阶级都具有自己不同的意识形态，这样就有效地消除了原来意识形态概念的不对称性。20 世纪初，针对沙俄两极分化的政治形势，列宁在《怎么办》一书中探讨俄国社会主义革命如何能够取得胜利的主要问题时，提出"没有革命的理论，就不会有革命的运动"②。他认为，工人运动由自发斗争转变为自觉斗争的条件是工人要有科学社会主义的理论和意识。这种"社会主义意识形态"是工人阶级对抗资产阶级意识形态影响的有力武器；同时可以帮助工人阶级避免掉入"自发工联主义觉悟"的陷阱。但是工人群众并不能在工人运动进程中创造出独立的思想体系，社会主义学说"是从有产阶级的有教养的人即知识分子创造的哲学理

---

① 《马克思恩格斯选集》第 1 卷，人民出版社，1995，第 585 页。
② 《列宁选集》第 1 卷，人民出版社，1995，第 153 页。

论、历史理论和经济理论中发展起来的"①。社会主义学说虽然不是无产阶级自发产生的，但它是无产阶级的意识形态，因为它代表和表达了阶级斗争背景下的无产阶级利益。这时，列宁的意识形态概念中已经包含了肯定性的倾向。

卢卡奇、葛兰西延续并强化了列宁意识形态概念的肯定性倾向。他们重视意识形态在工人运动中的重要作用，强调要在无产阶级中宣传、解释和推广无产阶级意识形态。卢卡奇在 20 世纪 20 年代思考工人阶级运动面临的任务和问题时，强调"革命的命运要取决于无产阶级在意识形态上的成熟程度，即取决于它的阶级意识"②。卢卡奇认为历史唯物主义就是无产阶级备战的意识形态，是这一斗争中最强大的武器。他还说，无产阶级无疑将最终完成其世界历史使命，"惟一争论的问题是它在达到意识形态成熟以前，在真正认识其阶级状况和真正阶级意识以前，要遭受多少苦难"③。葛兰西进一步清除了马克思意识形态概念中的否定因素。他在纯经济力量影响之外，强调理性和文化对政治斗争与阶级统治的影响，提出了"意识形态领导权"理论。他把资产阶级的统治结构分为经济社会、政治社会和市民社会三大组成部分，阐明了一个社会集团在赢得政权之前和成为统治者之后如何建立置于政治权力之上的思想、文化和道德方面的领导权。他认为资本主义制度的统治不能单纯通过强制手段来实现，对语言、道德、文化和常识等观念的掌控在其中发挥着决定性作用。他把争夺意识形态领导权作为无产阶级取得政治斗争胜利的必要和重点环节。

**（四）意识形态概念的中性化倾向——韦伯与曼海姆**

1914 年，德国社会学家马克斯·韦伯（Max Weber）在《伦理的中立性在社会学和经济学中的意义》一文中，集中而系统地论述了他的价值中立（wertfreiheit）主张，并将之奉为科学研究必须遵守的方法论规范原则，他认为："一名科学工作者，在他表明自己的价值判断之时也就是其对事实充分理解的终结之时。"④ 韦伯强调，科学研究者要保证研究的客观性和科学性就必须以客观的、中立的态度来开展观察和分析；他的任务是向世人描述或说明科

---

① 《列宁选集》第 1 卷，人民出版社，1995，第 317～318 页。
② 〔匈〕卢卡奇：《历史与阶级意识》，杜章智等译，商务印书馆，1992，第 129 页。
③ 〔匈〕卢卡奇：《历史与阶级意识》，杜章智等译，商务印书馆，1992，第 76 页。
④ 〔德〕马克斯·韦伯：《学术与政治》，冯克利译，三联书店，1998，第 38 页。

学事实，不能教人或代替人进行价值选择，即要划清科学认识与价值判断的界限。按照价值中立性原则，意识形态研究也应该抽取各执一词的阶级立场，以价值中立的客观立场为基础展开。

德国社会学家卡尔·曼海姆在其代表作《意识形态与乌托邦》中坚持了价值中立观点，系统地阐述了意识形态的中性概念。曼海姆强调思想对群体存在的依赖，希望找到一种解释方法，不带党派偏见地分析实际社会状况中一切可能影响思想的因素。曼海姆将意识形态分为"特殊概念"和"总体概念"。"特殊概念"用于指代某个论敌所提出的观点和陈述。这些观点和陈述总会有意无意地掩盖了有损于论敌利益的某一状况的真实性，因而受人质疑；"总体概念"指的是某个时代或某个具体的历史社会集团（例如阶级）的意识形态，反映的是"这一时代或这一集团的整体思维结构的特征和组成"①。如果说"特殊概念"的参照点是个体，是停留在心理学层次上的观念分析，那么"总体概念"关注的是群体，它客观地描述不同社会背景下各种见解的结构差异，是社会学上功能分析法的运用。这样，"随着意识形态总体概念的一般阐述方式的出现，单纯的意识形态理论发展成为知识社会学，曾经是党派的思想武器的东西变成了社会和思想史的一般研究方法"②。

当我们沿着历史发展顺序，运用分类研究法考察意识形态概念的流变时，我们不难从中发现先贤们探讨意识形态的三重线索。

第一，追寻意识形态客观基础的努力。"意识形态概念的历史是试图在意识形态讨论的范围之外寻找一个牢固的阿基米德点的各种尝试的历史，也就是寻找一个从之能够观察意识形态各种杠杆如何发挥作用的不定的点的历史。"③为了避免"所有关于意识形态的观点自身就是意识形态的"这一令人沮丧的结论，不少学者都试图在主观意识之外寻找客观基石来构建科学的意识形态概念。从上述回顾的意识形态概念史中，我们看到：特拉西把人的感觉作为"阿基米德点"，他继承了启蒙运动的精神，试图以人们从外部世界中获得的

---

① 〔德〕卡尔·曼海姆：《意识形态与乌托邦》，黎鸣等译，三联书店，2011，第56页。
② 〔德〕卡尔·曼海姆：《意识形态与乌托邦》，黎鸣等译，三联书店，2011，第77页。
③ 〔英〕大卫·麦克里兰：《意识形态》，孔兆政、蒋龙翔译，吉林人民出版社，2005，第1~2页。

感觉经验为基础建立具有实证意义的观念科学；黑格尔的"阿基米德点"是社会历史，他在论述意识发展的第四阶段时，把狭义"精神"放在特定社会历史的发展阶段来考察，揭示了意识的社会历史本质；马克思的"阿基米德点"是社会存在，马克思主义者认为现实生活是描述人们实践活动和实际发展过程的真正实证的科学开始的地方；曼海姆的"阿基米德点"是群体存在，他强调一切思想都处在历史之中，而且是社会－历史进程的一部分。

第二，超越意识形态价值评价的尝试。意识形态概念的演进史是以"描述意义上的意识形态"为开端的。特拉西最初把意识形态概念引入西方哲学史时，试图构建一门新学科来解说人类经验的所有领域，而这门新学科是不以某种价值观为标准的、是不带有主观意象评论的。随后意识形态概念以"党派的思想武器"的身份经历了从"否定意义的意识形态"到"肯定意义的意识形态"的历史起伏变迁。韦伯和曼海姆试图以价值中立原则和总体性概念，在特定的社会和历史前提下对知识与存在的关系进行全面客观的描述，试图超越价值冲突回归纯学术研究，但这种将"生动的政治意识形态吸纳进经过消毒处理的社会学的学术训练"[①]的尝试最终经不起实践的检验而归于失败。意识形态概念历史流变中试图超越价值评价的尝试，是科学的"价值无涉"与"价值负载"之争的一个现实例证。科学作为一种理论知识体系，是人类对客观世界的正确反映，同时科学又是为社会实践服务的。科学研究的主体具有主观性和社会性，科学知识体系特别是人文社会科学本身也渗透着价值和价值判断因素。"科学价值中立"的纯科学理想基础是不存在的，"为科学而科学"的纯科学研究只不过是一种神话或幻想。

第三，思想论战与政治斗争的纠结。"任何'意识形态'概念都必然与一定的历史背景、学术语境以及政治实践结合在一起。"[②]从特拉西开始，意识形态学者们就试图把他们的理论应用到社会政治领域的实践中，指导革命运动或对政治生活进行科学引导，这种目标能否实现取决于他们的理论能否满足社

---

① 〔澳〕安德鲁·文森特：《现代政治意识形态》，袁久红等译，江苏人民出版社，2005，第45页。
② 王宗礼、史小宁：《政治、语境与历史：意识形态概念的变迁》，《南京师大学报》（社会科学版）2012年第1期。

会政治的现实需求。特拉西的意识形态因遭受拿破仑的无情打击而沦落为受人鄙夷的抽象观念的代名词；马克思对黑格尔宗教观和国家观的批判、对德意志意识形态的批判，不仅仅是哲学意义上的思想论战，而且为无产阶级政治斗争提供了"批判的武器"；列宁、卢卡西、葛兰西的意识形态理论更明确地直接服务于无产阶级政治斗争；连试图超越价值评价的知识社会学也承认统治集团维护自身利益的政治本能是产生有意识或无意识欺骗或隐瞒的根源。第二次世界大战后，全球范围内以意识形态差异而划分的两大阵营、苏联解体后甚嚣尘上的"意识形态终结论"等，都是意识形态思想论战与政治斗争密不可分的最佳例证。意识形态概念的历史流变反映的既是学术思想的发展史，更是政治斗争的实践史。

二百多年来，政治家、哲学家和社会学家赋予了意识形态千差万别的内涵，其差异的本质在于对意识形态与社会现实关系的不同认识。否定派认为意识形态不能反映或不能正确反映社会现实，认为意识形态是抽象的、脱离社会现实的精神现象，或者是对社会现实歪曲、颠倒的反映；肯定派则认为意识形态能反映社会现实并对变革社会现实发挥能动作用；中性派试图超越价值评判，把意识形态与社会现实的相互关系看作纯粹学术研究的对象。

## 二　意识形态的功能

意识形态的功能问题即意识形态从何而来又为何而用的问题，也可以追溯到意识形态与社会现实的相互关系上来。作为观念的上层建筑，意识形态来源于社会现实，是一定社会经济基础和政治现状的集中反映，它必然要为该社会的经济基础和政治上层建筑服务，是影响国家和社会发展不可小觑的重要力量。关于意识形态的功能，国内外学者开展了广泛的研究，从政治、经济、社会整合和外交等多重角度来加以解释和说明。笔者认为，意识形态的本质特征是它的政治性，意识形态在经济、社会、外交方面的功能是建立在意识形态的政治功能基础之上的。聚焦意识形态的政治功能，将有利于我们把握意识形态的本质和运行规律。

### （一）意识形态是政治合法性的理论依据

在政治领域中只要存在支配—服从关系就会要求对支配关系做出某种道德

性的证明，即要追寻事物和现象的意义，寻求合法性的解释。据说在公元前416 年夏天，当时的海上霸主雅典人远征米洛斯岛时，曾与米洛斯人就暴力征服以及强权政治的道德根据进行公开辩论，这是人类第一次关于政治合法性（legitimacy）（从道德评价的角度看，译为政治正当性似乎更为贴切）概念的文字记载。[①] 马克斯·韦伯认为，作为人对人支配（herrschaft）的基础，除了习惯、个人利害、纯感情或理想等动机外，还有一个很重要的因素是正当性的信念。亚里士多德在《政治学》中第一次明确把政治正当性建立在法治、自愿认可和公共利益的基础之上，并和政治秩序的稳定性联系在一起。正当性的结构因素中，古代政治更倾向于统治者拥有超越他人的、自然的或超自然的某些权威资源，比如古老的习俗、上帝、神圣的法律、自然法、宪法等；现代政治则更倾向于强调被统治者的意愿表达，即被统治者个人相信现存的制度是合适的，或在道德上是合适的。社会认同意识，即大多数人对某种政治共同体、某种权力结构或某种政治秩序的普遍承认、支持、尊重，是"政治正当性（或合法性）"的重要内容，靠暴力威胁、监视或谎言来维持的政体必定会消耗超额的社会资源并处于高度的不稳定状态之中。

政治合法性包括经济的、军事的、文化的等多种来源，其中意识形态建设被认为是使外在的强制转化为民众内心自觉认可的最佳途径。政权及其经济制度、政治制度、文化制度和社会制度，以及政权施政行为的合理性与正当性，往往都是通过系统化的意识形态理论来论证与解释，从而赢得广大民众的理解和认同，使民众树立对当前政治的合法性（或正当性）信念。这种信念使广大民众相信现行的制度是合乎正义的，是保证其根本利益的，并将其描绘的社会理想当成社会发展的最终目标，从而自觉地维护现行的统治秩序，实现国家与社会的稳定发展。

**（二）意识形态是社会整合的重要手段**

安东尼奥·葛兰西认为："在保持整个社会集团的统一中，意识形态起到

---

① 周濂：《现代政治的正当性基础》，三联书店，2008，第 1~2 页。

了团结统一的水泥作用。"① 葛兰西的这个比喻生动而形象，被广泛引用。一个正在夺取或已经取得政权的阶级或社会集团，其意识形态集中反映的是自身和利益共同体成员的意志和愿望，从而必然会在这个社会共同体内部产生凝聚力量和统一作用。同时，主流意识形态可以在某种程度上对社会中不同的阶级、阶层和人群的不同思想或者文化进行成功而有效的整合，进而创造出具有超越性和包容性的共识系统，使更广泛的群体形成统一的价值目标、社会思想和行动指南。也就是说，一个开放包容的意识形态可以吸引相关利益阶层或利益集团的呼应和赞成，从而扩大凝集的群体范围。意识形态的这种"社会水泥"作用，使其成为广义社会控制系统或社会管理系统的一种重要手段。意识形态在社会控制中会表现出排除干扰、稳定人心、统一行动等多重独特社会功能，维持社会统一、稳定和秩序。社会整合中意识形态手段的有效运用还可以增强广大民众的归属感、荣誉感和幸福感。

### （三）意识形态是社会行为的价值导向

阿尔都塞认为："意识形态的功能在于把必要的观念灌输到大众的心灵与行动中，以确保资本主义生产关系的再生产。"② 意识形态在社会的代际传承中发挥着重要的价值导向作用。意识形态中包括本体论层面的世界观和方法论，因而它可以为世人确定生存的意义，为人们的社会生活提供某种普遍的价值导向。古往今来，一个由主流意识形态所确定的并得到社会各阶层广泛认同的社会价值系统是社会稳定有序的重要思想基础。这一价值系统往往会得到人们类似道德性质的自觉遵从，实现从政治领导权硬性控制向文化领导权软性控制的转换。该价值系统以"理所当然"之态，潜移默化地渗透到民众的思想之中，使全体社会成员在一种无形的秩序规范之下，按照意识形态所规定的价值评判标准和行为规范框架去思考和处理问题。即便个体出现一时的彷徨甚至抵触，也不会导致整个政治思想体系的崩塌和统治阶级的危机。

---

① 转引自〔希〕尼科斯·波朗查斯《政治权力与社会阶级》，叶林等译，中国社会科学出版社，1982，第 213 页。
② 转引自季广茂《意识形态》，广西师范大学出版社，2005，第 75 页。

### （四）意识形态是社会变革的观念力量

意识形态作为一定阶级或某个政治共同体的行动纲领，通常都会有一个明确的社会发展目标即社会理想来吸引和带领人们为之奋斗。作为一种思想先导，意识形态会成为某个阶级或政治共同体成员前进的思想旗帜，成为社会变革的观念力量。例如"自由、平等、博爱"等价值观曾是西方资产阶级反对封建主义的革命旗帜，激励和引领了各国一批批自由主义革命斗士为推翻封建王朝而前赴后继、英勇奋斗，最终建立了资产阶级共和国。马克思主义是全世界无产阶级的思想旗帜，它指出了共产主义的伟大理想，确立了社会主义的基本目标，在"为共产主义而奋斗终生"的革命信念下，无数革命先烈抛头颅、洒热血，在世界范围建立了一批社会主义共和国。西方现代社会科学也把意识形态看成一种具有行动取向（action-orientated）的信念体系，注重从指导和激发政治行为的角度对其开展研究。西方学者认为，具有前瞻性的意识形态会提供未来理想的政治模式，引导人们发现现存秩序的不足，并对社会缺陷提出批评，同时这种意识形态还会提供实现政治变迁的具体方案，告诉人们应该如何改变现实。由此，意识形态"既可以作为一种'观念的力量'，也是一种社会改造方案，同时也是一种行动计划"[1]。在政治经济社会加速发展的全球化、信息化、现代化时代，立足于未来理想社会模式，将意识形态的社会改造功能独立出来，可以使我们对意识形态功能的认识进一步深化。

从意识形态的政治功能看，意识形态事关政局稳定、社会秩序、和谐统一和未来发展。在社会变革或转型阶段，意识形态发挥着尤为重要的社会功能，稍有偏差，就会引起思想混乱、政局动荡和社会灾难。这也对意识形态理论研究在学术的严谨性、规范性和实践性等多方面提出了更高的要求。

## 三　本书研究的意识形态

### （一）本书研究的主要是狭义的国家意识形态

对意识形态的理解千差万别，但就其基本内涵而言可以分为广义和狭义两

---

[1] 燕继荣：《政治学十五讲》，北京大学出版社，2013，第82页。

种。从广义上讲，意识形态是与物质世界相对应的精神世界，由一组甚至一整套关于世界的观念、看法、思想构成，被界定为一种对社会现实进行自我解释和自我辩护的信念体系。它表现为一套约定俗成的常识，规定个人和集团的行为方式应合乎社会现实的要求。狭义的意识形态是指以国家为背景，占据统治地位的、直接为现存基本政治经济制度提供合理性理论支撑并引领规范民众思想倾向、价值判断和行为方式的国家意识形态。对国内而言，国家意识形态要解决本国人民的国家价值认同、发展道路、建设模式等问题；对国际而言，国家意识形态要对世界的政治、经济秩序或格局做出自觉的系统反映，在国家关系中实现和维护好本国的利益。

国家意识形态不同于政党意识形态。政党意识形态是代表一定阶级和阶层的根本利益，其要解决的主要问题是党员的价值认同，并设计一套理论体系对全体党员的思想、行为产生潜移默化的影响；而国家意识形态是要体现和保障整个国家范围内各个阶级、阶层和集团的共同利益，其动员、凝聚、导向功能必须扩大到整个国家的范围之内。但政党意识形态与国家意识形态又具有同一性。居于统治地位的执政党的意识形态是社会中占主导地位的意识形态，它可以通过"合法化"为全社会共同价值目标的形式取得国家意识形态的身份，并对整个社会具有价值取向和行为方式上的指导作用。基于统治阶级的根本利益，执政党还会对反映社会存在的各种具体社会意识形态进行有利于自身的概括和总结，从而使本党意识形态更具社会共同意识形态的特征。

本书所论及的俄罗斯意识形态主要是指从狭义上把握的国家意识形态，既是哲学意义上的概念，更是一个政治学意义上的概念。国家意识形态是对一个国家政治、经济、文化和社会生活、道德规范等诸方面的集中反映，是广义意识形态的重要组成部分，因此本文也必然涉及广义意识形态的内容。

**（二）本书研究的内容主要是政治思想**

意识形态是由各种具体的社会意识所构成，是具有一定结构和层次的庞大而有机的思想体系。按照具体社会意识形态同社会经济基础的联系程度，一般把意识形态分为三个层次：第一层是政治思想、经济思想、法律思想，这一层是与社会经济基础联系最直接的部分，也是整个意识形态中最重要、最基础的部分；第二层是社会思想、教育、伦理、艺术，这一层与社会物质条件、统治阶级利益的联系比较间接，却是人类精神生活的重要部分，渗透人们日常生活的方方面面；第三层是哲学、宗教，这一层距离社会经济现实最远，但最深刻地揭示和反映社会生活本质，从而为其他意识形式提供世界观和方法论。意识形态的各种形式在内容上相互联系、相互影响、相互渗透，共同对社会生活产生影响。

本书所研究的意识形态主要是第一层次中的政治思想，即与经济基础联系最紧密的政治思想部分。在意识形态中，对社会发展影响最大的莫过于政治思想，它对其他意识或多或少具有某种支配作用、整合作用和主导作用。政治思想与国家制度和政权性质紧密相关，是维护或批判某种政治法律制度和国家政权的思想观念体系。政治思想关注权力如何划分以及这些权力应该被运用在哪些目的中，一般通过国家战略、路线、方针和政策体系的形式表现出来。当然政治与经济基础是密切相关的，所以俄罗斯的经济体制改革和经济意识形态也成为本书不可或缺的关注对象。

**（三）　本书研究的重点是主流意识形态**

每个社会的意识形态都是复杂的。按照意识形态的发展和地位，一般把意识形态区分为：主流意识形态、意识形态残余和新意识形态。主流意识形态是指反映该社会占统治地位的经济制度和政治制度，并为其服务的占统治地位的意识形态。意识形态残余是反映已被消灭的旧经济制度和政治制度的意识形态。由于意识形态的相对独立性和继承性，旧的经济基础被捣毁后，在其基础上形成的意识形态并不会马上消失，会在新的时代保留部分内容。新意识形态是指反映现存社会里孕育着的并为建立新的经济制度和政治制度服务的意识形态。一般而言，一个社会中只有一种主流意识形态，这种意识形态代表和体现着当下统治阶级的思想意识。但当一个社会发生重大变革或社会转型的时期，就可能出现多种政治意识形态并存、相互对立、相互斗争的复杂局面。

本书研究的俄罗斯转型期的意识形态就是处在这样一种特殊的历史时期。苏联解体之初，俄罗斯出现了主流意识形态真空期，各种社会思潮和意识形态你方唱罢我登场，呈现一片乱象。普京当选俄罗斯总统后，高度重视意识形态工作，努力重塑俄罗斯主流意识形态，尽管采用的是非传统的、非强制的方式。本书研究的重点是普京重塑的主流意识形态，但因为俄罗斯正处于转型的特殊历史时期，各种新旧意识形态还处于既交织斗争又包容借鉴的特殊状态，本书也会对俄罗斯社会现存的各种政治思潮予以关注和研究，并对俄罗斯未来意识形态的发展做出预测和分析。

**（四）本书研究的转型期俄罗斯国家意识形态具有其特殊性**

在叶利钦时代的俄罗斯，一是没有宪法和法律意义上的国家意识形态。俄罗斯联邦 1993 年宪法明确规定俄罗斯联邦主张意识形态多元化，任何思想体系都不能被确立为国家的、每一个公民都必须接受的意识形态。二是没有有权威影响力的政党意识形态。那时候俄罗斯国内小党分立，各种政党多如牛毛，但除了已经交出政权的俄共之外，缺少有威望、成体系的政党，更不用说政党意识形态了。三是社会思想领域异常混乱。社会主义被抛弃，历史虚无主义泛滥，极端民族主义和分离主义制造事端，复兴的东正教尚未能肩负起作为民族精神支柱的重任，各种社会思潮你方唱罢我登场，呈现一片乱象。全盘西化的自由主义意识形态曾一度在 20 世纪 90 年代初期的俄罗斯社会占据主流地位，但很快便因其在俄罗斯实践中带来的灾难性后果而退隐到纷繁的政治思潮之争中，失去了主导地位。历史辉煌和残酷现实的反差，使俄罗斯民族的自豪感、自尊心和自信心遭受重创，整个俄罗斯社会迷失了方向，经历着深刻的国家认同和基本价值观危机，国家处在崩溃的边缘。

普京入主克里姆林宫之后，虽然也反对在俄罗斯恢复任何形式的国家官方意识形态，但他认为，在一个基本阶层和主要政治力量信奉不同的价值观和不同思想倾向的一盘散沙似的社会里，要想快速发展经济是不可能的。他承认，从某种意义上来说，这是意识形态问题。普京大力扶持支持他的中间派政党，并将这些小党整合组建为国内最大的政党——统一俄罗斯党，并通过修改政党法和选举法等举措，使统一俄罗斯党在国家杜马取得了稳定的多数席位。统一俄罗斯党把配合普京政权作为该党的第一要务，明确以普京的"俄罗斯新思想"为指导，后来又明确把普京"主权民主"思想作为党的指导思想。到"梅普组合"时期，已将党的意识形态确定为"俄罗斯保守主义"，以保证普京八年执政经验得以长期坚持贯彻实施。由于俄罗斯超级总统制政治架构赋予普京的超级权威、普京执政期间的杰出业绩和普京总统的个人魅力，以"强国梦"为核心价值目标的"普京主义"逐步形成，并以统一俄罗斯党政党意识形态的形式明确表达出来，"普京主义"事实上已经成为俄罗斯的国家意识形态。

# 第二节 马克思主义的意识形态理论

## 一 马克思主义意识形态理论的内涵

马克思主义意识形态理论是指导意识形态相关研究的重要理论武器。在意识形态理论发展史上，学者们通常把马克思对意识形态概念的界定划归为否定性倾向一类，这虽然抓住了马克思使用意识形态概念的总体倾向，但并不是对马克思意识形态理论完整、准确的理解。埃利希·哈恩（Erich Hahn）在《马克思主义和意识形态》一文中认为：“意识形态这一概念或术语很可能在双重含义上被运用：一方面，它被马克思和恩格斯具体地理解为虚假的意识的标志；另一方面，在马克思主义和其他一些人的文献中，它主要是作为一个阶级的社会意识的总体概念而出现的。”① 从理论建构上看，马克思的意识形态概念应该是中性概念。马克思的意识形态概念始终是与特定时代、特定阶级或集团的整体利益联系在一起的，同时也是放在整体社会结构中进行论述的，是一种客观的理论描述和逻辑推理。从无产阶级的政治实践来看，马克思主义的意识形态理论展现出否定性倾向和肯定性倾向的双重特征，这是由马克思主义者鲜明的阶级立场决定的。马克思、恩格斯都明确表示过自己的无产阶级立场，并亲自指导过无产阶级革命实践。基于思想论战和政治实践的需要，马克思在否定性意义上多次使用意识形态概念，这在上述的意识形态概念历史流变中已有论述。但马克思也肯定过意识形态能动性的积极作用，比如他认为“理论一经掌握群众，也会变成物质力量”。② 可见在马克思那里，意识形态可以蕴含积极的政治力量。列宁、卢卡奇、葛兰西更多在肯定性意义上使用意识形态概念。因为一味从否定性意义上使用意识形态概念，马克思主义理论就不能真正成为无产阶级开展政治斗争、夺取政权并争取自身真正解放的思想武器。马克思曾说过：“哲学家们只是用不同的方式解释世界，问题在于改变世界。”③

① 〔英〕佩里·安德森：《西方马克思主义探讨》，高铦等译，人民出版社，1981，第130页。
② 《马克思恩格斯选集》第1卷，人民出版社，1995，第9页。
③ 《马克思恩格斯选集》第1卷，人民出版社，1995，第57页。

正因为马克思主义者把对旧有意识形态的批判和对无产阶级理论武器的肯定融合在了一起，马克思主义意识形态概念才在实践应用上具有了否定性和肯定性倾向兼具的双重特征。

从《德意志意识形态》到《资本论》，再到马克思、恩格斯的晚期著作，马克思主义意识形态理论经历了一个不断发展和完善的过程。我国学术界对马克思主义意识形态理论的基本内涵在如下几个方面达成了比较一致的认同。

第一，意识形态是社会的产物，是生活过程在人们头脑中的反映。意识形态最根本的基础是社会物质生活条件，即社会物质生活决定社会精神生活，社会存在决定社会意识。马克思指出："发展着自己的物质生产和物质交往的人们，在改变自己的这个现实的同时也改变着自己的思维和思维的产物。不是意识决定生活，而是生活决定意识。"① "人们在自己生活的社会生产中发生一定的、必然的、不以他们的意志为转移的关系，即同他们的物质生产力的一定发展阶段相适合的生产关系。这些生产关系的总和构成社会的经济结构，即有法律的和政治的上层建筑竖立其上并有一定的社会意识形式与之相适应的现实基础。物质生活的生产方式制约着整个社会生活、政治生活和精神生活的过程。"②

第二，意识形态是观念的上层建筑。马克思在《路易·波拿巴政变记》中这样描述了意识形态："在不同的所有制形式上，在社会的生存条件上，耸立着由各种不同情感、幻想、思想方式和世界观构成的整个上层建筑。整个阶级在它的物质条件和相应的社会关系的基础上创造和构成这一切。"③ "每一时代的社会经济结构形成现实基础，每一个历史时期的由法的设施和政治设施以及宗教的、哲学的其他的观念形式所构成的全部上层建筑，归根到底都应由这个基础来说明"。④

第三，阶级社会的意识形态反映并维护统治阶级的利益。"统治阶级的思

---

① 《马克思恩格斯选集》第 1 卷，人民出版社，1995，第 73 页。
② 《马克思恩格斯选集》第 2 卷，人民出版社，1995，第 32 页。
③ 《马克思恩格斯全集》第 8 卷，人民出版社，1961，第 629 页。
④ 《马克思恩格斯选集》第 1 卷，人民出版社，1995，第 365 页。

想在每一时代都是占统治地位的思想。这就是说，一个阶级是社会上占统治地位的物质力量，同时也是社会上占统治地位的精神力量。……因此，那些没有精神生产资料的人的思想，一般地是隶属于这个阶级的。"① 统治阶级不仅将一定的政治、法律、哲学、宗教以及艺术等意识形态作为思想文化灌输给社会成员，而且他们也深信自己的意识形态，并将其作为维护自己利益的理论基础。从这个意义上说，在阶级社会中，意识形态是作为"阶级社会的维护意识"而存在的。

第四，意识形态的相对独立性。社会意识以一定的社会存在为前提，其性质、取向、目标离不开一定的社会存在，但是社会意识也不是完全消极、被动的。意识形态一旦产生，并作为一种"独立部门"而客观存在的时候，它的各种具体意识的产物，包括它们的错误在内，就要反过来影响全部经济发展和社会发展。"物质生存方式虽然是始因，但是这并不排斥思想领域也反过来对这些物质生存方式起作用，然而是第二性的作用。"② "政治、法、哲学、宗教、文学、艺术等等的发展是以经济发展为基础的。但是，它们又都互相作用并对经济基础发生作用。"③ 意识形态相对独立性的根源来自物质劳动和精神劳动的分工。在《德意志意识形态》中，马克思和恩格斯解释了意识形态的产生与社会分工的关系问题，即物质劳动和精神劳动的分工为意识形态的产生铺平了道路。意识形态的相对独立性表现在与社会存在变化发展的非完全同步性、与社会经济之间存在发展上的不平衡性、意识形态的历史继承性和各种意识形式之间的相关性等多个方面。

## 二　马克思主义意识形态理论的本质特征

### （一）坚实的唯物主义理论基石

马克思主义意识形态观的理论基础是历史唯物主义。在历史唯物主义诞生前，人们总是从神的意志、卓越人物的思想或某种隐秘的理性，即从某种精神

---

① 《马克思恩格斯选集》第1卷，人民出版社，1995，第98页。
② 《马克思恩格斯选集》第4卷，人民出版社，1995，第691页。
③ 《马克思恩格斯选集》第4卷，人民出版社，1995，第732页。

因素出发解释历史事件，说明历史的发展，因而不能正确地认识人类社会历史。马克思首次把唯物主义世界观和方法论运用到对人类社会历史发展规律的研究中，将历史观建立在唯物主义基石之上。正如马克思在《德意志意识形态》中描述的："这种历史观就在于：从直接生活的物质生产出发阐述现实的生产过程，把同这种生产方式相联系的、它所产生的交往形式即各个不同阶段上的市民社会理解为整个历史的基础，从市民社会作为国家的活动描述市民社会，同时从市民社会出发阐明意识的所有各种不同理论的产物和形式，如宗教、哲学、道德等等，而且追溯它们产生的过程。"① 历史唯物主义认为：社会存在决定社会意识，社会意识反作用于社会存在；物质生活的生产方式决定社会生活、政治生活和精神生活的一般过程；生产力和生产关系之间的矛盾、经济基础与上层建筑之间的矛盾，是推动一切社会发展的基本矛盾。在阶级社会中，社会基本矛盾表现为阶级斗争，阶级斗争是阶级社会发展的直接推动力。由此，马克思主义意识形态的内涵可被理解为：建立在一定经济基础之上，代表一定阶级、阶层或利益集团的根本利益和价值取向，以保存或改变现存社会制度为宗旨的思想观点和体系。以坚实唯物主义理论为基石的意识形态理论是无产阶级革命的重要理论武器。

**（二） 突出的实践理性特征**

"人的思维是否具有客观（gegenst ndliche）的真理性，这不是一个理论的问题，而是一个实践的问题。人应该在实践中证明自己思维的真理性，即自己思维的现实性和力量，自己思维的此岸性。关于思维——离开实践的思维——的现实性或非现实性的争论，是一个纯粹经院哲学的问题。"② 马克思主义者认为全部社会生活在本质上是实践的，正是实践这座桥梁沟通了社会存在和社会意识，人们的社会意识是在实践中感知的社会存在，也通过实践反作用于社会存在。意识形态的实践性表现在两个方面。一是意识形态来源于实践。马克思指出意识在任何时候都只能是被意识到了的存在。这说明了意识形态对社会生活的依赖性。人们是在社会生活实践中形成意识形态观念的，无论其表现为

---

① 《马克思恩格斯选集》第 1 卷，人民出版社，1995，第 92 页。

② 《马克思恩格斯选集》第 1 卷，人民出版社，1995，第 55 页。

真实还是虚幻，它终究是以特定的社会生活作为其自身来源和内容的。二是意识形态作用于实践。意识形态总是指向实践的，具有明确的指导实践、改造世界的价值倾向。"它以'应然'来反对现实的'已然'，要求人们通过实践努力改变现实的'已然'，以趋于'应然'。"① 不列颠百科全书也把意识形态解释为"寻求解释和改变世界的观念体系。其思想的某些特点证明在广义上适用于各种思想，包括或多或少综合性的社会理论、政治纲领、对实现该计划需要奋斗的预期（因而需要忠诚的追随者）以及理智的领导才能"②。意识形态是社会政治集团集体行动的思想观念和理论前提。统治阶级用意识形态来为其统治的合理性、合法性、自然性进行辩护，引导说服其他社会成员按照自己的思想、规则和行为方式生活；被统治阶级接受意识形态的教化，甚至自愿在精神上归属于社会主流认同的某种精神或人格，也是出于生存实践的需要。

### （三）旗帜鲜明的阶级性特征

阶级社会的意识形态作为一种思想体系，代表着统治阶级、阶层或利益集团的根本利益和价值取向，反映着统治阶级的根本诉求，是统治阶级进行理论宣传和思想操控的基本理论依据。马克思特别指出，随着那些把编造统治阶级幻想当作谋生手段的意识形态家即"意识形态阶层"的出现，意识形态的阶级属性更加凸显和强化。在《剩余价值学说史》中，马克思写道："物质生产领域中的对立，使得由各个意识形态阶层构成的上层建筑成为必要，这些阶层的活动不管是好是坏，因为是必要的，所以是好的"③。"意识形态阶层"是统治阶级中必不可少的组成部分，他们的主要使命就是从观念上维护统治阶级的根本利益。被统治阶级不能支配物质生产，在社会经济生活中处于被支配地位，所以他们拥有的零碎的观念或相对完整的思想体系都只不过是民间意识而已，其理论形态的完备性、深度及其对社会产生的影响都不可能超越统治阶级的意识形态。被统治阶级抵制或者反对统治阶级的思想倾向，一般都被控制在

---

① 陈振明：《政治学》，中国社会科学出版社，1999，第547页。
② 《不列颠百科全书》（英汉双语版），http：//pocket.china.eb.com/cgi-bin/gs/gsweb.cgi，2015－04－05。
③ 《马克思恩格斯全集》第33卷，人民出版社，2004，第348页。

现行的政治法律所许可的范围之内。只有在统治阶级处于危机状态，从统治阶级中分化出来的一些知识分子才有可能为被统治阶级创建具有革命性质的、相对比较完整的思想体系，用以取代统治阶级的意识形态。只有到了阶级不复存在的共产主义社会，观念才会不再被作为统治的手段，自觉联合起来的人们将以非意识形态的科学管理观念来组织社会共同生活。

# 第二章　俄罗斯国家意识形态
# 发展的历史背景

马克思主义意识形态理论告诉我们，作为思想上层建筑的意识形态是建立在特定时代的社会经济结构基础之上的，是对特定社会的经济关系、政治关系和社会关系的理论认识和概括，同时意识形态的相对独立性使不同时期的意识形态之间具有一定的延续性和继承性。因此只有站在历史的高度、以开阔的国际视野，认真总结苏联社会主义政治经济模式衰落的经验教训，把准苏联意识形态和国际政治思潮风云变化的脉搏，全面了解俄罗斯转型以来政治经济社会的基本变化，才能使俄罗斯国家意识形态研究拥有坚实的现实基础。

## 第一节　苏联社会主义模式的衰落

苏联社会主义模式（简称苏联模式，也叫"斯大林模式"）是指斯大林在史无前例的情况下，根据马克思、恩格斯及列宁提出的理论设想，根据苏联社会主义建设的现实需要，建立的社会主义基本制度和运行体制。苏联模式的显著特征是：政治上高度集权、经济上高度集中、文化上高度统一。苏联模式的基本框架形成于20世纪20～30年代。1936年12月，苏联颁布了社会主义宪法，用法律形式把社会主义社会的基本原则规定下来，这标志着苏联模式的形成。1953年3月斯大林逝世后，苏联政治经济状况虽然发生了很大变化，但斯大林时期建立的社会主义社会的基本原则和基本框架依然被保留下来，一直延续到 20 世纪 80 年代中后期。

## 一　苏联模式下计划经济的弊端

列宁领导的苏维埃建立在帝国主义链条中最薄弱的环节，即工业农业都比较落后的沙俄帝国，这与马克思、恩格斯有关无产阶级首先会在发达资本主义国家夺取政权的设想相距甚远。列宁去世之后，面对帝国主义的包围，在无先例可循的条件下，斯大林教条式地搬用马克思主义的理论观点来构建基本的社会主义经济体制，以便建设世界上第一个社会主义国家。对苏联模式的基本经济发展格局有一个十分贴切的描述公式，即"社会主义公有制 + 计划指令性与有限市场结合 + 集权型现代化国家机构"①。这种经济模式的三要素是单一的全民所有制、严格的中央指令计划和优先发展重工业。斯大林曾在其 20 世纪 50 年代初出版的《论苏联社会主义经济问题》一书中肯定过商品和市场经济的作用，但在实践中并未发展过商品和市场经济。

### （一）单一的所有制形式

苏联所有制形式表现为集体所有制和国家（全民）所有制两种形式，集体所有制是低级形式，必须向国家所有制过渡。国家所有制首先是从工业领域开始的。新政权先是把土地、矿产、金融和大企业全部收归国有，实行对外贸易的垄断；然后推动了农业集体化运动，国家以集体农庄的方式掌控广大农村地区，并以提高公有化程度为目标，使集体所有制逐步地向国家所有制过渡。个体经济和私人资本主义经济被排斥在社会经济生活之外。1936 年，斯大林在《关于苏联宪法草案》的报告中宣布了"社会主义体系在国民经济一切部门中的完全胜利"②。强大的社会主义公有制以集体所有制和国家所有制两种具体方式，支撑了无产阶级专政的国家政权，并为逐步实现共同富裕的目标打下了坚实的基础。但这种盲目追求"一大二公"的做法，使得生产资料的所有权和经营管理权集中在国家手中，劳动者与生产资料的距离越来越远，个人利益被忽视，影响了人民群众的生产积极性；企业则几乎失去了经营自主权，

---

① 罗荣渠：《现代化新论》，北京大学出版社，1993，第 154 页。
② 《斯大林文集》，人民出版社，1985，第 102 页。

提高质量和扩大生产规模的内生动力缺乏，最终抑制了生产力的发展。单一公有制经济的弊端在赫鲁晓夫、勃列日涅夫执政时期已有明显的暴露，但他们并没有认识到在苏联薄弱的经济基础上实行以公有制为主体的多种所有制经济共同发展的必要性，仍急于实现社会主义向共产主义的过渡，因而他们只对单一公有制经济进行了有限的少量调整。

**（二）僵化的指令性计划经济管理体制**

与单一所有制形式相适应，苏联形成了高度集中的指令性计划经济管理体制。计划经济管理体制的主要特征是：政府既是国家宏观经济的主体，也是微观经济的主体，企业只是政府附属的经济任务完成单位，在经营中完全处在被动执行任务的地位。政府负责根据中央安排和国民需求制订并下达宏观和微观层面的指令性计划，企业负责无条件地完成国家计划任务。在国民经济中完全没有市场的概念，只有行政模式下的政府按计划供给与按计划分配，国民常常凭票据消费。国家计划具有法律性效应，企业擅自扩大或缩小生产都会受到惩罚；行政命令、行政干预是实现经济管理的主要方式；经济杠杆和市场机制被认为是资本主义经济的专属物，是被严令禁止的。赫鲁晓夫、勃列日涅夫执政期间曾尝试过对指令性计划经济管理体制进行改革，但这种改革仅限于对计划的改进、指标的调整和物质刺激的微调，并未触动指令性计划经济管理体制本身，完成国家计划任务依然是"企业的天职"。

**（三）严重失衡的经济结构**

在资本主义重重包围下，为了巩固社会主义政权，赢得反法西斯战争的胜利，苏联选择了优先发展重工业特别是机器制造业、全面快速推进社会主义工业化以建立强大的物质技术基础的现实路径。苏联优先发展重工业创造的"工业化奇迹"是举世公认的。1932 年，苏联的工业产值已占工农业产值的70％；到了 1937 年，苏联的工业产值已经跃居欧洲第一，成为仅次于美国的世界第二大工业国。① 苏联优先发展重工业的经济模式牺牲了农业和轻工业，农民缴纳的税几乎全部被用于发展重工业，轻工业的地位也不高，其发展速度

---

① 金重远：《20 世纪的世界——百年历史回溯》（上卷），复旦大学出版社，2000，第 117 ~ 118 页。

远低于重工业的增长率。一方面，农业和轻工业发展滞后，失衡的经济结构不能为重工业提供持续发展的支撑，最终导致整个国民经济增速的急剧下降。另一方面，粗放型的工业发展战略忽视科技进步和企业内部的潜力发挥，投入大产出少，效率低下，浪费极为严重。斯大林时代形成的有严重缺陷的经济结构，在赫鲁晓夫和勃列日涅夫时代并未得到根本性的改变。勃列日涅夫时期仍坚持把优先发展重工业作为苏联经济发展的不可动摇的总路线，重工业在整个工业生产中的占比大于75%，国民经济中农、轻、重之间基本保持着的2∶2∶6比例。一组数据直观地反映出随着时间的推移，苏联经济模式的生命活力不断下降（见表2－1）。

表2－1　　1951年至1985年苏联国民收入年均增长率

单位：%

| 年份 | 1951~1960 | 1961~1965 | 1966~1970 | 1971~1975 | 1976~1980 | 1981~1985 |
|---|---|---|---|---|---|---|
| 苏联官方估计 | 10.1 | 6.5 | 7.8 | 5.7 | 4.3 | 3.6 |
| 西方估计 | 5.6 | 4.9 | 5.1 | 3.0 | 2.3 | 0.6 |
| 苏联学者估计 | 7.2 | 4.4 | 4.1 | 3.2 | 1.0 | 0.6 |

资料来源：崔光胜：《苏联模式由盛转衰的经济根源探析》，《中共四川省委党校学报》2001年第3期，第75~79页。

　　"一种发展模式的生命力，取决于它适应现代生产力发展的广度和深度，以及对社会变迁的容涵能力的程度。"[1] 由全民所有制、中央指令性计划、优先发展重工业为特征的苏联经济模式，在苏联成立初期和反法西斯战争时期曾发挥了重要的作用。但单一的所有制形式，排斥市场的计划经济，也造成了经济运行机制的日趋僵化；指令性计划管理体制使国家经济管理部门陷于具体的经济事务，企业缺乏经营自主权，社会生产动力不足；过分强调优先发展重工业，忽视农业和轻工业，造成了国民经济各部门比例失调，市场供应紧张，特别是消费品缺乏；货币不稳定，严重影响了人民群众生活水平的提高。传统经济模式暴露的弊端没有得到及时纠正和改革，严重制约了苏联社会经济生产力

---

[1]　罗荣渠：《现代化新论》，北京大学出版社，1993，第209页。

的发展，是造成苏联由盛转衰的主要根源之一。

## 二 苏联模式下集权政治的危害

苏联集权政治的文化渊源可以追溯到历史上的莫斯科大公国时期，后经伊凡雷帝、彼得大帝、叶卡捷琳娜二世等历代沙皇专制的巩固，沉淀为具有鲜明民族特征的政治文化传统。苏联时期的集权政治源于列宁时期的"战时共产主义"政治体制。列宁最初曾设想以多党联合执政、人民直接管理国家工作、议政合一等作为社会主义政权的构建模式。但人民政权建立之初的残酷现实很快让列宁认识到，在政治、经济、文化、社会发展都比较落后的俄国，在帝国主义的武装干涉和国内战争的环境下，这种理想的政权模式难以实施。为了建立高效有力的政权运行机制，列宁采用了无产阶级政党代替全体人民直接管理国家的方式，并用严格的集中管理代替了原先设想的民主管理。与列宁的政权建设思想变化相适应，苏联的政治运行机制也发生了转变，即从多党联合执政、人民直接管理的民主型政治机制，向共产党一党执政、共产党代表人民管理国家的集中型政治机制转变。与此相呼应，国家权力也沿着从下往上越来越集中的方向发展：干部从选举制向上级委任制转变，管理从委员会制向一长制转变，决策权力由中央委员会向政治局进而向总书记一人集中转变。进入"新经济政策"时期后，列宁曾提出要划分党和苏维埃的职权，削弱集中制，对党进行改造，使之适合于和平建设的需要，但由于列宁的早逝，这些改革没有来得及完成。

列宁逝世后，斯大林在政治体制民主建设方面也做出过努力，1936年苏联新宪法的颁布就是一个突出的表现。1936年的苏联宪法确立了普选制度，所有年满18周岁的公民，不分民族、性别、信仰、文化程度、居住期限、社会出身、财产状况以及过去如何，都享有选举权和被选举权，并通过直接的、平等的、无记名投票的方式参与选举；统一了立法机关，从而把立法机关和行政机关划分开来；有专门章节规定了公民享有的广泛权利，包括劳动权、休息权、受教育权、社会保障权等，公民享有言论、集会、出版、结社自由，宗教信仰自由以及反宗教宣传自由等。但是由于国内外形势的现实要求和斯大林个人的领导风格，在政治体制建设方面，斯大林主要还是朝着集权化的方向发展，这主要体现在：一是党政不分，以党代政，苏联各级权力向党的部门集中，党的常设机构膨胀，直接干预政府的日常事务，代行国家机关的职能，造成了党政不分、政出多门的现象；二是中央高度集权，即在中央和地方的关系上，限制和缩小了加盟共和国的地方权限，行政区划权、立法权和经济管理权进一步向全联盟集中，联邦制有名无实；三是党内高度集权，即在最高权力运行上，沿着从党的全国代表大会到党中央全会，到政治局书记处，再到总书记个人的方向集中，逐步形成了斯大林个人集权、个人专断的状态；四是缺乏有效监督机制，中央监察委员会和人民监察委员会地位下降，各级监察委员会在联共（布）中央之下工作，监察委员会的主要领导人由总书记任命，其决议经党委批准后才能执行；五是实行自上而下的干部委任制，选举制流于形式，最终导致各级干部只对上级负责，漠视下级和群众的利益与呼声，群众缺乏监督干部的渠道，干群关系逐渐变质；六是人治代替法治，法律体系不完善也缺乏权威性，少数人甚至个人凌驾于宪法和法律之上，苏联国家安全机关直接由党的领袖控制，凌驾于党和国家任何机构之上，不受任何监督。

　　苏联高度集权的政治体制是在特定历史条件下形成的，它适应了经济文化基础相对落后社会主义国家求生存求发展的迫切需要，展现了新型社会主义制度不同于资本主义制度的特点和优越性，使苏联的综合实力得到显著增强并得以打败德国法西斯，为世界社会主义国家提供了一个可资借鉴的发展模式。但这种体制的僵化也给社会主义事业带来了巨大危害。高度集权体制产生了集权和个人崇拜，决策失误频频发生。最严重的是斯大林把与之争论的党内反对派认定为阶级敌人，开展了"大清洗"运动，采用从肉体上消灭反对者的方式进行政治迫害，令人胆寒。据阿夫托尔汉诺夫统计，仅在1925～1939年，被清洗的苏共领导人和普通党员就达2603013人，这对苏联是个巨大损失，尤其是对军队干部的清洗，使苏联在第二次世界大战开始时军队干部奇缺，造成苏德战争爆发之时苏军的失利。[①] 苏联开展的肃反运动扩大化，使大批无辜的党、政、军优秀领导人和著名知识分子，甚至普通干部和群众，遭到了"清洗"，社会主义的民主和法治遭到粗暴的破坏和践踏，严重破坏了各级干部的

---

① 孙国军：《论斯大林模式》，《邵阳学院学报》（社会科学版）2011年第5期。

积极性、主动性和社会主义科学文化的影响力。肃反扩大化的后果非常严重，影响非常深远。斯大林时期，非俄罗斯民族的平等权利也遭到践踏，民族矛盾复杂尖锐，社会被党和国家严密控制，缺乏生机和活力。由于权力过分集中，在干部任用上任人唯亲，很多干部欺上瞒下、弄虚作假、以权谋私、贪污腐败；党的各级领导干部的特殊待遇逐步向特权演变，表现为干部可获取特殊工资、特殊供给、特殊住房、特殊服务、特殊教育等，进而形成了体制内腐败或制度化腐败。苏联后期，单一的、行政命令式的计划经济体制造成经济发展停滞，人民日常生活困难，这严重挫伤了广大人民群众对党和政府的信任，导致苏联社会中的信任危机和信仰危机。

总体来说，苏联模式是 20 世纪社会主义建设道路的现实探索，是国际共产主义运动史中的宝贵财富。苏联模式的理论和实践、辉煌与败落，为各社会主义国家提供了可资借鉴的有益经验和深刻教训。

# 第二节　苏联时期意识形态的兴衰

## 一　苏联初期意识形态的建立与发展

苏联初期是指自 1917 年 11 月 7 日列宁领导十月革命胜利建立苏维埃俄国，到 1924 年 1 月 21 日列宁因病逝世这段时期。这一时期，列宁保持着革命时期的务实创新精神，领导人民根据马克思主义基本原理，结合俄罗斯现实国情，艰难曲折地不断探索俄式社会主义建设道路。

### （一）社会主义意识形态的建立

十月革命的胜利，使世界上诞生了第一个社会主义国家，社会主义实现了从理论到现实的飞跃。马克思主义被确立为苏维埃俄国的国家意识形态，在意识形态领域发挥着指导思想的重要作用。同时，如何在经济文化落后的国家建设社会主义的时代命题也给苏俄意识形态建设增添了新的内容。

在经济意识形态领域，列宁提出了经济落后国家向社会主义过渡的理论。以 1921 年春天为界分为"直接过渡"思想和"迂回过渡"思想前后两个阶段。在十月革命胜利之初，俄国社会普遍存在运用无产阶级手中的权力改造社会生产关系、直接向社会主义过渡的观念。"直接过渡"阶段的经济主导思想是：采用革命的方法彻底摧毁旧的经济制度并代之以新经济制度；把大中小企业全部收归国有；在土地国有化基础上组织大规模的社会主义农业；对私有经济和自由贸易采取堵塞和禁止的政策等。但"战时共产主义"的"直接过渡"政策失败了，这导致列宁"对社会主义的整个看法根本改变了"①。为纠正战时"左"的错误，列宁提出了新经济政策思想，决定通过"间接过渡"的方法向社会主义过渡。"间接过渡"阶段的主导思想是：在一定时期内应该允许多种经济成分存在；通过合作社把社会主义经济与小农经济结合起来，引导农民走向社会主义道路；国有企业必须进行改革，实行商业原则，促进生产力的发展；允许国家调节下的私人贸易存在，实行商品生产和货币交换；必须大力发展生产力；必须提高全体人民的文化水平等。1921 年 10 月，列宁发现国家资本主义的交换关系并不为人民群众所接受，立即提出发展商业，实行货币流通和现金交易。新经济政策思想的提出和实施，展现了列宁作为一位真正马克思主义者的宽广胸襟和求真务实的精神品格。

在政治意识形态领域，列宁提出实行无产阶级专政与建设社会主义新型民主的思想。列宁认为，生产资料所有制的社会主义改造基本完成，但社会主义还没有最终建成，消灭地主、资本家这些剥削阶级，消灭工农之间差别的过渡时期还很长，需要通过无产阶级专政条件下的阶级斗争来完成。无产阶级专政的标志和必备条件就是用暴力镇压剥削阶级，但暴力不是万能的。无产阶级专政的"主要实质在于劳动者的先进部队、先锋队、唯一领导者即无产阶级的组织性和纪律性"②。工农联盟是无产阶级专政的主要力量和支柱，是胜利完成社会主义改造和消灭阶级、消灭剥削的保证。列宁还根据形势的发展对党的建设、国家机关建设、反对官僚主义、反对贪污腐败等各方面提出了新思想，丰富了马克思主义科学理论。

其一，加强执政党组织建设的思想。在党员发展方面，列宁提出要严格党员标准，严格入党条件；在国家形势发展顺利时期对党员人数要有所控制；没

---

① 《列宁选集》第 4 卷，人民出版社，1995，第 773 页。
② 《列宁选集》第 3 卷，人民出版社，1995，第 835 页。

有经过考验和审查的人，不能入党。列宁注重对党员进行马克思主义理论和思想政治教育，着力加强对党员日常工作的考查和考核。在党的组织纪律方面，他要求加强党的团结和纪律，反对党内的派别活动。为了保持党的纯洁性，列宁提出在必要情况下可以开展清党活动，把官僚分子和欺骗分子清除出党。在党的领导体制方面，他反对个人专断、个人独裁和领袖崇拜，强调实行党的集体领导，把党的领袖置于全体群众的监督之下，防止党内个人滥用权力；打破由少数职业革命家组成党的领袖集团的传统格局，吸收几十名普通工农党员参加中央委员会，把中央委员成员扩大到几十人甚至一百人。

其二，提出党政分开的思想。列宁指出，党（及其中央）和苏维埃政权的职责必须十分明确地划分开来，做到权责明确，以免相互逾权或相互推诿。党的任务是对所有国家机关进行政治领导和宏观管理，不能陷入具体烦琐的事务性工作，应尽量避免目前这样频繁的、不正常的、对细节性工作的过多干涉。各级苏维埃的任务是行使好行政职能，具体承担日常工作。他要求各级苏维埃机关和工作人员要切实增强责任心和主动性，提高工作能力和水平，高效率地为人民群众服务。

其三，反对官僚主义的思想。列宁认为，官僚主义是国家机构中的一个"脓疮"。官僚主义使干部脱离群众，滋生了不良的社会风气，阻碍了人民群众的积极性和主动性，有损于苏维埃国家的经济建设、政治建设和文化建设。列宁认为要克服官僚主义，就要吸引人民群众直接参加管理，改革和完善党和国家的领导制度，严格选拔人才，建立工作负责制，深入实际、联系群众并建立严格的监督和检查制度。

其四，保持监察机关独立性的思想。列宁认为必须确立监察机关同执行机关的平等地位，以保证监督权力的相对独立性。监察机关同执行机关均由同一级党的代表大会选举产生，对同一级党的代表大会报告工作，彼此之间不存在领导与被领导的关系。监察机关享有相对独立的权力，享有参与权、检查权、质询权和查处权。监察机关的工作者必须具备坚定忠诚的政治素质、扎实深厚的文化素质、熟练过硬的监察技能素质；监察权力自身也要受到制约，它的活动受到宪法、党章以及党的其他纪律的制约。

其五，反对贪污腐败思想。列宁同腐败现象做斗争的态度十分坚决，他主张采用公开曝光的办法，让腐败分子在人民群众面前现丑。他主张严刑峻法、惩治腐败。对共产党员犯法要比对普通人犯法更加从严惩处。对行贿受贿者判处 10 年徒刑，外加强迫劳动。对混进党内的旧官吏、地主、资本家以及其他败类的舞弊行为，需要采取清洗的办法，就地审判并处以枪毙。列宁认为，脱离群众是腐败的开端，要求党密切联系群众，从群众中获取力量，以巩固党的执政地位。必须建立和健全党内科学的监督制约机制，认真严格地监督检查各项制度的执行情况，从根本上防止党和国家干部官僚化与腐败蜕变。

### （二）意识形态"灌输论"的发展

十月革命前，社会民主工党成立不久，还没能有意识地将马克思主义理论与俄国革命实际相结合，广大工人阶级也缺乏阶级意识。基于革命实践的需要，列宁提出并系统地论述了意识形态"灌输论"。列宁首先指出："工人本来也不可能有社会民主主义的意识。这种意识只能从外面灌输进去"①。"各国的历史都证明：工人阶级单靠自己本身的力量，只能形成工联主义的意识……而社会主义学说则是从有产阶级的有教养的人即知识分子创造的哲学理论、历史理论和经济理论中发展起来的。"② 列宁强调科学理论对革命实践的重要作用，"没有革命的理论，就不会有革命的运动"③，"现在我们只想指出一点，就是只有以先进理论为指南的党，才能实现先进战士的作用"④。列宁指出马克思主义是科学的理论，是无产阶级自己的意识形态。在马克思主义理论指导下，俄国无产阶级第一次把社会主义从空想变为现实；马克思主义也指明了无产阶级继续前行应遵循的道路和方向。

建立苏维埃政权之后，无产阶级成为社会主义国家的领导阶级，马克思主义理论自然在新生的社会主义社会中占据了统治地位，共产党牢牢把握了意识形态的领导权，列宁的"灌输论"也得到了丰富和发展。列宁强调灌输需要理论创新，"现在一切都在于实践，理论在变为实践，理论由实践赋予活力，

① 《列宁选集》第 1 卷，人民出版社，1995，第 317 页。
② 《列宁选集》第 1 卷，人民出版社，1995，第 317 ~ 318 页。
③ 《列宁选集》第 1 卷，人民出版社，1995，第 317 页。
④ 《列宁选集》第 1 卷，人民出版社，1995，第 312 页。

由实践来修正，由实践来检验"①。在灌输的内容上，列宁主张全民树立共产主义的世界观，要求共产党员用马克思主义武装自己，起先锋模范作用，帮助人民群众提高共产主义的思想水平；列宁十分重视无产阶级的道德教育，要求帮助人们克服头脑中的个人主义、利己主义思想，逐步培养起同志式的相互关心、相互合作、一切为了公共利益的集体主义思想；列宁还主张发扬共产主义劳动精神，建立社会主义劳动纪律。在党的工作重心转到经济方面后，列宁要求共产党员深入生活、深入实际开展宣传工作，解答人民群众迫切需要回答和解决的问题，"在人民群众中，我们到底是沧海一粟，只有当我们正确地表现人民所意识到的东西时，我们才能管理"②。在教育的形式上，列宁十分重视通过教育、科学、文艺等多种形式来进行共产主义思想教育。强调灌输不是"强制和硬塞"，要注意灌输对象的层次性。列宁说，文盲者不懂得政治，对他们进行共产主义宣传不会有效果。首先要提高他们的文化水平，才能对他们进行思想宣传工作；对于科学家，则应要求他们成为一名现代唯物主义者，使他们通过自己从事的科学活动所获得的成果来承认共产主义。

列宁晚年认识到文化落后是苏维埃俄国的特殊国情，把加强文化建设特别是对工农群众和青年学生开展思想文化教育摆上重要的议事日程。他认为苏俄农民文化水平低，政治觉悟也低，影响到党的方针政策在农村的贯彻执行，影响到工农联盟的巩固；工人阶级文化水平低，影响到社会主义建设和苏维埃政权的巩固；机关工作人员文化水平低，影响到国家管理，造成苏维埃体制内官僚主义的复活。他在《论无产阶级文化》一文中指出：文化建设的实质和归宿是造就全面发展的社会主义新人。创造新文化的任务不是臆造新的无产阶级文化，而是以马克思主义为指导，在无产阶级现实的生活和斗争条件下，继承优秀文化、弘扬先进文化。列宁主张学习和吸收资本主义发达国家的先进科学技术、生产方法和管理方法，高薪聘请国内外优秀专家，发挥知识分子作用，使他们为建设社会主义服务，同时对他们进行教育和改造。关于如何做好对青年学生的文化教育工作，列宁主张实现教育与生产劳动相结合。无论是脱离生

---

① 《列宁选集》第 3 卷，人民出版社，1995，第 381 页。
② 《列宁全集》第 33 卷，人民出版社，1957，第 269 页。

产劳动的教学和教育，还是脱离教学和教育的生产劳动，都不能实现教育质量和教育效率的迅速提高，不能满足现代化建设的需要，不能掌握应有的技术水平和达到应有的科学知识的高度。

## 二 苏联中期意识形态的僵化

### （一）意识形态走向僵化的过程

苏联中期经历了斯大林时期、赫鲁晓夫时期和勃列日涅夫时期三个阶段，集权政治模式不断被强化，零星的经济改革未触动原有的基本框架，而意识形态领域发展的总体趋势是日益封闭、僵化和停滞。

斯大林时期，苏联建立高度集权的政治经济体制展示出了社会主义模式的优势，取得了举世瞩目的成绩。与美国抗衡的世界超级大国地位给苏联人民带来无比的自豪与自信，这种优越感一定程度上沉淀为苏联发展模式固化和僵化的民族心理因素。斯大林时期非常重视意识形态领域的建设，把马克思列宁主义理论教育放在十分重要的位置。他在 1924 年俄共（布）第十三次代表大会上要求在苏维埃和党务干部学校、共产主义大学等机构中尽力加强共产主义教育，并强调"特别应该加强列宁主义的宣传，因为这种宣传在共产主义教育方面具有决定意义"①。会议还委托中央采取一切办法迅速出版马克思、恩格斯和列宁的经典著作，成立联共（布）中央马克思恩格斯列宁研究院。斯大林亲自编写联共（布）党史，作为培养青年一代共产主义思想道德品质的教材。同时各类学校逐步设立了哲学、政治经济学和马列主义基础等课程，向人民系统灌输马克思列宁主义。总体而言，这一时期意识形态工作地位突出、指导思想明确、组织架构和工作体系完善、内容充实丰富，但与逐步僵化的高度集权的经济政治体制相适应，苏联意识形态领域也逐步形成了一整套意识形态工作固定模式。对马克思主义理论的宣传、教育表现出教条化倾向，突出的特征是将马克思、恩格斯、列宁等革命导师的著作特别是斯大林著作中的词句奉为经典，脱离社会生产力的实际状况机械地向人们灌输，同时出现了意识形态工作行政化、扩大化的倾向。

---

① 《斯大林全集》第 6 卷，人民出版社，1956，第 183 页。

赫鲁晓夫时期，对斯大林模式进行了改革，在一定程度上促进了生产力的发展，但对原有体制基本框架并没有实现根本性的突破。在意识形态领域，赫鲁晓夫"揭了盖子""捅了篓子"。1956年2月，苏联共产党召开了第二十次代表大会。在这次大会上，赫鲁晓夫抛出了一个反斯大林的秘密报告。这个报告一经公布，立即在国际上掀起轩然大波。西方国家利用这个报告在全世界范围内兴起了反共反社会主义的新浪潮，西方国家的共产党中有1/3的党员退党，社会主义阵营中出现了分裂，出现了波匈事件和中苏大论战，国际共产主义运动遭遇重大寒流，跌入冰点。

勃列日涅夫时期，苏联社会进入稳定发展阶段。苏共领导层的保守倾向日趋增长，经济和政治体制中的固有弊端并未得到根本改善。在经济上，以巨大的资源消耗和浪费为代价来支撑苏联的经济发展，使其总量位居世界前列，但科技缺乏创新、经济效益低下，经济发展后劲不足。在政治方面，勃列日涅夫搞个人集权、个人崇拜，老人政治导致社会保守僵化、墨守成规，干部终身制和委任制导致任人唯亲、唯上是从，官僚主义更加严重，特权阶层更加脱离群众。勃列日涅夫在前期对斯大林体制进行了修补完善式的社会改革，但不具有开拓创新性。在意识形态领域，勃列日涅夫时期仍然延续了斯大林时期马克思主义理论宣传教育模式，用简单强制的方式进行灌输，忽视了从战争与革命年代转入和平与发展时期后，民众的生活环境由封闭走向开放，思想文化素质迅速提高等现实变化。

**（二）意识形态僵化的主要表现**

第一，缺乏理论创新。从1938年在党史简明教程中肯定高度集权的政治经济体制开始，苏联理论界做的主要事情就是不断论证苏联模式是社会主义唯一的、最完善的、高度发达的模式。有学者认为，斯大林模式走向固化有三个重要节点：第一个节点是1938年《联共（布）党史简明教程》的发行，从理论上肯定了高度集中的政治经济体制；第二个节点是1948年反对南斯拉夫选择的发展道路，把苏联模式看成社会主义的唯一模式；第三个节点是1951年斯大林发表《社会主义经济问题》，堵死了改革苏联体制的道路。[①] 理论上的

---

① 孙国军：《论斯大林模式》，《邵阳学院学报》（社会科学版）2011年第5期。

循环论证使意识形态领域逐渐脱离了现实经济社会的发展实际，理论陷入空谈，只满足于虚假的学术繁荣和表面上的舆论一致，社会主义发展的理论创新停滞了。赫鲁晓夫对斯大林的批判，在一定程度上解放了人们的思想，意识形态领域出现了"解冻"时期，一大批具有独立思考能力的人开始对苏联社会的现实进行反思，提出怀疑，但赫鲁晓夫及其领导的苏共并没有对苏共历史和社会主义制度中的缺陷为人们提供令人信服的解决之道，没有完成理论创新任务，反而引起人们的思想混乱，导致信仰危机进一步发展。勃列日涅夫时期提出的"发达社会主义"理论依然是对高度集权政治经济模式的再次确认和固化。勃列日涅夫把"发达社会主义"社会的主要特征概括为：创造了巨大而统一的国民经济实体；按照社会主义内在固有的集体主义原则对整个社会关系进行了完全改造；经济发展的目标在于解决社会任务，大大提高人民的福利水平，为社会成员的全面发展创造条件；重点要解决制约经济发展的因素，提高劳动生产率，改善工作质量；加速科学技术进步，完善社会的科学管理等。"发达社会主义"理论反映了在教条主义和急于求成的"左"倾思想影响下，苏共社会主义建设理论的空想化成分。

第二，思维方式的教条化。教条化是指用非此即彼的思维和简单片面的眼光看待社会现实。关于经济体制，苏联意识形态领域长期固守马克思和恩格斯关于未来社会主义社会实行产品经济、计划经济的观点，追求一大二公的所有制结构，把私有制和市场经济看成资本主义的固有特征，与社会主义制度完全水火不容。缺乏对苏联社会发展现状的研究和总结，也抛弃了列宁在新经济政策时期对以公有制为主体、多种所有制并存的探索，完全否定商品经济、市场经济。关于政治体制，苏联意识形态领域把高度集权的政治体制看作苏联成功和强大的根本保证，完全忽视适度分权，不注重调动全国各级行政机构的积极性和主动性，无视民众的民主诉求，把民主与集中完全对立起来。思维方式的教条化还表现在无视从革命战争年代转入和平发展时期后民众的物质利益需求，单纯强调信仰的精神力量，把物质追求与精神追求完全对立起来。

第三，宣教工作的形式化。形式化首先表现在缺乏细致深入、扎实有效的理论教育工作。全国统一以马克思主义经典作家的著作为马克思主义理论宣传教育的样本，把一些词句奉为经典，脱离社会生产力的实际状况机械地向人们灌输，进行空洞的马克思主义教育，使宣传教育浮于表面、流于形式，缺乏针对性和时效性，不能发挥指导思想的积极作用。正如俄罗斯学者阿尔巴托夫所说："对生活的整个一套安排，似乎从自由自在的大学生年代开始，都是在培养未来的政治家、理论家和新闻记者去用别人的思想，即用马克思列宁主义'经典作家'、斯大林（一般说引用斯大林的话要比列宁的话多二三倍，比马克思和恩格斯的话多五六倍）、当时被确认的其他'领袖'以及《真理报》的近期社论（它们很快就会过时）的思想去写作、讲话，甚至思考（必须是很细心和审慎地——要不然就可能遭遇很大的麻烦）。"[1]

第四，掌控手段的行政化。与僵化的理论宣教模式相呼应的是用行政手段甚至用严酷的政治斗争手段处理思想和学术问题。比如在斯大林时期，出现过对自然科学进行阶级属性的划分，提出了无产阶级生物学和资产阶级生物学的概念，并把某些在世界上具有相当影响的生物学学派划入了资产阶级生物学行列。这种用行政手段褒贬某种学派和思潮的做法，极大地阻碍了思想和学术发展。僵化的理论宣教模式和激进的行政干预手段，导致唯心主义和形而上学盛行，马克思、恩格斯和列宁的理论被曲解，变成了封闭的终极真理，失去了作为科学学说的本质，根本无法发挥科学理论的思想指导作用。

## 三　苏联后期意识形态的背离

苏联后期是指从 1985 年 3 月戈尔巴乔夫担任苏共中央总书记起，到 1991 年 12 月苏联解体，这是苏联政局急剧动荡、社会基本制度发生根本改变的时期。戈尔巴乔夫执政初期的改革是在社会主义范围内进行的，强调苏共是社会的"领导力量"，是"用马克思列宁主义武装起来的"政党，其改革的目标是"完善社会主义"。戈尔巴乔夫推行"加速战略"，试图加速经济领域的各项改革，但遇到了障碍和困难。1986 年 4 月，戈尔巴乔夫视察古比雪夫工业区，感到大部分企业还是改革前的老样子，这对他触动很大。在随后的政治局会议上，他提出，改革碰上的绊脚石是庞大的党政机关，必须对各级干部采取更加

---

[1] 〔俄〕格·阿·阿尔巴托夫：《苏联政治内幕：知情者的见证》，徐葵等译，新华出版社，1998，第 43 页。

强硬的态度。这年夏天，他接受了雅科夫列夫的建议，更多地谈及民主化、公开性的问题。"我们一直在谈论民主，现在应该运用它和重视它。""不要害怕自己的人民。要给地方新闻部门充分的自由。公开性——这就是社会主义。"①戈尔巴乔夫开始把政治体制改革提上了议事日程，试图通过政治体制改革为经济体制改革扫除意识形态障碍。

1987 年 11 月，戈尔巴乔夫出版了《改革和新思维》，提出了"人道的民主的社会主义"思想，其核心是承认全人类的价值高于一切，或者说是承认人类的生存高于一切。1988 年 6 月 28 日，戈尔巴乔夫在苏共第十九次代表会议上正式提出要把苏联社会改造成"人道的民主的社会主义"社会，这标志着戈尔巴乔夫与布尔什维主义的彻底分离，是苏联改革向资本主义演变的重大转折点。戈尔巴乔夫强调舆论多元化，倡导无条件的民主，要求改革政治体制，实行政治自由，恢复苏维埃的全权。这种改造为后来放弃苏共的领导地位，以及实行多党体制、准许政治反对派存在埋下了伏笔。1990 年 7 月 2～13日，苏共二十八大通过了戈尔巴乔夫主持制定的纲领性声明《走向人道的民主的社会主义》，提出要反对意识形态控制，反对阶级分析观，实行社会主义民主制和人民自治制度，建立新的联邦。声明引发了苏共党内改革派和正统保守势力之间的一场搏斗。著名学者顾海良在其《马克思主义发展史》中对戈尔巴乔夫所谓的"人道的民主的社会主义"做出了中肯的评价："从意识形态来说，是一股反马克思主义的资产阶级思潮；从社会制度来说，它是做了若干改良的资本主义制度；从历史作用来说，在社会主义国家里，它是从社会主义演变到资本主义的桥梁。"②

戈尔巴乔通过三个方面的努力实现了他在意识形态领域对马克思主义的背离。

一是全盘否定党的历史和社会主义实践。戈尔巴乔夫大力鼓吹"民主化""公开性""历史不留空白点"，从全盘否定无产阶级革命领袖入手，先是否定斯大林、列宁，然后是否定马克思、恩格斯，进而把整个马克思列宁主义都予

① 〔俄〕切尔尼亚耶夫：《在戈尔巴乔夫身边六年》，徐葵等译，世界知识出版社，2001，第100 页。
② 顾海良：《马克思主义发展史》，中国人民大学出版社，2009，第 522 页。

以否定。他揪住苏共在社会主义建设探索中的失误不放，先后使用了"极权社会主义""军营社会主义""官僚专制"等名词来歪曲苏联社会主义的实践，而且直接把共产党描绘成法西斯组织，是党带领苏联人民走了一条背离"人类文明正道"的道路，造成了深重灾难。在戈尔巴乔夫的导向和控制下，不准有人对反共反社会主义言论进行批判；不准苏共对反共势力组织的游行、示威、集会、罢工、罢课等进行反击。正如俄罗斯《祖国史》杂志 2007 年第 1 期所说，俄罗斯的历史科学走过了这样的道路，从批评斯大林开始，有选择地批评了列宁、勃列日涅夫、全部共产主义思想体系，到批评整个苏维埃时期（刚开始是晚期苏维埃，后来是整个苏维埃时期），并且批评领域的扩展主要不是建立在严格科学分析的基础上，而是用另外一些意识形态取代现有意识形态。①

二是主动放弃马克思主义指导思想，用"人道的民主的社会主义"理论改造共产党。在苏共二十八大上，戈尔巴乔夫提议把苏联共产党改名为社会民主党；改名后，党的性质由工人阶级先锋队改造成苏联公民志同道合的自愿的联合组织；党的奋斗目标由建设共产主义社会改为建设人道的民主的社会主义社会；把党内马克思列宁主义的一元指导改为实行意识形态多元化，把民主集中制组织原则改为普遍的民主，把苏共由执政党改为议会党。可见，戈尔巴乔夫提出改变苏共的名称，实质上是民主社会主义分子意图通过窃取党内领导权，把原本代表无产阶级根本利益的政党彻底改造成代表资产阶级根本利益的政党。

三是主动放弃执政党在意识形态的领导权，推行多党制。20 世纪 80 年代下半期的苏联，政局动荡、社会管理松懈、思想混乱，意识形态领域各种思潮涌动，各种各样的非正式组织如雨后春笋般涌现。这些非正式组织有着各种各样的社会背景，不少是由西方反共势力直接支持和资助的。全国各种非正式组织的数量在 1987 年为 3 万多个，到 1990 年已增加到 9 万多个。这些非正式组织大多以反共反社会主义为组织宗旨，直接策划、组织和鼓动了全国范围内各种反共反社会主义的游行、示威、集会和罢工，严重破坏了社会稳定，削弱了共产党的威信，打击了普通民众对社会主义的信心。戈尔巴乔夫当局不仅没有采取任何应对和引导措施，反而顺应这些人的诉求，纵容他们的活动，允许他

---

① 顾海良：《马克思主义发展史》，中国人民大学出版社，2009，第 516 页。

们在非正式组织的基础上建立政党，进而推行多党制。多党制意味着各党一律平等、自由竞争，不允许共产党有特权，这在实质上就是主动放弃了执政党在意识形态领域的领导权，取消了共产党的国家领导地位。

戈尔巴乔夫实行改革的最初本意是在坚持社会主义根本制度的前提下改革社会主义体制，消除高度集权的政治体制和经济体制的弊端。但在经济改革遇到困难、社会积累的物质基础还不够丰厚的时候，戈尔巴乔夫过早地把改革的重点转向了政治思想领域，而且把抽取了阶级内容的民主化、公开性作为改革的纲领和旗帜，这使改革开始偏离正确的方向，给以后的改革运动埋下了灾难性的种子。[①] 偏离社会主义方向的改革造成了巨大的社会破坏力，远远超出了戈尔巴乔夫的预料和驾驭能力。反思苏联解体的原因，既有苏联僵化社会主义体制的弊端和实践失误的内部原因，也有帝国主义推行和平演变战略的外部原因，而戈尔巴乔夫推行"人道的民主的社会主义"路线是造成苏联亡党亡国的最直接原因之一。

## 第三节　西方政治思潮的渗透

无论是苏联时期还是后苏联时代，俄罗斯一直被欧美等西方国家视为头号遏制对象。除了军事领域的对抗、经济领域的封锁等手段外，西方国家对苏联和现今俄罗斯的政治斗争可谓一刻也没有停止过。在苏联解体之前，主要表现为西方国家通过"和平演变"的方式进行意识形态渗透，促进社会主义阵营国家演变为资本主义国家；苏联解体后，则表现为西方国家在效仿西方已建立了资本主义三权分立民主制度的后苏联空间，即独联体国家和俄罗斯积极推动"颜色革命"，企图通过非暴力手段来推翻西方国家认定的独裁政府，扶持亲西方的反对派势力上台执政，以维护西方国家的地缘战略利益。

### 一　冷战时期的和平演变

"和平演变"是冷战的产物，是不同意识形态国家间所采取的一种非暴力

---

① 谭索：《戈尔巴乔夫的改革与苏联的毁灭》，社会科学文献出版社，2006，第 66 页。

的"超越遏制战略"，以使对方发生根本性国家制度变化为最终目标的政治外交手段。1945年第二次世界大战结束后，美国和苏联成为当时世界上的两个"超级大国"，为了争夺主导世界的霸权，至1991年12月25日苏联解体，美苏两国及其盟国展开了数十年的对抗。在这数十年的对抗中，美苏两国的政治家都意识到，真枪实弹的"热战"会给彼此双方带来难以承受的战争代价，所以对抗双方都尽力避免世界范围大规模战争的爆发，而采取"相互遏制，却又不诉诸武力"的科技和军备竞赛以及外交竞争等"冷"方式进行对抗，因此被称为"冷战"。1946年3月，英国前首相丘吉尔在美国富尔顿发表反苏、反共演说，史称"铁幕演说"，拉开了冷战的序幕；1947年美国杜鲁门主义出台，标志着冷战开始；1955年华约成立，标志着两极格局的形成。冷战期间，以杜勒斯为代表的一批西方政治家、外交家提出了"和平演变"战略，企图用西方价值观、意识形态和生活方式来影响和改造社会主义国家人民，特别是这些国家的第二代、第三代青年人的思想，使社会主义国家逐步演变成和西方一样的"自由世界"。

"和平演变"战略得到了西方政治家的高度重视。艾森豪威尔认为，在宣传上花1个美元等于在国防上花5个美元。尼克松强调"播下思想的种子就会结出'和平演变'的花蕾"，认为最终对历史起决定作用的是思想，没有在意识形态领域取得胜利，所有的武器、条约、外援和文化交流都毫无意义。布热津斯基说：　"说到底，动员人们采取政治行动并从而塑造世界的正是思想。……我们正处在全球政治觉醒的时代，因此，政治思想大概会越来越重要，它要么成为精神凝聚力的源泉，要么就是混乱之源；要么成为达成政治共识的基础，要么就是冲突的祸根。"①

西方国家的"和平演变"战略在苏联取得了成功。在苏联解体后，无论是俄罗斯国内外的政治家、思想家、学者，还是客观关注苏联演变的普通民众都普遍认同这一点。正如美国中央情报局雇员施瓦茨所说："谈论苏联的崩溃而不知道美国秘密战略的作用，就像调查一件神秘的突然死亡的案子而不去考虑谋杀的可

---

① 〔美〕兹比格涅夫·布热津斯基：《大失控与大混乱》，潘嘉玢、刘瑞祥译，中国社会科学出版社，1995，第2页。

能性。"①

西方在苏联实施和平演变的方法是多种多样的。在经济上，利用经济贸易联系和经济援助对苏联施压或引诱，把苏联在政治上的让步作为提供经济合作的前提条件。西方国家以贷款、贸易、科技等各种手段诱压苏联，促使其向西方靠拢。在政治上，则在上下两个层面推进。一是在国家层面上帮助支持亲西方的戈尔巴乔夫。西方国家利用戈尔巴乔夫亲西方思维，鼓励其实行公开性和民主化，诱使苏联走"人道的民主的社会主义"道路，改变执政的苏联共产党的性质，从而使社会主义变色。二是在社会层面上扶持和培植反共反社会主义势力。西方国家通过资金支持、舆论声援等方式鼓动苏联国内激进改革派和持不同政见者建立非正式组织，发行刊物，策划反共反社会主义的活动。西方国家还打出"人权"牌，利用"人权"问题干涉苏联内政，迫使苏联实行更加自由的政策和多党制。西方大众传媒也大搞思想文化渗透，把共产主义与法西斯主义相提并论。

在西方"和平演变"战略的持续影响下，戈尔巴乔夫推行所谓"人道的民主的社会主义"，主动放弃马克思主义指导思想，放弃共产党执政地位，完全否定共产党的历史和社会主义的实践，实行资产阶级民主化改革，在国际关系中则放松了对东欧国家的政治军事控制。苏联在意识形态上背离马克思主义造成了严重的思想混乱，这种混乱与高度集中的经济体制造成的经济发展停滞、人民生活水平低下、集权政治、贪污腐败等各种矛盾相叠加，导致20世纪80年代末90年代初，东欧各个社会主义国家发生剧烈政治动荡，其政治经济制度和社会性质发生根本性改变，从斯大林模式的社会主义制度演变为西方欧美的资本主义制度。东欧剧变最先在波兰出现，后来扩展到民主德国、捷克斯洛伐克、匈牙利、保加利亚、罗马尼亚等华约国家。苏东剧变以1991年12月25日苏联解体告终，这也标志着冷战的结束。

## 二　21世纪以来的"颜色革命"

冷战结束后，后苏联空间的国家效仿西方国家制度，走上了资本主义发展

① 周新城、张旭：《苏联演变的原因与教训———一颗灿烂红星的陨落》，社会科学文献出版社，2008，第191页。

道路。西方的基本政治原则和价值观念在这些国家落地生根，各国基本建立了欧美式资产阶级宪法层面的三权分立民主制度和选举制度，军队实行了国家化。但这些国家并没有在一夜之间变为所谓的民主国家，在西方看来，这些国家仍然处于某一党派或个人长期的权威主义政治统治之下，最直接的证据就是绝大部分独联体国家的领导人都是苏联时期的高级政府官员。为了拓展、巩固自己在后苏联地区的地缘战略利益，并在意识形态竞争中占据绝对优势，进入21世纪之后，以美国为首的西方国家利用各独联体国家国内经济发展缓慢，腐败严重，人民生活水平下降，族群宗教、文化历史的差异和人民对政府的不信任等多重矛盾，策划、推动了一系列以和平非暴力方式进行的政权变更运动。这些运动被称为"颜色革命"，如2003年格鲁吉亚的"玫瑰革命"，2004年乌克兰的"橙色革命"，2005年吉尔吉斯斯坦的"郁金香革命"和白俄罗斯的"雪花革命"等。用颜色或花草之类的符号和象征来称呼这些"革命"，是效仿法国大革命时代的"红色革命"，因其革命者统一戴红色帽子而得名。21世纪初期，"颜色革命"是布什"全球民主化"战略的组成部分，是美国分化瓦解独联体国家、排挤打压俄罗斯的一个重要手段，是苏东剧变时期"第一波"西化浪潮的继续。

以美国为首的西方国家在借助"颜色革命"达到"政权更迭"目的的运动中发挥着中心作用。西方国家策划和推动"颜色革命"有一整套的手段和方案，比如以经济援助和加入北约为诱饵，以提供技术指导为名开展政治性活动，直接干预独联体国家的司法制度和机构，拉拢和培植上层"精英"，并在基层草根民众中建立非政府组织，敦促这些国家接受西方政治改革方案，加强"民主建设"，在选举中支持反对派、鼓动街头斗争、扶植亲美势力，对不接受"民主"的国家进行各种制裁等。其中，意识形态领域的价值观渗透和媒体攻势一直是西方国家推动"颜色革命"的重头戏。西方国家的宗教社团在独联体国家广泛活动，以宗教活动为平台影响民众的价值观和社会的心理基础。西方国家还通过建立大学、设立奖学金、建立国家民主研究院、扩大学术和青年交流等文化手段扩大西式"自由民主"价值观的影响，甚至出资建立独立的新闻媒体和出版印刷机构，利用传播这些国家领导人及其家族的腐败丑闻，歪曲丑化现政权形象。当这些国家的掌权者不按西方意愿行事之时，西方国家便以民主建设、人权状况不佳为借口大肆抨击；当某个独联体国家内有"革命迹象"时，便积极煽动进行反政府活动，吹捧反对派领袖，支持反对派言论；一旦有国家"革命"成功，则肆意夸大所谓的"革命民主"成果并在其他国家进行宣传，以期推动"多米诺骨牌"效应。

俄美欧之间的战略博弈是"颜色革命"的一个重要诱因。俄罗斯与西方各国的历史渊源深厚，但矛盾也十分深刻。俄在几百年前就力图融入欧洲，但始终未能如愿。几百年来，俄罗斯与西方国家曾发生过几十次战争。第二次世界大战之后，以美苏为代表的两大阵营又在冷战状态中对峙了几十年。苏联解体之初，叶利钦曾实行过"一边倒"的亲西方政策，想以此换来西方的认可，但收效甚微。2001年"9·11"恐怖事件后，俄与西方曾一度关系密切，但由于俄与西方在根本国家利益方面矛盾深刻，西方一直对俄罗斯保持高度警惕。作为苏联的直接继承者，俄罗斯一直把独联体国家视为其无可置疑的势力范围。为了保住自己的"后院"和维持自己的战略生存空间，俄罗斯一方面不断批评警告美国和欧盟在独联体地区要"谨言慎行"，另一方面又主动利用历史形成的纽带联系和政治支持对独联体国家施加影响，这与欧美的全球战略利益直接冲突。普京"权威主义"特色的执政风格更让西方把俄罗斯视为战略防范与遏制的对象。美欧在这一轮"颜色革命"中的重要目标，并不是为了帮助这些国家发展经济，增强国力，而是出于自身地缘政治利益的需要，通过各种手段来扶植这些国家中的亲西方力量，扩大对独联体各国的影响，使之与俄罗斯保持最大的距离。目前，独联体国家中通过"颜色革命"完成政权更迭的当权派均极力主张与西方结盟、疏远与俄罗斯的关系。

除独联体国家外，以美国为首的西方国家也将"颜色革命"推行到俄罗斯国内。一方面，它们希望通过"颜色革命"来对普京政权施加压力，逼迫俄罗斯继续走全盘西化的道路；另一方面，它们积极扶持俄罗斯国内的亲西方势力，希望他们之中能有人取代普京掌握政权。西方在俄罗斯推行"颜色革命"最重要的目的是促使俄罗斯联邦走向分裂并解体，以便从根本上解除对美国等西方国家的威胁。布热津斯基在《大棋局——美国的首要地位及其地缘战略》一书中公开提出，"鉴于俄罗斯辽阔的面积和多样性"，应将俄联邦分为"欧洲的俄罗斯"、"西伯利亚共和国"和"远东共和国"三个部分①。2004 年美国中央情报局还发出了俄罗斯在未来 10 年里将会分裂为 6～8 个不同国家的预测。②

西方推动的"颜色革命"在俄罗斯国内普通民众中引起了一定的思想混乱。有的民众忧心忡忡，害怕发生"颜色革命"并带来社会动荡；有的民众特别是一部分年轻人则向往西方，希望通过"颜色革命"来改变生活。根据莫斯科"回声"电台 2005 年 4 月的电话随机调查，如果俄罗斯出现选举严重舞弊情况，有 69% 的人认为这会诱发俄罗斯发生"颜色革命"③。而作为西方国家大力扶持的反政府组织则比较活跃，借势以反对普京的"独裁专制"为口号积极开展活动。他们或到发生过"橙色革命"的乌克兰取经，或是和参与过乌克兰"橙色革命"的"波拉"组织保持密切联系；右翼反对派也顺势而动，强调"民主和自由"，反对"独裁主义"，召开全俄代表大会，联络其他政治运动组织成立右翼力量联盟，打出"反普京"的旗号。前总理卡西亚诺夫下野后依然十分活跃，想充当"俄版尤先科"。流亡海外的俄罗斯寡头别列佐夫斯基认为俄罗斯很可能爆发"颜色革命"，他认为卡西亚诺夫是能够团结各种反对普京力量的理想人选④。在西方"全球民主化"战略的影响下，"颜色革命"的阴影一直徘徊在俄罗斯上空，"反普京"的思想浪潮成为持续影响俄罗斯社会稳定和威胁普京政权的重要因素之一。

# 第四节　俄罗斯转型以来的社会变化

## 一　以西方宪政民主为导向的政治改革

俄罗斯新宪法草案于 1993 年 12 月 12 日经由全民投票通过，当时公民中

---

① 〔美〕兹比格涅夫·布热津斯基：《大棋局——美国的首要地位及其地缘战略》，中国国际问题研究所译，上海人民出版社，1998，第 265 页。

② 吕岩松：《美国中情局发表惊人报告：俄将分裂成 8 个国家》，《环球时报》2004 年 4 月 30 日。

③ 聂寒非：《普京内忧外患初露端倪　俄面临解体隐忧》，《南方日报》2005 年 4 月 27 日。

④ 闻心芳：《流亡大亨语出惊人　俄迟早爆发"流血革命"》，《新快报》2005 年 4 月 13 日。

投赞成票的仅为 58.4%。新宪法以建立总统制为核心的资本主义政治体制为目标，把民主与法治原则、人权与自由原则、思想与政治多元化原则、三权分立原则、保护私有制原则和联邦制原则等确立为新俄罗斯政治体制的基本原则。新宪法规定了国家立法、行政、司法三种权力的基本职能：总统是国家元首并兼任联邦武装力量最高统帅；联邦议会是俄罗斯联邦的代表与立法机关；联邦政府行使行政权；联邦法院独立行使审判权。

## （一）超级总统制

俄罗斯实行"超级总统制"或"总统集权制"。俄罗斯宪法遵循三权分立原则，明确分别由联邦总统、联邦会议（联邦委员会和国家杜马）、联邦政府和联邦法院共同行使国家权力，它们之间相互分权制衡。但根据宪法，联邦总统作为国家元首在政治舞台上处于主导地位，并不隶属行政、立法、司法三权中的任何一权，而是凌驾于三权之上，地位既高于政党又高于议会。俄总统手中的权力远远超过美、法等西方国家元首。

新宪法规定由总统确定国家对内对外政策的基本方向。俄罗斯总统的超级权力体现在各个方面。首先，总统拥有立法实权。总统拥有向国家杜马提出法律草案的立法动议权，也可以提出修改宪法的建议；总统享有公布法律的权力，国家杜马通过的联邦法律应在 5 日内送交总统签署和颁布；总统也可以发布具有法律效力的命令和指示。其次，总统拥有超级行政权。俄罗斯总统直接领导政府，主持联邦政府会议；政府向总统负责，按照法律和总统令开展工作；除总理须经国家杜马批准外，总统有权任免副总理、政府各部部长和司法部门的关键职务，组成联邦安全会议和总统办公厅，甚至可以解散政府；总统在统率武装力量和外交方面拥有广泛的权力。最后，总统对议会工作拥有重要的影响力。比如俄新宪法规定：如果总统希望的总理人选三次被国家杜马否决，总统就可以直接任命总理，解散国家杜马，并进行新的国家杜马选举；而国家杜马如果在三个月内两次提出对政府的"不信任案"，总统就有权解散国家杜马。

## （二）俄式议会制

俄罗斯联邦议会由联邦委员会（上院）和国家杜马（下院）组成，是俄罗斯联邦的立法机关，其主要职责是以俄罗斯联邦宪法为依据制定和通过各项法令，对国家管理中的重大问题做出决定。上下两院分别开会，也可举行联席会议听取俄联邦总统咨文、宪法法院咨文、外国领导人演说等。在议事规则许可下，两院有权举行秘密会议。

联邦委员会（上院）的职责是：规定总统选举和弹劾总统的相关事宜；负责联邦各主体间边界的确认；决定在国内是否宣布军事和紧急状态，批准在国外是否动用武装力量；任命宪法法院、最高法院、最高仲裁法院的法官和联邦总检察长。联邦委员会的议员最初由各联邦主体（包括直辖市、共和国、边疆区和州）的行政长官和立法机关的领导人兼任，普京时期改为由各联邦主体各派 1 名立法机关代表和 1 名行政机关代表组成。联邦委员会应有议员 178 名。

国家杜马（下院）的职责是：批准总统的政府总理提名；对政府工作进行信任投票；任命中央银行行长、审计署审计长等重要职务，宣布大赦等。国家杜马由 450 名代表组成，每 4 年选举一次（第一届国家杜马议员任期只有 2 年；"梅普组合"期间推动将杜马议员任期延长至 5 年）。国家杜马代表的产生方式几经变迁：最初实行"混合选举制"，即代表的一半实行"单席位选区制"，在全俄划分的 225 个选区中各选出一名代表；另一半议员则从参加竞选的党派和社会团体中产生。从 2007 年第五届国家杜马开始，不再设单席位选区，国家杜马的全部代表都按政党比例原则产生。2012 年又重新恢复单席位选区，重新采用"混合选举制"。

在俄罗斯政治体制中，"强总统、弱议会"是一个突出特征。按照新宪法规定，议会只是"代表与立法机关"，而不是"国家最高权力机关"，联邦议会对总统的监督职能受到很大制约。比如，按照分权制衡的原则，宪法赋予上院"罢免俄罗斯联邦总统职务"的权力，赋予下院"提出罢免俄罗斯联邦总统提案"的权力。然而真正启动弹劾总统程序极为复杂，难以操作。如果要弹劾总统，必须在规定的 3 个月时间内，经由国家杜马、最高法院、宪法法院、联邦委员会等各相关机构分别完成"提议""投票""结论"或"裁定"等程序，"提议"需要 1/3 以上议员通过，形成"结论"或"裁定"需要 2/3 以上议员赞同。因为弹劾总统的程序多、票数高、时间短，宪法赋予联邦议会的权力实际上难以兑现。而宪法赋予总统的超级权力实施起来则简便快捷，比如，即使国家杜马否决了政府提交的决议，总统仍可以通过发布总统令的方式使其生效执行。

### （三）发展中的多党制

戈尔巴乔夫时期的政治改革实现了立法与行政机构的真正分立，为俄罗斯多党制的形成提供了政治条件。苏联第一次人民代表大会期间，反对派机构首次出现在最高国家权力机关之中，以叶利钦、萨哈罗夫等为首的跨地区议员代表团是在议会中形成政治派别的标志。1990 年 10 月，"民主俄罗斯选举联盟"逐步发展为具有政党性质的"民主俄罗斯运动"组织，俄罗斯多元化的政党建设开始起步。俄罗斯政党制度建设是一个动态变化的过程，先后经历了三个阶段。

第一阶段是叶利钦时代，这是俄罗斯多党制初步确立与运行时期。俄罗斯联邦宪法明确规定，俄罗斯联邦承认政治多元化和多党制，这为多党制的建立提供了根本性的法理基础。宪法还赋予公民享有结社自由、社会团体活动自由，明确各社会团体在法律面前一律平等，承认意识形态的多样性。在这种宽松的法律和社会环境下，俄罗斯一时间出现了许多政治性组织，"协会""运动""阵线""联盟"等各种社会力量纷纷登台亮相，街头政治活动风起云涌、遍地开花。至 1993 年 12 月，经司法部登记的全联邦性政党、政治运动已达 147 个；1995 年第二届国家杜马选举时，经审批登记的各种政治性组织发展到 300 个。根据国家杜马的规定，一个政党可以将本党在议会中的议员联合起来，或者根据竞选联盟的意愿将竞选联盟的所有议员联合起来形成"议员联盟"，即"议会党团"。"议会党团"是一个政党或联盟党在议会中的领导机构，负责统一该党或联盟议员的行动，在政党组织与议会及政府之间起纽带、桥梁的作用。到 1999 年 1 月，在司法部门登记的政治联合组织达到 141 个。议会党团的出现，使多党制的运行机制初步建立起来。

第二阶段是普京时代，这是俄罗斯联邦政党规范化发展时期。叶利钦时代党派林立、聚散匆匆，真正有明确纲领、组织完善、有广泛影响的政党并没有几个，政党政治很不成熟。正如普京入主克里姆林宫之初所说，俄罗斯目前既缺少有威望、相对成熟的政党（除了俄共之外），也缺乏一个能够发挥积极作用的政党体系。他竭力呼吁俄罗斯应实行有两个或三四个大党的有效的多党制。为减少政党和政治组织数量，将政党活动和竞选运动纳入法治化轨道，俄罗斯 2001 年 7 月颁布了《俄罗斯联邦政党法》，规定了建立政党的条件，提高了参与选举的基本门槛与限制。例如该法律规定：不允许按职业、种族或宗教属性建立政党；政党必须拥有 1 万名以上成员，在半数以上的联邦主体分部里至少有 100 名党员，其他联邦主体分部中成员不少于 50 名；政党必须按规定明确纲领、章程、组织机构并召开成立大会，必须完成政党登记手续；政党必须参与政治活动，推举候选人参加全国立法、权力机构和地方各级自治代表机构选举等。俄罗斯目前的政权党统一俄罗斯党就是在《俄罗斯联邦政党法》的导向下，由原来支持普京的三个中间派力量"团结党"、"祖国"运动和"全俄罗斯"运动于 2001 年 12 月 1 日合并组建的。

2004 年 12 月，俄罗斯联邦颁布了《俄罗斯联邦政党法》修正案，进一步提高了组建政党的门槛，它规定每个政党至少有 5 万名党员，一半以上联邦主体内地方组织不少于 500 名党员，其余的联邦主体中每个地方组织至少有 250 名党员。2005 年 4 月，俄罗斯联邦通过了新的《国家杜马选举法》，它规定从 2007 年第五届国家杜马选举开始，不再设单席位选区，全部杜马代表都按政党比例原则产生，政党进入国家杜马门槛的得票率从 5% 提高到 7%，并且不允许政党组建选举联盟联合提出候选人。

第三阶段是"梅普组合"时期，这是俄罗斯多党制适应民主政治发展需要的调整、完善时期。普京时期不断提高政党组建门槛，小党不断被挤出政局。这种情况限制了政党之间竞争与制衡的活力，也在很大程度上阻碍了更广泛的社会利益诉求在议会中的表达，造成了公众参与政治的比例下降。针对政党功能弱化的趋势，梅德韦杰夫提出了提升政党政治活力的改革思路。2011 年 5 月，俄罗斯颁布《俄罗斯联邦政党法》修改法，降低了组建新党对党员人数的要求。同月俄罗斯《国家杜马选举法》也得到修改，规定在国家杜马选举中获得 5% 的选票但不到 7% 选票的政党，可以获得 1 个议席，得票率超过 6% 但不到 7% 的政党，可以获得 2 个议席。

在俄罗斯政治体系中，政党政治已经成为俄罗斯政治架构中不可分割的重要组成部分。目前俄罗斯最大的政党——统一俄罗斯党是政权党，但还不能被称为执政党，这是因为俄罗斯至今还没有确立由议会选举中获胜的多数派政党组织政府的制度。由获胜党组阁是成熟政党政治的关键特征，因此俄罗斯目前的政党政治还未达到标准意义上的政党政治。①

### （四）中央相对集权的联邦制

俄罗斯联邦的构建与发展是俄罗斯政治发展中的重要问题，因为"俄罗斯社会的经济、社会和国家政治领域改革的结果，很大程度上取决于联邦制的顺利发展"②。联邦新宪法确定了俄罗斯联邦的基本原则、结构形式、联邦中央与各主体的管辖范围和职权等政治法律关系，为俄罗斯联邦制提供了法律基础。俄罗斯联邦是按照民族—地区特征建立的混合型联邦，共由83个联邦主体构成，分别是21个共和国、9个边疆区、46个州、2个直辖市、1个自治州和4个自治专区。联邦宪法规定：俄罗斯联邦在其领土上享有主权，俄罗斯联邦宪法和法律在俄罗斯联邦的全部领土上具有最高效力；联邦各主体一律平等，各主体拥有自己的执行和司法权力机关，有权在本辖区内颁布法律和法规；以各主体为单位选举代表参加俄罗斯联邦委员会和国家杜马，参与联邦重大事项的管理。但实际上各联邦主体之间并不平等，比如，共和国通常要比边疆区和州享有更大的自主权和更多的经济和政策上的优惠。为此，俄罗斯联邦针对不同情况先后与40多个联邦主体签署了双边条约，明确俄罗斯联邦中央与各联邦主体的权力关系，并适度扩大地方特别是民族自治州和自治专区的权力，满足它们的自治要求，缓解了中央和地方权力之间的矛盾。

针对俄罗斯境内民族分离主义和地方分立主义的思潮和运动，新宪法取消了民族共和国退出联邦的自决权，并将民族共和国是主权国家的提法从条款中删除。但联邦主体中部分共和国的宪法与联邦宪法仍有抵触之处，比如鞑靼斯坦共和国在1994年12月修订宪法时依然使用了"鞑靼斯坦共和国是主权国家和国际法主体"的词语，把自己定位为根据条约与俄罗斯联邦建立平等关系的联系国，鞑靼斯坦共和国与俄罗斯联邦之间相互授予职权和管辖对象。俄联

---

① 李永全主编《俄罗斯发展报告（2012）》，社会科学文献出版社，2012，第66页。

② 〔俄〕阿里尼、马尔琴科：《俄罗斯联邦制度形成的教训和问题》，莫斯科因杰尔杰赫有限公司，1999，第5页。

邦中央采用经济扶持和军事打击两种手段来应对分离势力，对落后地区加大经济扶持，提供力所能及的补贴和经济援助；对于执意要闹独立的车臣，则分别在 1994 年和 1999 年两次派兵重拳打击，有力地遏制了民族分离主义和地方分立主义的嚣张气焰。

## 二　以经济自由化为特征的经济改革

### （一）经济改革的主要内容和历程

俄罗斯经济改革选择的是新自由主义经济理论和改革模式。新自由主义经济理论的主要逻辑是：市场会为有效的资源配置提供最佳的信息结构，界定清晰的私有产权是对市场配置资源的有效激励，国家应尽量减少对经济活动的干预，应该通过相应的财政货币政策为市场充分竞争提供足够空间。新自由主义改革模式原是 20 世纪 80 年代初由国际货币基金组织专门为处在转型中的第三世界国家（这些国家正经历着从停滞封闭的计划体制和高度集权的政治体制向市场经济与民主法治体制的转型）量身定做的根本性结构改造方案，是由自由化、私有化和稳定化构成的三位一体的"休克疗法"。这一方案先是在拉美一些国家整顿债务问题上取得短期成效，随后经由哈佛大学教授杰弗里·萨克斯移植到东欧，至 20 世纪 80 年代末盛兴一时。苏联解体之后，俄罗斯明确了向市场经济过渡和实现宏观经济稳定的改革目标。在具体过渡模式上，俄罗斯曾有激进的、渐进的和适度激进的三种方案。鉴于 20 世纪 80 年代中期以来在原有社会主义制度框架下推进市场化改革步履维艰，效果令人失望，面对当时十分严峻的经济困境，俄罗斯从国家政要、幕僚到普通知识分子普遍接受了当时在西方占主流地位的新自由主义经济学说，把它当作唯一可取的经济改革理论，选取激进改革方案，期望以短期阵痛为代价使俄罗斯尽快摆脱经济危机。

杰弗里·萨克斯曾先后受聘担任玻利维亚、波兰等国的经济改革顾问，1992 年被聘为俄罗斯国家顾问，以便在他的指导下推行激进的西化改革，但是俄罗斯经济改革的"休克疗法"没有考虑俄罗斯具体的历史条件、经济状况与政治系统特点，完全照搬了西方的经济模式，指望在短期内实现现代市场经济体制。

俄罗斯经济的市场化又称为经济自由化，包括价格自由化、对外经贸自由化、资金流动自由化和经济联系自由化等。价格自由化是俄罗斯激进改革开始的标志，表现为一次性全面放开价格，以最快的速度造就俄罗斯市场。1992年1月2日，俄罗斯放开90%的消费品价格、80%的生产资料价格；3月底除房租、公共服务和公共交通外，消费品价格全部放开；4月中旬除天然气和电力仍使用调节价外，燃料价格完全放开。与此同时，在对外经贸方面，打破地方和国家对贸易的垄断，实行统一汇率基础上的货币兑换政策，取消非关税限制，逐步降低和取消进出口关税，开放国际市场，以期解决国内商品紧缺问题，满足国内的进口需求。资金流动自由化的目的在于吸引外国投资者与技术。经济联系的自由化则指完全取消苏联模式下的国家计划经济管理，生产和销售不再由国家制订计划和确定指标，而是让市场主体完全通过市场信息去感知商品短缺与否和生产需求情况，由市场来配置资源。

俄罗斯经济的私有化是一个把国有企业资产转为私人所有、转为非国有成分法人所有，实行资产所有权与经营权分离以及初次私有化之后的所有权再分配的过程，这是一个内涵广泛的综合性概念。[1] 俄罗斯于1992年1月1日正式启动私有化进程，大致经历了三个阶段。

第一阶段是叶利钦时期。从1992年7月到1994年6月，俄罗斯政府通过向公民发放私有化证券的方式无偿转让国有资产，这种做法被称为"证券私有化"，私有化的全面启动彻底打破了计划经济体制的所有制格局，国有经济的绝对统治地位被推翻；从1994年7月到1996年年底，俄罗斯从无偿转让国有资产过渡到按市场价格出售国有资产，这种做法被称为"货币私有化"，国有经济的占比继续大幅下降，私有经济占据主导地位；从1997年开始延续到普京执政的2004年，运动式私有化进程基本结束，从大规模私有化方式调整为个案私有化，非国有经济开始以较为缓慢的速度扩张，私有制结构基本趋于稳定。

第二阶段是普京时期。普京延续了个案私有化进程，这一时期私有化的重心转向私有化的质量，注重增加投资和提高企业生产效率，不再搞强制私有化和数量指标。国家开始监督私有化过程，不再任由国有资产流失。2004年以后，在战略性行业、公共事业部门和一些重要的竞争性行业中，国有经济成分

---

① 孟伟等：《演变后的俄罗斯》，深圳出版发行集团、海天出版社，2010，第166页。

开始明显大幅度增加，展现出"私有化"和"国有化"同时进行的特点。

第三阶段是"梅普组合"和新普京时期。梅德韦杰夫的治国理念遵循两点原则：不改变政权的权威地位和不改变普京总统任期8年的政治发展道路。2010年11月27日，普京以总理身份批准的《2011～2013年前联邦资产私有化计划及私有化的主要方向》中明确了这一阶段私有化的主要任务，即吸引预算外投资、促进股份制公司发展；在非战略的竞争行业中继续降低国有成分比例，给投资者更多的创新机会；不断提高企业的生产效益和管理水平；建立和发展有序的证券市场；建立战略性行业的结构体系；增加俄罗斯联邦的预算收入总量。

俄罗斯经济的稳定化主要表现为通过紧缩政策寻求经济稳定。俄罗斯一次性全面放开物价带来了恶性通货膨胀，仅1992年全年的通胀率就高达2510%。国际上遏制通货膨胀、维持经济稳定最常用的经济手段就是实行财政和货币紧缩政策。财政紧缩政策主要表现在一方面提高税率，增加预算收入；另一方面大幅削减预算支出，严格监管预算执行。货币紧缩政策主要表现在控制货币发行量、控制信贷规模上。以三大货币工具（存款准备率、再贴现率、公布市场业务）控制经济流通中的货币总量也是维护币值稳定和货币流通稳定的国际惯例。

**（二）经济改革的基本成果与问题**

俄罗斯20多年的经济改革进程波澜起伏、艰难曲折。俄罗斯经济转型初期，激进的"休克疗法"使俄罗斯经济遭遇重大挫折。自1991年起至1996年，俄国民生产总值连续大幅度下降。据统计，1991年到1996年的5年间，俄罗斯国民生产总值下降45%，降幅甚至超过了苏联卫国战争时期（下降25%）和美国1929～1933年的大危机时期（下降30%），整个国民经济倒退了将近20年。直到1997年，俄罗斯经济才出现7年来的首次增长。1998年遭遇国际金融危机，国民生产总值再次下滑，工业生产下降5.2%、农业生产下降10%，外贸下降16%，物价大幅上升40%，近1/3的居民处于贫困线以下，商业银行中有一半濒临破产。[1] 普京执政后，借助国家政权体系的强力支撑，

---

① 王立新等：《三十年来中俄政治改革与政治发展比较研究》，人民出版社，2013，第6页。

实现了历时 10 年 GDP 保持年均增长率在 7% 左右的良好态势。按市场汇率计算，2008 年，俄国内生产总值达到 14134.2 亿美元，人均 GDP 达到 9954 美元。"梅普组合"期间，俄罗斯经济经历了国际金融危机的考验，成功度过了经济最困难的时期，经过 2010 年和 2011 年的恢复性增长，各项指标恢复至国际金融危机前的水平。

俄罗斯经济改革的主要成果表现在：（1）通过私有化彻底打破了国有经济的垄断地位，形成了多种私有化经济形式与一定数量国有经济成分并存的多元化格局；（2）按西方国家模式，构建了适应市场经济要求的宏观调控体系；（3）确立了社会保障体制改革的方向，国家不再包揽一切，社会保障资金来源多样化，注重公平和效益兼顾；（4）制定了大量的经济法规。[1]

俄罗斯先期推行的激进经济改革归根到底是一个政治问题。改革派以激进方式推动全面私有化和市场化经济改革，其目标是形成广泛的私有者阶层，彻底颠覆社会主义公有制经济基础，使西方式自由市场经济和政治多元化成为既定事实，共产党人就不可能卷土重来，俄罗斯也就彻底摆脱了社会主义。

俄罗斯经济改革中存在的困难和问题也十分明显。一是经济结构性矛盾突出，过度依靠能源出口，缺乏可持续发展的能力。俄罗斯经济增长对能源和资源的出口依赖仍然很大，能源和资源出口收入占到了俄罗斯 GDP 的近 1/3，其中石油产品又占出口总收入的 1/3 强。国际市场石油价格直接影响俄罗斯经济的发展。2008 年，俄石油、石油产品和天然气的出口份额占其出口总额的 61.4%，到 2011 年年底，这一数字达到 62.3%。创新产品在工业生产总体份额中的占比由 2000 年的 8.3% 降至 2010 年的 5.5%。[2] 2009 年，俄罗斯经济在国际金融危机中遭受重创，再次暴露了俄罗斯经济结构的缺陷和脆弱性。在 2012 年国情咨文中，普京再次强调要调节产业结构，推动创新型经济。普京指出，能源经济的直接后果是国家发展失衡、劳动市场失衡和社会领域失衡。

二是腐败现象严重，投资环境较差。普京在 2008 年的一次讲话中尖锐地指出国家管理的主要问题依然是权力过分集中。腐败一直是影响俄罗斯投资环

---

[1] 陆南泉：《俄罗斯国家转型研究》，社会科学文献出版社，2013，第 172~174 页。
[2] 李永全主编《俄罗斯发展报告（2013）》，社会科学文献出版社，2013，第 52 页。

境的重要因素。根据"透明国际"发布的 2011 年度全球清廉指数报告，在全球 183 个国家中俄罗斯的排名处在第 143 位。[①] 经济领域的腐败增加了干扰经济运行的行政因素和人为因素，导致市场经济规律不能正常地发挥合理配置资源的作用，私人投资的风险和成本加大，严重影响私人投资的积极性。2011 年除正常的对外投资之外，俄罗斯资本外流金额高达 850 亿美元，这是境内外投资者对俄罗斯缺乏投资信心的重要表征。同时在俄罗斯，大量存在的寡头经济和影子经济也阻碍了资源的自由流动和市场的公平竞争。普京执政后，对叶利钦时代渗入政治领域的一部分寡头势力进行了打击和清除，但对其他的寡头势力则采取了保留和利用的态度。影子经济在苏联时期就存在，俄罗斯经济转型初期的混乱使影子经济急剧膨胀，虽经多次治理，但据俄罗斯社会科学院社会学研究中心评估，近 10 年来影子经济增长了 5 倍，已占到国内生产总值的 50%。[②]

### 三 以多元流动性为特征的社会结构变迁

苏联解体后，俄罗斯进入急剧的社会结构分化阶段，表现在影响社会分层的结构要素增加，社会的不平等程度拉大等方面。引起俄罗斯社会结构分化的主要原因：一是私有化进程，俄罗斯的"私有化"运动有着鲜明的政治色彩，其目标是提高经济生产效率的同时造就千千万万个私有者，彻底改变所有制结构和社会经济基础；二是受价格自由化及通货膨胀的影响，居民储蓄贬值和实际收入减少；三是经济结构的变化、就业结构的差异以及失业人口的增加；四是社会政治领域的变革和权力结构的变化使旧官僚阶层有所变动、一部分新的精英进入社会管理阶层。[③]

俄罗斯转型时期社会结构分化呈现出一些鲜明的特点：一是分化进程快、社会流动性强，结构很不稳定；二是社会分层的结构要素中，收入与财富因素的影响力增加；三是出现了"新俄罗斯人"这一新的社会阶层；四是知识分子分化严重，或攀上权力顶峰，或沦入生活窘迫境地；五是精英阶层的构成发生较大变化，除部分原苏联党政官僚和民运领袖在新的权力体系中获得了自己

---

① 李永全主编《俄罗斯发展报告（2012）》，社会科学文献出版社，2012，第 98 页。

② 王立新等：《三十年来中俄政治改革与政治发展比较研究》，人民出版社，2013，第 7 页。

③ 张树华：《转轨期俄罗斯社会的分层与结构转型》，《东欧中亚研究》1997 年第 4 期。

的地位外，大批商界、经济界精英也涌入政界；六是区域性差异明显扩大，以莫斯科为代表的大城市借助区位、财政、信息等多方面优势，在经济实力、居民生活及精神面貌等方面都领先于其他地区，而原"殖民地的"北方和西伯利亚地区的经济和生活则日益恶化；七是一些"隐形结构"，如黑手党、黑社会组织、"灰色经济"利益集团等十分活跃，影响较大。

当前俄罗斯国内的社会结构主要由以下阶级、阶层构成。

### （一）大资产阶级

新生的俄罗斯大资产阶级有三个来源：一是苏联国家体制内的党、政、军、团系统干部和国有大中型企业的负责人，他们利用自己手中的权力和关系，在俄罗斯激进私有化改革的过程中，通过多种方式将原来的国有资产转为自己所有；二是20世纪80年代以来，依靠个体经营抓住了市场机遇，或靠"地下经济"发家、钻政策法律空子而攫取了巨额财富的人；三是科技界和文艺界的部分著名人士。俄罗斯大资产阶级占人口总数的6%，却掌握和支配着俄50%的生产资料，其核心代表是金融工业寡头。这一阶层又被称为"新俄罗斯人"，其生活观念西化，消费方式奢华。

### （二）中产阶层

叶利钦曾表示，私有化的目标之一是不断提高俄罗斯公民的福利，使中产阶级成为真正的社会支柱。俄罗斯中产阶级是指介于上流社会和社会底层之间的中间阶层，是俄罗斯社会结构中流动性最明显的阶层，也是俄罗斯经济体制改革着力拓展的阶层。俄罗斯中产阶级的构成多种多样，包括科研人员、教师、部分艺术家、医生、工程师、职员（公务员、银行职员等管理人员）、军队干部（职位较高的军官）、中小企业主、熟练工等，他们大多从事脑力劳动，一般受过良好教育，具有专业知识，集中在私营部门和大中城市，普遍比较年轻，比一般百姓具有更强烈的民主意识，主要靠工资和薪金谋生。俄罗斯学者 B. A. 列别辛将中产阶层的家庭月收入水平分为三个等级：其上等收入为5000～10000美元，中等收入为2500～5000美元，下等收入为1000～2500美元。但在俄罗斯中产阶级的划分标准中，月收入水平还不是最主要的标准，"潜在的实际消费能力"是一个更为重要的标准。除了经济标准外，心理、智力和道德因素也很重要。至 2000 年，俄罗斯中产阶层的人数仅占总人口的 4%，其中只有 10% 左右的人收入和消费水平处于中等状态。根据普京提出的《2020 年前俄罗斯社会经济长期发展战略》中的数字，至 2008 年俄罗斯的中产阶级已占居民总数的 27%，到 2020 年这一数字将可能达到 40% 左右。

### （三）农民阶级

俄罗斯农民阶级的情况好于工人阶级。1991 年颁布的《俄罗斯联邦土地法典》承认国家所有、私人所有、集体所有、集体股份所有等多种形式并存的土地所有制结构，所有人可以按照自己的意愿，在不改变土地用途的前提下占有和使用土地。土地私有化的结果是使 1200 万农民获得了 1.159 亿公顷土地，地方自治机构得到了 3600 万公顷土地，农业经济私有成分上升到 87.1%。2000 年，已有 97% 的土地所有者得到了土地所有权证书。[①] 私有制大大提高了农民的劳动积极性，俄罗斯的粮食产量持续大幅度增加，目前已经成为世界主要粮食出口国之一，甚至改变了世界粮食贸易的格局。

### （四）工人阶级

苏联时期，工人阶级是国家的领导阶级，尽管在实际生活中工人阶级的宪法权利并没有得到真正落实，但在整个社会结构中工人阶级始终占居较高的社会地位。苏联解体后，工人阶级是激进私有化改革严重后果的主要承担者和最大的利益受损者。俄罗斯的经济危机使工人收入进一步下降，平均下降了 30%，中部地区工人的收入下降超过了 50%，还不断出现拖欠工资的情况。近一半的普通工人认为自己家庭的物质状况"低于平均水平"，部分工人需要借助郊区的一小块菜地才能解决基本生活问题。目前，俄罗斯工人阶级约占就业人数的 30% 左右，仍然是国家经济的主体、社会的基本力量，但就职业划分而言，可能算是社会地位最低的雇佣劳动者群体。[②]

除了上述主要社会阶级、阶层外，俄罗斯还有大量的公开的或以各种身份掩盖的各类黑社会组织成员，以及处于社会生活边缘的"游离阶层"，如难民、娼妓、酗酒者、盲流等。

---

① 张跃进：《俄罗斯农地制度变革及其绩效》，《经济社会体制比较》2008 年第 6 期。
② 王立新等：《三十年来中俄政治改革与政治发展比较研究》，人民出版社，2013，第 10 页。

# 第三章　俄罗斯国家意识形态的形成过程

苏联社会主义模式没有跟随经济社会发展和时代变迁进行理论创新和有效改革，最终陷入发展困境。在执政的苏联共产党主动偏离社会主义改革方向、放弃意识形态领导权和西方国家推行和平演变战略等内外动因作用下，苏联解体了，共产党丢掉了执政党地位，作为国家意识形态指导思想的马克思主义被彻底抛弃。以全面私有化和市场化为特征的经济改革从根本上改变了俄罗斯的经济基础，以西方宪政民主为导向的政治改革也使俄罗斯政治体制实现了根本性的转型，这必然要求一度出现国家意识形态真空状况的俄罗斯重塑与政治经济现状相适应的新意识形态，这一过程是漫长而又艰辛的。

## 第一节　叶利钦时期（1991~1999）融入欧洲臆想下的去意识形态化

### 一　国家意识形态缺失下的困顿与迷茫

激进改革派满怀尽快融入欧洲自由民主社会的热情，一方面积极推进全面私有化经济改革，彻底摧毁社会主义意识形态的经济基础；另一方面，把斯大林意识形态模式看成极权制度的标志，坚决地把对人们进行思想灌输和控制的做法扔进历史的垃圾堆。激进改革派不仅否认苏联意识形态的积极作用，而且否认任何一种意识形态对社会的积极作用。俄罗斯1993年宪法第十三条明确规定："俄罗斯联邦主张意识形态多元化……任何思想体系都不能被确立为国家的、每一个公民都必须接受的意识形态。"在国家意识形态突然缺失的情况下，"非政治化""非党化""非意识形态化"的观念和意识充斥着教育、文化和思想等各个领域。

**（一）历史虚无主义的泛滥**

历史虚无主义是一种通过孤立分析历史进程中的某一事件进而否定整个历史进程的历史唯心主义社会思潮，它承认支流，否认主流，具有重大的舆论杀伤力和社会破坏力。俄罗斯的历史虚无主义由来已久。从赫鲁晓夫时期到戈尔巴乔夫时期，历史虚无主义从萌芽发展成为一股思潮，通过否定苏联社会主义制度标志性的代表人物和重要事件来彻底否认苏联的历史功绩。历史虚无主义制造了严重的思想混乱，是西方世界"和平演变"苏联的武器，也是导致苏联亡党亡国的重要幕后推手。

俄罗斯历史虚无主义首先是从否定斯大林开始的。历史虚无主义者无视斯大林"接手的是一个使用木犁的国度，撒手人寰时却是一个拥有核武器的国家"[①]的伟大功绩，全盘否定斯大林和斯大林模式，把斯大林时期的中央集权政治体制抹黑成沙皇制度的变种。历史虚无主义者还攻击苏联社会主义时期的国家工业化和农业集体化，特别是揪住"大清洗"运动的错误肆意放大，从而达到否定斯大林、否定苏共、否定社会主义的目的。历史虚无主义者同样无视勃列日涅夫时期经济年均增长率保持在 3.6%、苏联综合国力达到足以与美国抗衡的历史现实，一味地批判这一时期的政治、经济体制和思想意识，聚焦领导干部贪污腐化问题，夸大干群关系的隔离程度，指责这一时期外交政策的大国沙文主义，把勃列日涅夫时期简单归纳为"停滞时期"。在历史虚无主义者眼中，苏联社会主义体制导致农村荒芜破落、农业落后停滞和加工业的萧条衰败，在政治上只留下了极权专横的官僚体制。有些人甚至认为在苏联根本就没存在过社会主义制度，苏联时期的社会主义连"扭曲"的和"变形"的社会主义都算不上。历史虚无主义者还诋毁列宁和十月革命。他们认为："斯大林的压迫早就有其方法论的先声，而这个粗糙的方法论的始作俑者

---

① 〔俄〕费·丘耶夫：《同莫洛托夫的 140 次谈话》，王南枝等译，新华出版社，1992，第 87 页。

正是列宁。"① "如果说我们的领袖和缔造者（列宁）为某种东西打下了基础的话，那就是国家暴力和恐怖主义的原则。"② 历史虚无主义者甚至颠倒黑白地把十月革命描绘成是由布尔什维克党策划的一场骨肉同胞自相残杀的悲剧，要求苏共为造成的损失负责。

动用新闻媒体和出版界制造社会舆论来扰乱人们的思想是历史虚无主义者的一贯做法。一些媒体通过刊载批判斯大林和否定苏联社会主义的文章来全盘否定苏联历史、愚弄群众；一些媒体则通过收集整理和公开发表有关"大清洗"运动受害者的资料来吸引眼球；一些媒体还组织开展各种市民活动，其中影响比较大的是《星火》周刊，它曾在莫斯科先后举办各类不同政见者的讲座、放映违禁影片、集资建造"大清洗"运动受害者纪念碑等，为历史虚无主义思潮推波助澜。在历史虚无主义者的蛊惑和影响下，相当一部分人民群众陷入了迷茫和困惑，甚至一部分共产党员也失去了对社会主义的信仰。伊·西拉耶夫是 1991 年退党的前苏共中央委员和政府的部长，他说："和 1970 年代相比，我好像完全换了一个人似的……我们向往财产私有化，我们向往的不仅是土地，而且是包括工业企业在内的私有制。"③ 据 1991 年年初的民意调查统计，对苏联政府的支持率仅有 13%，不支持率达 73%；而对苏共的支持率仅有 14%。这就是苏联解体时"民众反应平静"的原因。④

苏联解体后，随着全面私有化经济改革的深入，俄罗斯原来单一所有制的体制被打破，生产所有制关系走向多元，社会收入差距拉大，阶级阶层分化急剧，社会利益关系日趋复杂，社会意识领域多元冲突凸显。以叶利钦为代表的激进改革派为了给自己的西化改革寻找合法性依据，不断为历史虚无主义推波助澜，肆无忌惮地否定和攻击苏共和苏联社会主义革命和建设的历史，以此制造"西化"一边倒的舆论氛围，防止社会主义的回潮。为了给俄罗斯从社会主义转向资本主义找寻历史依据，激进改革派在否定苏联的前提下，不断强化

---

① 〔美〕大卫·科兹等：《来自上层的革命》，曹荣湘等译，中国人民大学出版社，2003，第 91 页。

② 〔俄〕尤·阿法纳西耶夫 1990 年 3 月 12 日在苏联人民代表大会上的发言。

③ 〔美〕大卫·科兹等：《来自上层的革命》，曹荣湘等译，中国人民大学出版社，2003，第91 页。

④ 吴恩远：《俄罗斯最新历史教科书关于苏联历史评价的一些新观点》，《马克思主义研究》2009 年第 4 期。

俄国原本可以在沙皇统治下进一步发展资本主义，在农村建立资本主义生产关系的舆论宣传。他们认为："革命前的俄国已经朝着西方式的资本主义民主发展，之后被布尔什维克人为地所阻止，随后的社会主义实验更是把俄国导向了错误的路径。"①

叶利钦时期盛行的历史虚无主义，从政治上和意识形态上切断了俄罗斯人民对苏共和苏联的情感和信仰纽带，进一步加深了普通俄罗斯人对苏联历史和社会主义制度的否定和怀疑，确实起到了阻止社会主义思想回潮的作用。但是这种历史虚无主义的泛滥使俄罗斯民族的自尊和自信心受到严重挫伤，导致俄罗斯民众对于国家和民族伟大历史的思想断层和情感断裂，国家和民族认同的缺失成为社会普遍现象。俄罗斯犹如一艘巨大的航船在前景不明的情况下盲目地改变了航向，特别是在融入欧洲的幻想被现实击碎之后，整个社会陷入了思想的困顿和迷茫之中，巨轮已找不到前行的方向。

**（二）自由主义的式微**

20 世纪 90 年代初，苏联解体、社会主义大厦轰然倒塌之后，以叶利钦为首的"激进民主派"掌控了俄罗斯政权，他们高举着西式自由民主的旗帜，来不及认真考察俄罗斯经济社会的现实情况，便一厢情愿、毫不犹豫地扑向了西方的怀抱，期待融入欧洲世界，用西方新自由主义经济理论和模式及宪政民主制度来挽救俄罗斯遭遇的巨大危机。

激进的"休克疗法"导致俄罗斯整体经济急速下滑。在经济体制转型方面，以叶利钦为首的"激进民主派"对西方新自由主义解救经济危机的理论十分崇拜和迷信，置俄罗斯缺乏自由主义市场经济基础和社会民众心理准备的现实于不顾，贸然启动了全面私有化和市场化改革。大规模、急速的市场化和私有化运动催生了大量的私人资本，从根本上瓦解了社会主义制度的经济基础，从而改变了俄罗斯社会的阶层结构和社会整体面貌，导致了一系列的严重后果。首先是全面放开物价导致物价飞涨和恶性通货膨胀。1992 年俄罗斯经历了四次涨价高潮，全年通货膨胀率高达 2510%，人们的储蓄被无形蒸发。

① 李慎明：《历史的风——中国学者论苏联解体和对苏联历史的评价》，人民出版社，2007，第 288 页。

其次是由于紧缩的财政货币政策，信贷和投资严重压缩，税收过重，导致原有生产协作关系的破坏及生产秩序的失控，社会生产总量大幅度下降。1992年，有70%的企业出现了破产的征兆，再加上企业支付困难造成债务危机，借原料大量出口而"资本外逃"，开放市场赢得的外贸利润也并未回到俄罗斯用于经济发展或偿还外债，俄罗斯的整体经济陷入崩溃的边缘。经济的全面下滑反映到老百姓身上就是群众生活水平的急剧下降和社会严重的两极分化。1992年，俄罗斯失业人数增加了9倍，同时拖欠工资、退休金和补贴的情况严重，随着通货膨胀的加剧，居民实际可支配收水平一年内降低到1992年年初水平的44%。随着生活水平的下降，很多危险的传染病发病率上升，1992年，白喉发病率增长1倍以上，梅毒发病率上升80%，结核病发病率上升11%。与此相关，俄罗斯人口几十年来首次出现负增长。1992年，俄罗斯的死亡率增加5%，出生率下降11%，这一增一减使全年人口净减7万多。[①] 叶利钦等曾天真地相信俄罗斯"废除"了社会主义，就自然会被资本主义大家庭所接纳，成为其中的一员，西方国家将会给予其承诺的经济援助。但在俄罗斯面对越来越严峻的经济和社会危机之时，期待已久的西方国家经济援助和国际货币基金组织的资金支持却迟迟不能兑现和到位，西方国家对俄式全面私有化改革的支持是口惠而实不至。面对这样的情况，叶利钦自己也"着实恐慌起来"，俄罗斯群众则对叶利钦的西化经济改革和西方国家彻底失望了。

建立西方宪政民主的努力引发了权力争夺和社会分裂。在政治改革方面，叶利钦引进了西方三权分立和多党制的政治体制，但民主派内部的严重分歧导致了激烈的府会之争。以叶利钦为首的"总统派"，虽然赞成三权分立的形成，但实际上青睐一人独揽大权的"超级总统制"；而以议长哈斯布拉托夫和副总统鲁茨科伊为首的"议会派"则坚持以议会为最高权力机关，主张实行限制总统权力的"议会制"。两个对抗的权力中心矛盾不断激化。1993年10月，叶利钦用最不民主的武力手段"炮轰白宫"，把议长和副总统全部投入监狱，这才结束了府会之间的权力对抗。随后以全民投票的方式通过了以总统为权力中枢的1993年俄罗斯联邦新宪法。对于在具有深厚专制历史和文化背景

---

① 许新：《叶利钦时代的俄罗斯》（经济卷），人民出版社，2001，第21~25页。

的俄罗斯建立现代式的西化自由民主，美国著名学者詹姆斯·比灵顿在《俄罗斯寻找自己》一书中做了深刻解读："一个国家的理想被另一个国家所接纳采用，但是这些理想——自由、民主和市场经济——被植于这样一个民族中：它的历史与美国很不相同，并且它现在面临着很多令人困惑的问题。"① 同时他对俄式民主的描述是："一张民主自由的面庞下紧裹着一副专制独裁的嘴脸。再往里去，就是一个对任何思想，尤其是政治，不是心怀敌意，就是毫不关心的玩具娃娃。"② 1994 年之后，左派重新崛起，俄共成为国家杜马第一大党，联合其他政治力量与叶利钦政权对抗。各派的权力争夺也为地区分离主义的势力上升提供了土壤，车臣等多个地区闹分离，车臣战争爆发。在外交领域，俄罗斯政府为取得西方国家对其国内政治经济转型的认同和支持，一味地迎合西方国家的言论，丧失了外交的独立性，俄罗斯的国际地位迅速下降，这导致有着强烈民族自尊心的俄罗斯人极感失落和屈辱。人民对俄罗斯政局中多年的府会之争、党派林立、财团及寡头参政感到厌倦，对私有化改革导致社会严重两极分化、社会治安每况愈下、社会黑恶势力嚣张感到无奈，对普遍存在的滥用职权、以权谋私、贪污受贿以及欺诈等犯罪行为泛滥深感失望，俄罗斯社会中西式自由民主的美梦逐渐破灭。

**（三）东正教的复兴**

自公元 988 年弗拉基米尔大公将东正教引入古罗斯起，东正教就成为俄罗斯人的精神基础并深刻地影响了俄罗斯的政治体制、民族性格和传统文化。例如，东正教的群体意识是俄罗斯集体主义精神和民族凝聚力的重要渊源，也为沙皇的专制统治提供了依据。东正教认为教会和皇帝具有伟大的统一性，这种统一性具体体现为教权服从于王权，教会和皇帝是伟大的共同体，彼此不可能被互相分隔开来。③ 历史上俄罗斯东正教会和历代沙皇政权一直保持着比较良好的合作关系，彼此提供合理性和权威性支撑。在沙皇专制时代，东正教在政治、经济、文化、教育、法律、宗教等方面均享有特殊权利，东正教牧首长期

---

① 〔美〕詹姆斯·比灵顿：《俄罗斯寻找自己》，杨恕译，兰州大学出版社，2007，第 12 页。
② 〔美〕詹姆斯·比灵顿：《俄罗斯寻找自己》，杨恕译，兰州大学出版社，2007，第 110 页。
③ 雷永生：《宗教沃土上的民族精神——东正教与俄罗斯精神之关系探略》，《中国青年政治学院学报》1998 年第 1 期。

保留着形式上的领导地位，在俄罗斯社会具有崇高的声望和影响力。十月革命胜利之后，新生的苏维埃国家把马克思列宁主义明确为国家意识形态的指导思想，唯物主义的世界观在苏俄占统治地位。1918 年，列宁领导苏维埃制定并颁布了一系列社会主义宗教政策和法律法规，明确了政教分离、财教分离、校教分离、信教自由等方面的相关规定。而斯大林、赫鲁晓夫、勃列日涅夫等人都违背了马克思和恩格斯关于宗教的基本观点，将宗教信仰自由和无神论宣传对立起来，一方面宣布宗教信仰自由，另一方面又限制、打击各种宗教。随着东正教会及其教徒与"左"倾宗教政策矛盾的不断激化，苏维埃政府对宗教的管控措施也逐渐收紧和严厉，不少教会的资产被没收，宗教活动场地被拆毁，神职人员被逮捕或镇压，东正教徒大量流失，东正教全面走向衰败。戈尔巴乔夫执政时期，国家实行了宗教开放政策，允许教会自由传教。特别是在纪念罗斯受洗千年之际，戈尔巴乔夫接见了国内外教会领导人，发表了赞颂东正教的讲话，这成为东正教走向复兴的转折点。

1991 年苏联解体，马克思主义作为国家指导思想被彻底抛弃。俄罗斯意识形态领域一度出现了国家意识形态真空，整个社会失去了精神支柱，急需一种思想或理论来填补这个真空。面对苏联解体后的经济危机和社会思想领域的混乱状况，俄罗斯政府对东正教寄予厚望并大力扶持，希望它能在维护社会稳定、提供精神支柱方面发挥作用。俄罗斯前总统叶利钦公开宣布抛弃无神论，复兴作为俄国传统文化的东正教，与各宗教和教派人士进行对话，尊重所有人的信仰自由，实行宗教和谐政策，切实保护宗教和教会的利益。1993 年《俄罗斯联邦宪法》明确了国家保障每个公民的信仰自由，规定了宗教组织与国家分离原则、宗教组织在法律面前一律平等原则。1997 年俄国家杜马通过的《信仰自由和宗教组织法》肯定了东正教对俄罗斯精神和文化形成与发展的特殊作用。东正教全俄牧首阿列克西抓住机遇，极力鼓吹全力复兴东正教的重要性，强调没有东正教将难以设想俄罗斯人精神的健全、家庭的巩固和道德的提升。东正教迎来了复兴的新机遇。

在政府的大力支持下，全国各地成千上万的教堂被修葺一新，1995 年，俄罗斯政府投巨资重建了在 1931 年被夷为平地的俄罗斯东正教的象征性建筑——莫斯科救世主大教堂。东正教教徒人数也大幅增加，由 5000 万人增加到 8000 万人，占俄罗斯总人口的 1/2 左右。教会在军队和学校的影响力也不断恢复。宗教书刊充斥着俄国的书店。东正教牧首被选为议会议员，他们的地位和作用明显扩大，俨然成为全体俄罗斯人精神生活的最高领袖。在 1994 年 9 月总统叶利钦与议会的冲突中，全俄牧首阿列克西二世曾充当调解人。每逢重大的东正教节日，俄罗斯政府大小官员甚至总统都会亲自参加宗教仪式。越来越多的东正教教会人员参与到社会政治活动中来，出现了一批宗教政党。就连俄罗斯联邦共产党出于政治需要，也表示拥护东正教和教会。在 1996 年俄国总统竞选中，俄共领导人久加诺夫为了争取东正教的支持，多次去教会总部拜访牧首，赞颂"耶稣基督是第一个共产党人，因为他想建立一个人人平等的社会"，并向牧首保证，"如果共产党在今年 6 月的大选中获胜，俄国不会执行苏联时代的无神论政策"①。

俄罗斯政府对东正教的大力扶持并没有达到预期的实际效果。叶利钦执政期间，俄罗斯东正教徒的人数增长很快，但虔诚的传统教徒比例并不大。许多人只是把加入东正教作为一种社会时尚，东正教教义和教会对他们日常生活的影响力和道德约束力并不大。新增的东正教徒大多来源于贫困阶层中受教育程度比较低的人群。从全体民众的角度看，一半以上的俄罗斯人并不认为东正教教会应当在国家中占有特殊地位。正如社会学家杜宾指出的："东正教标志着俄罗斯国家和民族共同性的外在范围。俄罗斯人需要这种共同性，以自我满足，使自己有归属感，但并不认为它在事实上与自己及自己的亲友的实际生活有什么联系。俄罗斯人的信仰是一种符号，与实际事情无关。这是一种想象的、伪造的社会性。"②

**（四）社会道德的恶化**

以全面私有化为导向的经济体制改革、全盘西化的政治体制改革和西方资本主义思想文化的全面入侵，从根本上改变了俄罗斯人的生产方式和生活方式，也从根本上改变了俄罗斯人的世界观、人生观和价值观。

---

① 乐峰：《俄国宗教史》（上卷），社会科学文献出版社，2008，第 188 页。
② 安启念、姚颖：《苏联解体后俄罗斯的道德混乱与道德真空》，《国外理论动态》2006 年第 12 期。

越来越多的俄罗斯人特别是年轻人，把现实的经济利益和物质享受作为人生的主要价值追求，而把苏联时期人们对政治权力的向往、对崇高精神生活的追求当成过时、落伍的迂腐观念。在俄罗斯整个社会处在规则和法治意识缺失、法律和制度体系不健全的历史时期，对物质享受的盲目追求，必然导致道德滑坡甚至道德灾难。

这首先反映在一批"寡头"和"新俄罗斯人"身上。这些人以原苏联党、政、军、共青团系统的干部和原国有大中型企业的负责人为主，他们利用原来在苏联官僚体制中的地位和权势，在"休克疗法"式的经济改革中，采用极不道德的手段将原本属于全体苏联人民的财产化为己有，大量国有财富在短期内落入这批人手中。这批人在社会上树立了极坏的影响，遵纪守法、勤劳致富、多劳多得等传统价值标准过时了，钻法律空子、巧取豪夺、不择手段地谋求物质利益者成为名利双收的能人。政局混乱、经济下滑、生活贫困、是非标准颠倒，促使俄罗斯社会沦落为一个"犯罪社会"。1986～1996年，俄罗斯的个人财产诈骗案增加了4倍以上。仅在1995年，走私案就增加了近1倍，经济犯罪总量增加了70%，入室抢劫案增加了近20%。更令人担忧的是人们对道德堕落、违法犯罪的价值评判标准出现了偏差，相当一部分居民认同为了获得经济收入可以使用任何手段，部分青年人甚至认为加入犯罪集团也是获取金钱的一种途径，而一些年轻姑娘已经开始把卖淫作为走出贫困的手段。

当人们开始把不择手段追求物质利益放在首位时，对精神生活的追求就变得不那么重要了。最典型的现象就是过去熙熙攘攘的剧院、博物馆等精神文化场馆失去了往日的辉煌，呈现出萧条破败之象。一向以重视精神生活、追求道德品质而著称的俄罗斯民族沦为现实利益的奴隶。俄罗斯教育家库德里亚夫采夫院士心痛地指出："至于说到当今的俄罗斯，我们可以清楚地看到，盗窃、腐败、犯罪率增长，官员不受惩罚的特权和酗酒、吸毒以及社会精神不健康的现象，从来没有达到今天这样的规模。这些现象使社会陷入危险之中，更准确地说，是灾难之中。"[1]

---

① 李慎明：《历史的风——中国学者论苏联解体和对苏联历史的评价》，人民出版社，2007，第389页。

俄罗斯正经历着有史以来最严峻的时期，不仅仅是政局动荡、经济下滑、社会失序，更危险的是作为一个民族在精神和文化层面面临着崩溃。一个缺乏精神理想、文化自信和道德准则的社会，就如同机体内部失去了健康活力而被病毒入侵。俄罗斯并没有面临直接的军事威胁，但有可能因内部崩溃而导致民族和文化的毁灭。面对这种残酷的现实，俄罗斯有识之士发出了"俄罗斯，自我拯救吧"的呐喊。俄罗斯哲学博士 B. 卡普斯京在 1993 年写道："现今俄罗斯社会经历着深刻的价值观危机。这场危机不是由从前占统治地位的意识形态崩溃造成的，也不是由现今流行的众多空头理论互相竞争造成的，而是思想理论得以形成的环境遭到破坏所造成的。""在制度被摧毁和在认识最高目标和实现目标的社会可能性的基础已遭到破坏的形势下，价值观危机就有使社会生活结构本身被瓦解的危险。"①

## 二 寻找"俄罗斯思想"的探索

以叶利钦为首的激进改革派是促成 1991 年苏联解体的主要力量之一。他们达成了自己的愿望：国家解体、共产党下台、社会主义制度终结、马克思主义被抛弃。他们认为自己能够带领俄罗斯顺利地走上所谓"人类社会发展正道"，即西方资本主义国家的发展道路，没料到激进改革却使俄罗斯一步步陷入持续不断的社会灾难之中，党派斗争、政局动荡，生产滑坡、经济困难，社会道德水平下降、犯罪活动猖獗。更可怕的是历史虚无主义导致社会主义时期构建的民族认同顷刻崩溃，残酷的社会现实令西式自由民主美梦破灭，乌克兰独立使作为俄罗斯文明根基的基辅被从俄罗斯的版图中剥离出来，复兴的东正教并不能真正肩负起民族精神支柱的重任，社会道德状况的急剧恶化让人们的价值选择陷入混乱。

面对这种分崩离析的社会思想现状，俄罗斯社会亟待解决两个问题：一是俄罗斯社会是否需要统一的主流意识形态；二是选择什么样的思想作为主流意识形态。

---

① 〔俄〕罗伊·麦德维杰夫：《俄罗斯往何处去——俄罗斯能搞资本主义吗?》，徐葵等译，新华出版社，2000，第 344 页。

回答第一个问题是艰难的，人们必须在遵循宪法规定和面对的残酷现实思想状况中做出选择。一方面俄罗斯新宪法已经否定把某个思想体系确立为国家的、每一个公民都必须接受的意识形态，另一方面缺乏统一意识形态的俄罗斯社会正面临崩溃的威胁。部分俄罗斯学者不同意制定统一的意识形态，认为这有违宪法，是对人民的智力和道德能力不信任的表现，是一种精神镇压。但更多的学者认为俄罗斯是一个思想至上的民族，没有统一的思想就没有俄罗斯，就没有俄罗斯的复兴。面对民族认同崩溃、文明根基剥离、社会道德沦丧、东正教难撑大局的现实，俄罗斯前总统叶利钦也迫切地认识到重塑主流意识形态的重要性，他曾无奈地说："过去，每个时代都有自己的意识形态，今天，我们却什么也没有！"① 为了从精神层面把俄罗斯人团结起来，叶利钦做出了选择，俄罗斯需要重塑主流意识形态以实现民族身份认同并指导国家发展道路。俄罗斯开始了寻求"俄罗斯思想"的探索之路。

回答第二个问题更为艰难，在党派林立、思想理论界众说纷纭的情况下，要确定能为多数人接受的、能够团结全社会的"俄罗斯思想"步履维艰。叶利钦首先把希望寄托在国家智囊团身上，1996 年，他要求俄罗斯科学院的学者们用一年时间把俄罗斯"民族思想"研究确定出来，但未能得到满意的结果。1997 年 6 月，叶利钦又把眼光转向政治家和俄罗斯知识分子，他亲自到俄罗斯公共电视台做公开动员工作，希望动用全社会的力量寻找、创建能团结民众的新俄罗斯民族思想。著名哲学家梅茹耶夫在《论民族思想》一文中形象地描述了这一现实困境："今天，一部分人向往资产阶级的西方，另一部分人向往村社的、东正教的和君主专制的过去，还有一部分人则幻想着复辟共产主义，在这种情况下能有什么一致与和解可言……有的人拒斥一切与西方有关的东西，也有的人把'爱国主义'这个词本身就看作在骂人。我们或者沉溺于对过去的幻想中，或者对过去加以诅咒。如果说民主的西方派因丧失民族自尊而沦为俄罗斯的公开反对者，那么爱国主义者则由于不正确地理解了爱国主义而常常明显地排外，成为民族主义者。这两个思想都仅仅是对民族思想的实质和含义的歪曲而已。"梅茹耶夫的这段话比较形象地反映了学术界虽"百家

---

① 〔法〕《世界报》2001 年 7 月 8 日。

争鸣"却"群龙无首"的状况。有的人主张回到社会主义制度，有的人主张走西方式的资本主义道路，有的人主张建设人道民主的社会主义，有的人大力宣扬欧亚主义，也有的人主张按照实用主义的原则行事。主流意识形态的缺失不仅导致思想领域的混乱，更导致俄罗斯国家发展方向不明，社会合力难以凝聚。

俄罗斯半官方机关报纸《俄罗斯报》曾举办过一次寻找国家思想的竞赛活动，活动以"找到最佳概念来使国家更团结"为宗旨，提出了"我们在哪里？我们要到哪里去？"这一重要命题。活动主办者开出了 2000 美元奖金来吸引和鼓励参赛者。当时参加讨论活动的各界人士很多，成千上万的意见曾见诸报端，但并没有找到能达成共识的"国家思想"。不仅学术界对什么是"俄罗斯思想"难以达成一致意见，普通民众对可以构成"俄罗斯思想"的结构要素也困惑不清。俄罗斯相关机构曾从 1995 年到 1997 年连续就"什么样的思想可以鼓舞俄罗斯公民并为了共同的利益把他们团结起来"这一题目开展调查，民调结果说明，俄罗斯民众对此问题的总体认识是比较分散的（结果见表 3 - 1）。其中认同度相对较高的两项是"使俄罗斯作为伟大强国而再生"和"法治国家"。

表 3 - 1　"俄罗斯思想"调查结果（1995～1997 年）

单位：%

| 理念/时间 | 1995 年 | 1996 年 | 1997 年 |
| --- | --- | --- | --- |
| 使俄罗斯作为伟大强国而再生 | 41.4 | 40.6 | 33.6 |
| 法治国家 | 30.3 | 35.9 | 37.8 |
| 回到社会主义思想价值 | 10.0 | 16.4 | 18.4 |
| 俄罗斯人民的伟大民族特性和特殊的历史使命 | 7.3 | 4.6 | 6.5 |
| 为解决人类面临的全球性问题而联合起来 | 23.5 | 12.3 | 7.7 |
| 依靠自己的力量与西方抗衡 | 2.3 | 3.8 | 6.3 |
| 与西方接近，俄罗斯加入欧洲大家庭 | 12.1 | 8.6 | 8.2 |
| 以东正教信仰净化社会 | 5.6 | 6.9 | 5.0 |
| 各斯拉夫民族团结起来 | 8.5 | 9.1 | 8.9 |
| 个人自由，把个人利益置于国家利益之上 | 6.5 | 6.5 | 6.9 |

资料来源：李慎明：《历史的风——中国学者论苏联解体和对苏联历史的评价》，人民出版社，2007，第 371 页。

应该说，任何一个国家的意识形态或民族思想都是本国人民在长期社会实践中自然积淀、发展并不断提升凝练的过程中形成并潜移默化地被社会大多数人接受的。寄希望于少数学者或者社会精英在短期内人为地制定"俄罗斯思想"，并借助政权力量将这一思想强加给全社会是不现实的。从叶利钦的努力来看，建立"民族思想"的任务并无明显进展。

# 第二节　普京时期（2000 年至今）
# 强国梦目标下的意识形态重塑

## 一　围绕俄罗斯命运的文化思想之争

面对苏联解体带来的国家和民族认同危机，俄罗斯思想界和文化界人士展开了关于俄罗斯历史方位和发展道路问题的争论与反思。"俄罗斯在世界文明中处在什么方位""俄罗斯要往哪里去""俄罗斯应该怎么办""俄罗斯应该走什么路"，这些问题成为争论与反思的热点。

对这些问题的争论可以追溯到 17 世纪俄罗斯思想界对"东方和西方"问题（即坚持自己的民族化发展方向还是走西方国家的发展道路）的探讨。当时围绕这个问题在俄罗斯形成了两种不同的思想流派——斯拉夫派和西欧派。斯拉夫派强调村社是俄罗斯社会的永恒基础及其特殊性的保证，东正教肩负着恢复人类文明的崇高使命，彼得大帝等人的西化改革破坏了俄罗斯古朴传统，俄罗斯应该走自己独具一格的俄罗斯式民族主义发展道路。西欧派则强调世界各国的历史发展具有共同的规律，俄国与西欧并没有什么本质上的不同，要改变俄国贫穷落后的面貌，只有走西方文明发展之路，实行资产阶级性质的改革，以和平改良方式限制专制政权，废除农奴制度，实现政治自由和公民自由，才能促进俄国社会的进步和发展。别尔嘉耶夫说："斯拉夫主义者与西方主义者的争论是关于俄罗斯命运和俄罗斯在世界上的使命的争论。"[1]

现代斯拉夫主义和欧洲—大西洋主义是历史上斯拉夫派和西欧派的现代

---

① 〔俄〕尼·别尔嘉耶夫：《俄罗斯思想》，雷永生、邱守娟译，三联书店，1995，第 37 页。

版。现代斯拉夫主义反对完全西化，主张保持和发扬俄罗斯文化传统和民族特点，认为沙皇时期的"君主专制、东正教和人民性"依然有现实价值，推崇强国思想、肯定扩张主义，认为俄罗斯应该承担特殊的世界历史使命，把国家凌驾于民族之上看成顺理成章的事。欧洲—大西洋主义认为虽然从地理位置上看，俄罗斯属于欧亚国家，但从历史渊源、文明体系和价值取向来看，俄罗斯民族应属于欧洲民族。欧洲—大西洋主义者主张欧洲中心主义和自由主义，认为俄罗斯与欧洲在社会和文化上的中断是因为外部势力的入侵和布尔什维克革命。欧洲—大西洋主义者呼吁，只有恢复俄罗斯与欧洲的统一，从"东方"道路转到"西方"道路上来，才能使俄罗斯真正摆脱落后的现状并重新追赶上西方文明。

20 世纪 20 年代，传统的"东方和西方"问题之争在欧洲的俄罗斯侨民中催生了一种既反对布尔什维克也反对西方自由主义的新文化思潮，即欧亚主义。欧亚主义认为，俄罗斯地跨欧亚两洲，是一个具有独特地理、文化和历史的国家，这决定了俄罗斯文化既不属于东方，也不属于西方。"俄罗斯精神的矛盾性和复杂性，表现为东方与西方两股世界历史之流在俄罗斯发生碰撞，俄罗斯处于二者的相互作用交汇处。俄罗斯是世界的完整部分，即巨大的东方—西方。"① 欧亚主义认为俄罗斯具有自身特殊的发展空间和特点，应该走现代化的中间道路，实行一党制；俄罗斯的文化根基和复兴基础是拜占庭东正教和本土的专制主义，俄罗斯发展应强调国家作用。

苏联解体后，社会主义意识形态被摧毁，西方自由主义改革让俄罗斯陷入动荡和混乱，这些为既否定共产主义又否定自由主义的欧亚主义复兴提供了土壤。新欧亚主义是对传统欧亚主义的继承和发展，它反对现代斯拉夫主义，认为过于强调民族中心主义不利于苏联地区的不同民族、不同地区走向一体化；也反对欧洲—大西洋主义，认为全盘西化的发展主张只能给俄罗斯带来经济崩溃、政治动荡、道德堕落和文化庸俗。新欧亚主义主张从俄罗斯自己的历史和文化特点出发，融合反映东西方的一切积极因素，创造出特殊类型的新欧亚大陆文明；主张强国论，认为俄罗斯摆脱现阶段危机、实现复兴的唯一路径是构

---

① 〔俄〕尼·别尔嘉耶夫：《俄罗斯思想》，雷永生、邱守娟译，三联书店，1995，第 1 页。

建强大而统一的国家体制。

新欧亚主义以其强烈的现实感和时代性，在苏联解体后深陷困境的俄罗斯政界、学界产生了广泛的影响。新欧亚主义对普京的执政理念也产生了重要影响，这突出表现在对俄罗斯国家发展定位的选择上。戈尔巴乔夫新思维和叶利钦全盘西化政策的失败证明了欧洲—大西洋主义在俄罗斯行不通，普京吸取历史经验教训，不再把俄罗斯定位为单一的"欧洲国家"，而是重视俄罗斯横跨欧亚两大洲的地缘政治特点，强调俄罗斯的独特性，在其当政时期的言论和推行的诸多政策中逐步凸显俄罗斯欧亚国家的属性。在外交政策中，强调东西方地缘政治利益对俄罗斯大国地位的同等重要性，强调俄罗斯在欧亚共同体中的主导地位。在经济上不再盲目追求西方的自由主义经济体系，也不试图恢复计划经济制度，而是强调发挥国家的主导作用，引导国内经济健康快速发展。

## 二 影响俄罗斯现实发展的各派主张

叶利钦时期，俄罗斯没有国家官方的意识形态，但其意识形态领域并不平静，各种政治思潮风起云涌、此消彼长。在这些政治思潮中，最有影响力的是社会主义、自由主义和俄罗斯民族主义三大思潮。

马克思列宁主义在俄罗斯虽然丧失了国家指导思想的地位，但70多年的社会主义实践在广袤的俄罗斯大地烙下了深刻的思想印迹，社会主义思潮在俄罗斯依然有着广泛的社会心理基础。同时社会主义与俄罗斯文化有着天然的亲和力，正如别尔嘉耶夫所说："按照俄罗斯人的精神气质……所有俄罗斯式的思想体系始终是集体主义、神权政体或社会主义的。"[1] 俄罗斯共产党在1993年第一届国家杜马选举中成为杜马第三大党，在1995年和1999年的国家杜马选举中得票率高居榜首，一度占据议席多数席位。叶利钦全盘西化改革把俄罗斯带到危机边缘，往日大国的辉煌与现今的强烈反差，推动一度低迷的社会主义思潮重新呈现出一种蓬勃上升的态势。不过，这并不表示社会主义思潮在俄罗斯重新占领了主流地位，已经被彻底颠覆的公有制经济基础和依然历历在目的、斯大林模式留下的痛苦历史记忆，严重制约着社会主义思潮的发展。

---

① 〔俄〕尼·别尔嘉耶夫：《俄罗斯思想》，雷永生、邱守娟译，三联书店，1995，第242页。

　　与之相反，自由主义思潮则经历了一个从戈尔巴乔夫新思维时期兴起、叶利钦执政前期到达顶峰、叶利钦执政后期日渐衰落的曲线发展过程。从俄罗斯的经济社会发展和意识形态领域的现实来看，自由主义是不会消失的，因为俄罗斯经济转型后以全面私有化为导向的自由市场经济基础为自由主义思潮的存在和发展提供了根本性的经济制度保障。

　　俄罗斯民族主义在苏联解体后迅速抬头，这与俄罗斯国家疆域面积缩小、经济实力骤减、社会秩序混乱、国际地位下降而导致原本在精神上有着明显优越感的俄罗斯民族心理受到重创密切相关。俄罗斯民族主义有利于团结民众、增强民族向心力和民族认同，为国家整合发展提供思想依据和动员力量。但纯粹的民族主义具有狭隘性特点，与经济社会全球化的时代趋势背道而驰。历史上的俄罗斯民族主义往往与反动的国家主义结合在一起，具有极端化倾向，在国内表现为政治上的独裁统治和中央集权，在国际上则表现为殖民主义和大国沙文主义。俄罗斯国内和国际对俄罗斯民族主义的发展持谨慎态度，这决定了它很难在近期内成为意识形态的主角。

　　俄罗斯民族主义通常与社会主义、自由主义思潮交织在一起，因为无论走什么样的政治道路都是为了维护俄罗斯民族的生存与发展，都以复兴俄罗斯为目标。与社会主义、自由主义、俄罗斯民族主义三大思潮的对立相呼应，叶利钦执政近10年来，"强国爱国主义派""西方民主派""俄罗斯民族主义"等政治运动派别的对立斗争成为俄罗斯社会政治生活发展变化最重要的标志。比较典型的左派集团以久加诺夫领导的俄罗斯联邦共产党为代表，此外还有劳动俄罗斯联盟、雷日科夫为首的"权力属于人民"联盟、农业党等；比较典型的民主派以切尔诺梅尔金领导的"我们的家园——俄罗斯"为代表，此外还有盖达尔的"俄罗斯民主选择""亚博卢集团"等；俄罗斯民族主义政治运动派别以日里诺夫斯基领导的俄罗斯自由民主党为代表，此外还有"人民民族党""俄罗斯民族统一""俄罗斯民族共和党"等。各派政党都是特定利益群体的代言人，都有着自己的政治主张和利益诉求。

　　俄罗斯联邦共产党是俄罗斯劳动者利益的代表者和维护者，是典型的左派代表。1991年"8·19"事件后，叶利钦签发总统令，"停止俄罗斯共产党的活动"，共产党在俄罗斯的地位一落千丈。苏联共产党的活动在俄罗斯范围内被终止，而各加盟共和国的共产党或被禁止活动，或被迫自动解散，或改建为新党。1993年2月，俄罗斯共产党召开重建代表大会，将自己的定位调整为主张国家爱国主义和社会公正的党，代表和维护劳动者的利益。俄共领导人久加诺夫将共产主义和强爱国主义结合在一起，提出了把强国社会主义思想作为新的俄罗斯意识形态，他指出："共产主义思想就是深邃的俄罗斯民族思想。"① 俄共著名活动家别洛夫把发展国家资本主义作为解决俄罗斯当前危机的重要路径，以此来实现强国社会主义思想。所谓国家资本主义是指不受资本及寡头控制、处于国家监督和保护之下的资本主义。他认为不管局势发生怎样的变化，在目前资本主义的俄罗斯也可以经由国家资本主义而发展出强大的社会主义俄罗斯。② 俄共坚持以议会为合法手段开展斗争，力图在议会中组成"人民爱国主义"多数派联盟，通过立法等手段保障劳动人民的各项权益和重要战略部门的全民所有；俄共的目标是确保爱国力量代表在总统选举中获胜，组建人民信任的政府，实行由国家控制主要生产部门的市场经济，不走计划经济老路。③ 俄共和俄罗斯"人民爱国主义"联盟以多数劳动人民、青年和军人为工作对象，高举强国与国家爱国主义思想旗帜，在俄罗斯社会产生了广泛影响。俄共是叶利钦时期最大的合法反对党，俄共的政治主张与自由民主派和寡头们控制的大众传媒形成了直接的舆论对抗。

"我们的家园——俄罗斯"是俄罗斯全面私有化激进改革既得利益者的政治集团，代表和维护既得利益集团的思想意识和现实利益，是典型的西方民主派。1995年5月，在叶利钦总统亲自授意和支持下组建的"我们的家园——俄罗斯"选举联盟，选举切尔诺梅尔金为主席，第一副总理索斯科维茨和萨马拉州行政长官季托夫为副主席。该联盟以西方自由主义政治思潮作为其政治运动的意识形态，脱离俄罗斯的社会生活基础和民族精神气质，从抽象的、超阶级的人性出发，主张维护个人的权利和自由，统一国家、整顿秩序，发展市场经济。联盟的主要目标是维护公民的健康、富裕和安全。该联盟得到奥尔比银行、梅纳特帕银行等大银行及天然气股份公司、米克罗金工业财团财政上的

---

① 〔俄〕久加诺夫：《俄罗斯——我们的祖国，国家爱国主义思想》，莫斯科，1996。
② 〔俄〕别洛夫：《俄罗斯命运的预兆》，〔俄〕《苏维埃俄罗斯报》2000年7月6日。
③ 新华社1995年9月26日转8月31日《苏俄报》载俄共竞选纲领《为了我们的苏维埃祖国》。

支持。正如俄《独立报》评论说："'我们的家园——俄罗斯'的成立，颇有点厚颜无耻的味道……它实为'俄罗斯官僚的家园'，连让人民在领导层中占有一席之地这样的表面文章也不做。"①

"亚夫林斯基—博尔德列夫—卢金"集团（简称"亚博卢"集团）属温和改革派，是在俄立宪民主党、社会民主党、共和党的基础上成立的民主派政治联盟。亚夫林斯基是苏联500天激进改革计划的制订者，博尔德列夫为社会学家，卢金曾为俄罗斯驻美大使。"亚博卢"集团主张把俄罗斯传统的价值观与民主的价值观结合起来构建新的国家意识形态，让自由、人权、致富和个人的积极性等民主价值观成为新俄罗斯思想体系的组成部分。"亚博卢"集团主张进行温和改革，注意在内外政策中维护民族利益，是右翼自由派中最具爱国精神的集团。该集团反对无偿或低价出售国有资产，主张吸引个人或外国投资，保有适当的国家调节，扩大私有经济成分，把社会保护放在优先地位；反对速胜论，认为需要经过10～15年才能把俄罗斯建成"现代工业发达国家"；主张"西化而不融入西方"。②

俄罗斯自由民主党自称是中派民主反对党，但实际上属于极端民族主义的右翼政党。该党成立于1989年12月13日，是苏联实行多党制后成立的第一个政党。因当局怀疑该党在"8·19"事件中支持苏联"国家紧急状态委员会"，曾一度被中止其活动，后因查无实据，恢复该党活动。在1993年12月12日第一届杜马选举中，该党获得22.92%的选票，占63个议席，成为议会的第一大党；在1995年12月第二届国家杜马选举中，获11.18%的选票，得50个议席；1999年12月的第三届杜马选举中，该党获5.98%的选票，占13个议席，在俄罗斯政坛有较大的影响力，是叶利钦政权的反对派。俄罗斯自由民主党提出的首要任务是"复兴强大的民主和繁荣的俄罗斯国家"，其领导人日里诺夫斯基既被一些人称为"真正的爱国主义者"，也被一些人称为"冒险分子""蛊惑家"，甚至"希特勒"。该党反对国家的非意识形态化，主张爱国主义是国家意识形态中最重要的概念，积极寻求自由主义同集体主义相结合的

---

① 新华社1995年5月16日转发〔俄〕《独立报》总编辑文《官僚党的盲目乐观》。
② 万成才：《雄心勃勃的亚夫林斯基集团》，新华社莫斯科1993年12月8日电。

原则，力图使俄罗斯传统价值观与社会发展观念有机统一起来，构建新的俄罗斯思想，以凝聚全体人民复兴俄罗斯。俄罗斯自由民主党主张国家资本主义、支持强有力的总统；不向任何国家提供援助；增加军工生产，对外出售武器；国家应对经济命脉部门实行垄断，加强必要的指令性计划，国有制与私有制平行发展；实行社会保护，消灭失业；打击贪污腐化，把犯罪现象减少到最低限度；执行完全独立、中立和符合俄罗斯利益的外交政策。

除了以上几个在国家杜马中占有重要地位的主要政党之外，俄罗斯其他的政党派别也对政党意识形态有着自己的设定。比如"人民民族党"的意识形态是庸俗爱国主义，其主要成员是部分知识阶层、宗教界的人士和社会上的无业游民，他们不能正视信息革命时代高速发展变化的社会现实，希望停留在传统的生活方式之中。"俄罗斯民族统一"则以中青年人群、苏联时期的军人和法律机关工作人员为社会基础，传统黩武的民族主义和领土扩张是他们所固有的思想，他们崇拜本民族的传统文化，把在全世界确立俄罗斯式的制度作为最高理想。俄罗斯民族共和党意识形态的突出特征是强调国家资本主义思想和以智力、技术为支撑的大国优势的思想。①

### 三 普京重塑俄罗斯国家意识形态的过程

2000 年 3 月 26 日，普京当选俄罗斯联邦第三任总统，在努力扭转混乱局面、继续经济政治改革的同时，也从叶利钦手中接过了重塑俄罗斯国家意识形态的重担。普京立足俄罗斯政治经济和社会发展的现实国情，努力在所谓"普世价值"与俄罗斯传统文化根基之间寻找契合点，在各派政治力量不同意识形态争议之中寻找共同点，以"强国梦"为引领，以凝聚共识、稳定社会、促进发展为目标，开始了重塑俄罗斯国家意识形态的艰辛探索。在探索的具体方式上，普京以一个政治家的智慧尽量回避"国家意识形态"这个敏感词，因为当时俄罗斯社会舆论和民众心理把"国家意识形态"视同为苏联时期的思想统治。面对一个四分五裂、一盘散沙似的社会，特别是面对主要政治力量信奉的价值观和思想倾向千差万别的现状，要想进行富有成效的建设工作，就

---

① 范建中：《俄罗斯各派关于国家意识形态的不同主张》，《国外理论动态》2002 年第 6 期。

不得不考虑思想统一的问题。普京从广义意识形态切入，使国家意识形态的内涵更加凝练、宣传推广更加易于民众接受。普京说："我相信，达到应有的增长速度，不仅仅是一个经济问题，这也是一个政治问题；我不怕讲这个词，从某种意义上来说，这是意识形态问题。更准确地说，它是一个思想问题、精神问题和道德问题。"①

**（一）普京第一任期——以团结社会为目标的共同价值理念塑造**

普京接任总统之时，俄罗斯已经被激进改革搞得精疲力竭，处于近两三百年来最困难的一个时期，俄罗斯面临着沦为世界二流国家甚至是三流国家的危险。俄罗斯前 10 年试图在苏联遗留下来的笨重而畸形的经济结构与经济体制基础上实行市场机制，但过程十分艰难。执政当局的经验不足、失误和错误导致改革中不断出现很多问题，比如经济结构严重不合理，不重视科技含量高的新产品开发，产业部门劳动生产率极低，国内投资持续下降，居民的实际货币收入不断减少，等等。俄罗斯经济未能实现想象中的繁荣，20 世纪 90 年代，俄罗斯的国内生产总值几乎下降了 50%，社会经济结构变化带来了诸如有组织犯罪、暴力、酗酒、贩毒吸毒、家庭破裂等新问题。俄罗斯国内的分离主义使俄罗斯人面临新的民族国家认同危机；对极权主义的批判和否定，历史虚无主义的泛滥与迷茫，对自由主义的盲目崇拜与失望等各种社会思潮的起起落落，使很多俄罗斯人一度对自己的传统价值观失去了自信。而此时的国际大环境已经发生很大的变化，后工业化社会给人类的生活方式带来迅速而深刻的变化，现代经济为领先国家提供了新的财富和高质量的生活，落后国家与其之间的差距继续拉大。

面对国际国内严峻形势，1999 年 12 月 30 日，作为未来总统接班人的政府总理普京发表了《千年之交的俄罗斯》一文。这篇重要文献体现了普京的基本治国理念和施政方略，奠定了其未来 8 年执政的思想基础。普京认为，俄罗斯已远远落后于发达国家，要想复兴俄罗斯，首先要认真总结苏联时期和激进改革以来的历史教训，这些教训是：不能用搞意识形态的方式搞经济建设，要尊重经济建设规律；不能用激进的方式搞改革，只能用渐进、逐步和审慎的

---

① 《普京文集》，中国社会科学出版社，2002，第 7 页。

方法完成俄罗斯的复兴和繁荣；不能机械照搬别国的经验，俄罗斯必须寻找自己的改革之路。其次，要制定国家发展的长期战略，为国民经济和社会的快速稳定发展创造条件。普京提出用"俄罗斯新思想"（意识形态领域）、"强大的国家"（政治领域）、"有效的经济"（经济领域）来共同构建俄罗斯的"光明未来"。"俄罗斯新思想"旨在寻找一种能够凝聚社会共识、增进社会团结的统一思想作为国家意识形态；"强大的国家"是指建立政令畅通的、高效的、强有力的国家垂直权力体系，用于稳定国家局面，维护社会秩序，推动经济政治发展；"有效的经济"是指俄罗斯需要一种充满活力的、兼顾效益和社会公平、与政治稳定发展相匹配的经济体制。稳定的经济是社会稳定的物质基础、民主政治发展的重要保障，也是俄罗斯在国际上重新确立大国地位的实力基础。"俄罗斯新思想""强大的国家""有效的经济"这三个方面相辅相成，缺一不可，是普京治国理政的三把利剑。

普京把"俄罗斯新思想"建设作为创造"光明未来"三大重要任务中的首要任务。普京在《千年之交的俄罗斯》等相关文件中比较充分地表达了他对意识形态的基本观点。其一，在俄罗斯进行意识形态建设很必要、很紧迫，但俄罗斯意识形态建设不能采用强制性方式，任何的社会一致都只能通过自愿的方式达成。其二，现阶段意识形态建设的主要任务是实现社会团结。普京认为公民不和睦、社会不团结是导致俄罗斯改革艰难而缓慢的主要原因。国家把精力都耗费在政治内讧上，没有集中精力解决俄罗斯改革的具体问题。社会的发展目标、价值观、发展水平等问题是大多数俄罗斯人期望和关心的重大问题，在这些问题上达成社会一致十分重要。普京在2001年的国情咨文中号召说："我们的社会越团结一致，我们也就能够越快、越有信心地走过这段艰难的道路。我想说，人民精神上的团结以及道德准则的一致同政治、经济的稳定一样，是非常重要的发展因素。"[1] 其三，俄罗斯意识形态资源蕴藏在民族传统和历史文化中。普京坚信，俄罗斯必须保留共同的道德纲领体系，保留对母语、祖先及本国独特文化价值的尊重，保留对国家每一页历史的尊重，只有这

---

① 《普京文集》，中国社会科学出版社，2002，第7页。

样才能够设立并最终实现伟大的目标。[①]

俄罗斯意识形态的重塑不能一蹴而就，是一个渐进的过程。在第一阶段，普京首先要明确意识形态的核心价值目标和价值理念，并把它们转化为全社会都能接受的共同价值理想和价值标准，以形成团结社会、稳定政局、共同奋斗的良好局面。普京选择把建设一个强大的奇迹般的俄罗斯即"强国梦"作为整个民族的共同价值目标，这就找到了全民族价值追求的最大公约数，从而超越了俄罗斯各阶级各阶层的不同利益诉求。普京又从全人类价值观和俄罗斯传统价值观相结合的角度，寻找和选择俄罗斯意识形态的核心价值理念，并将其命名为"俄罗斯新思想"。普京把"俄罗斯新思想"称为"一个合成体"，因为它把高于各种社会、集团的超国家的全人类共同价值观与俄罗斯人自古以来就有的经过实践考验的传统价值观有机地结合在一起。[②] 需要注意的是，普京特别把经过波澜壮阔的一百年考验的价值观即苏联时期的价值观作为俄罗斯传统价值观的重要组成部分。普京认为这种结合是一个自然的历史过程，不能"中断和摧毁"（热衷于搞政治运动或各种各样的选举往往会践踏国家的历史），也不能"强行加快"（比如像过去一样通过官方赞同和国家支持的方式，这是对政治自由的否定，也是对精神自由、出版自由和思想多元化的否定）。人类共同价值观和俄罗斯传统价值观的有机结合有利于社会稳定和公民和睦，也将为国家立法、司法和行政机构的相互协同提供良好的政治条件。普京呼吁俄罗斯各党团、组织和运动领袖要用"俄罗斯新思想"团结所有健康的力量，不要为狭隘的党团利益或眼前利益而去牺牲整个俄罗斯的根本利益和前途。

在《千年之交的俄罗斯》一文中，普京并没有对"全人类价值观"展开论述，而是把俄罗斯传统的价值观作为重点进行阐述，这体现了普京注重在民族传统和历史文化中寻找民族意识形态的思维方式。普京根据社会思想现状，从传统价值观中梳理出"爱国主义""强国意识""国家观念""社会团结"四个关键词作为构筑新时代意识形态的核心价值理念。这四大核心价值理念针对当时俄罗斯社会思想领域存在的突出问题，成为具有重大引领意义的国家意

---

① 《普京文集》，中国社会科学出版社，2002，第7页。
② 《普京文集》，中国社会科学出版社，2002，第10页。

识形态内核。第一，"爱国主义"在普京的眼中是指对俄罗斯这个伟大国家历史和成就的自豪感和建设强大国家的心愿；"爱国主义"的内核是俄罗斯民族主义，强调爱国主义是对苏联解体以来社会上盛行的世界主义和民族虚无主义的否定。第二，"强国意识"是坚定俄罗斯过去和将来都是伟大国家的信念和决心。俄罗斯人的强国意识来源于其独特的地缘政治、经济和文化，指导着俄罗斯人的思想倾向，决定着国家的政策走向；"强国意识"强调的是俄罗斯的独特性和伟大性，是对"民主派"全面融入西方文明主张和欧洲—大西洋主义的否定。第三，"国家观念"强调俄罗斯人认同国家利益高于个人和集团利益，政府及其体制和机构在整个国家管理中处于中心地位，国家是秩序的源头和保障，是变革的主要倡导者和推动力；"国家观念"是对20世纪90年代以来占统治地位的"自由主义"和市场万能论的矫正。第四，"社会团结"是指俄罗斯人重视集体的传统和对专制作风的接受，因为俄罗斯人还保留着借助国家和社会的力量改善自己状况的习惯；"社会团结"强调的是俄罗斯传统文化中的集体主义，是对俄罗斯一度泛滥的个人主义的否定。

这一时期，普京还大力扶持支持他的属于中间派的小政党，将它们整合组建为国内最大的政党——统一俄罗斯党，并通过修改政党法和选举法等举措，使统一俄罗斯党在国家杜马中取得了稳定多数席位，成为具有非完全执政党意义的政权党。统一俄罗斯党以支持配合普京政权为第一要务，把普京的"俄罗斯新思想"作为本党的指导思想。借助统一俄罗斯党不断壮大的组织优势，"俄罗斯新思想"在广大俄罗斯民众中的影响力不断扩大，发挥了价值引导、宣传教育和社会规范整合的重要作用。一般而言，意识形态认同是构建政党的思想基础。对于任何一个具有远见的执政党而言，它的首要任务便是构建意识形态，因为意识形态的本质与构成决定了其是否能够具有很强的政治功能。①

为使俄罗斯尽快稳定局势、恢复社会秩序、发展经济，普京充分利用叶利钦时代确立的"超级总统制"宪法权威和"俄罗斯新思想"中"国家观念"等意识形态支撑，采取了打击寡头干政、重组政党格局、改革联邦体制等强硬措施，不断强化中央权力，确保政令畅通，探索出了符合俄罗斯实际的国家发

---

① 童世骏：《意识形态新论》，上海人民出版社，2006，第5~7页。

展道路。对于普京这种带有鲜明集权倾向的民主政治，俄罗斯著名政治评论家维塔利·特列季亚科夫在 2000 年 1 月率先使用了"可控民主"这个重要概念来进行描述。特列季亚科夫在 2002 年 10 月发表的《自由的保守者》一文中阐述了他对普京"可控民主"实质的理解，他认为，普京把俄罗斯作为一个独立而有影响力国家的生存问题放在首位，其次才考虑俄罗斯具体实行什么样的政治制度；民主不是教条，判断一种民主模式的好与坏，主要看在实践中能否收到预期效果；俄罗斯的国情与西方民主的背景不同，把西方式民主完全照搬和移植到俄罗斯很可能就会水土不服。特列季亚科夫归纳的"可控民主"，不仅概括了普京的政治模式，也是对普京"俄罗斯新思想"中"国家观念"的另一种阐释。

普京的"可控民主"在国内饱受争议。比如，"亚博卢"集团领导人亚夫林斯基批评普京的"可控民主"实际上是一种"被操纵的民主"，普京控制了所有的政治机构，也操纵着包括国家电视台在内的新闻媒体，法律系统缺乏独立性，成为执行上级命令的摆设。普京的"可控民主"在国际上也饱受批评和指责。西方国家担心普京对权力集中的努力会使俄罗斯重新走上集权和独裁的道路，认为普京的专制主义作风有损于俄罗斯新生民主政治。美国总统布什曾对俄罗斯政府施压，要求俄罗斯重新回到民主和法治的轨道。西方媒体也指责普京实行独裁专制、限制新闻自由，认为俄罗斯的民主政治在开倒车。

**（二）普京第二任期——国家独特发展道路的民主思想构建**

这一时期，原苏联加盟共和国的格鲁吉亚、乌克兰、吉尔吉斯斯坦等相继发生"颜色革命"，西方扶持的亲西方政权上台，俄罗斯在独联体地区的地缘战略空间被极大地挤压。俄罗斯也是西方国家"颜色革命"渗透的对象，它们希望通过"西化"和"分化"政策，把俄罗斯完全彻底地纳入西方轨道。西方国家在俄罗斯国内扶持亲西方势力，利用各种人道主义组织和非政府组织支持反对派活动，鼓励俄罗斯联邦走向解体；在车臣战争问题上大做文章，把俄罗斯维护国家统一的正义之举描绘成"滥杀无辜"和"侵犯人权"。俄罗斯国内的形势也十分严峻。车臣战争尚未结束，2004 年 8 月开始，莫斯科公共汽车站爆炸案、民航客机坠机案、莫斯科地铁自杀式爆炸等一系列恐怖袭击事件连续发生，特别是 2004 年 9 月 3 日的别斯兰人质事件造成 338 人死亡，对俄罗斯政局稳定和社会秩序造成了极大冲击。

面对国际国内的严峻形势，普京一方面进一步加强中央政府的权力。在别斯兰人质事件的第二天，普京便发表告全民书，宣布将建立更有效的安全体系和应对危机管理体系，要求护法机关采用全新的运作方式应对危机。同时，将联邦主体行政长官的产生办法由原来的地区全民直选，改革为先由国家元首提名，再由联邦主体的立法会议选举产生。如此一来，总统对整个联邦主体的掌控就得到进一步加强（此举被西方认为彻底腐蚀了俄罗斯原本就脆弱的民主制度）。

另一方面，普京政权在意识形态建设方面积极作为，应对西方"颜色革命"和公众舆论。普京在 2005 年国情咨文中就俄罗斯坚持走适合本国国情的独特发展道路论述了自己的民主价值观。普京指出，政治民主的目标是实现国家的安定团结、提高人民的生活水平，所以在俄罗斯建设什么样的民主必须从俄罗斯的历史、地缘政治和现实国情出发，不能简单地照搬西方的民主原则和民主标准，而是应由俄罗斯人独立地决定自由和民主原则。在俄罗斯建设民主政治，不是根据他国的态度和喜好，而应该遵从俄罗斯人民的意愿，并在本国现有的法律框架下推进民主制度建设。①

普京响亮地提出俄罗斯作为一个主权国家，有能力也必将自主地决定本国政治民主建设的时间表和推进条件。普京的 2005 年国情咨文是一份带有鲜明意识形态色彩的政治宣言，在国内外产生了重大的影响。俄罗斯学者维塔利·特列季亚科夫在《俄罗斯报》发表《普京的政治哲学》一文，将普京政治哲学的本质概括为"主权民主"思想，认为该文标志着普京政治哲学的正式形成，"俄罗斯的'主权民主'是普京政治哲学的本质体现"②。特列季亚科夫认为自由和公正的价值观应该包括独立与主权，而这些价值观一直就存在于俄罗斯的社会意识之中，俄罗斯具有民主的传统。这种论述与他本人 2000 年描述的"可控民主"思想内核一脉相承。

俄罗斯总统办公厅副主任弗·苏尔科夫主管意识形态工作。2005 年 5 月，

---

① 《普京发表 2005 年国情咨文》，http：//www. president. kremilin. ru/25. 04. 2005，2015 – 04 – 15。
② 范建中、徐宜鹏：《俄罗斯的"主权民主"：由来、争议及前景》，《俄罗斯研究》2007 年第4 期。

他在"商业俄罗斯"理事会上给俄罗斯企业家做报告时也使用"主权民主"一词来定位俄罗斯政治民主，从而使这一学术名词具有了官方意义。他在报告中指出俄罗斯将成为主权民主的国家，这意味着俄罗斯要走经济繁荣、政治稳定和高度民主的持续发展之路，同时俄罗斯要作为自由国家参与世界秩序建设，对世界政治施加影响。①

2006年2月，苏尔科夫为统一俄罗斯党进行干部培训时再次系统地论及"主权民主"。他强调，"主权民主"就是一个国家独立决定自己命运的完整权力，主权不容侵犯和异化。从国际政治的角度看，主权就是竞争力；从国内政治的角度看，主权民主是社会政治生活的一种方式，该社会的权力机构和行为完全由全体俄罗斯民主选举、组建和指导而成。主权民主社会是一个致力于满足俄罗斯全体公民、社会集团关于财富、自由和公正愿望及需求的社会。②

苏尔科夫关于主权民主的论述得到普京的认可和支持。在2006年的国情咨文中，普京批评了西方国家在人权问题上的双重标准，对美国副总统切尼等人指责俄罗斯压制人权的言论予以回击。他说，西方国家以"人权卫士"自居，以民主之名干涉他国内政，但凡涉及它们本国利益问题时，这些国家便不再提人权及民主，这是"狼同志"的行径。普京认为在当前的国际环境下，主权的独立完整非常珍贵、至关重要、不容异化。对俄罗斯这样一个大国来讲，只能以独立主权国家的身份立于世；如果俄罗斯不能够维护自己的主权，俄罗斯将会四分五裂，不复存在。③

"主权民主"的主张得到俄罗斯各界的认同。著名学者亚·维·菲利波夫主编的《俄罗斯现代史（1945～2006）》中认为："把这个术语差不多逐字地翻译成历史上曾时兴过的（人民专制）和现代的（自由人民的统治）俄语就可确定主权民主的简要定义。"④ 俄罗斯一些重要政治人物和理论界人士逐步把"主权民主"上升为全民思想，用于指导未来俄罗斯的政治发展道路，如

---

① 李兴耕：《普京的"主权民主"》，《当代世界》2006年第7期。
② 〔俄〕亚·维·菲利波夫：《俄罗斯现代史（1945—2006）》，吴恩远等译，中国社会科学出版社，2009，第380页。
③ 郑羽：《普京时代（2000～2008）》，经济管理出版社，2008，第18页。
④ 〔俄〕亚·维·菲利波夫：《俄罗斯现代史（1945—2006）》，吴恩远等译，中国社会科学出版社，2009，第380页。

统一俄罗斯党领导人格雷兹洛夫在 2006 年 8 月 30 日召开的 "全球化条件下的主权国家：全球化与民族认知" 研讨会上明确表示，统一俄罗斯党将把主权民主作为党的思想主线和意识形态支柱，以此来凝聚多数政治精英的共识，并努力将其提升为反映全民利益的思想。同年 12 月 2 日，统一俄罗斯党的七大提出了在 "主权民主" 原则基础上复兴俄罗斯的基本战略。俄罗斯第一副总理、国防部部长谢·伊万诺夫也把主权民主、强大的经济、强盛的军力作为俄罗斯思想和建设的三大支柱。[1]

### (三) "梅普组合" 时期——意识形态领域呈现鲜明的保守主义倾向

俄罗斯复兴之路的艰巨性和长期性，要求执政当局保持相对稳定、一以贯之的执政理念和政策方针。2007 年 4 月 26 日，普京发表其两届任期中的最后一篇国情咨文，其保持既有各项政策延续性的思路在这篇咨文中得到强化和凸显。普京强调他任职以来的八篇国情咨文是在理性思维下，根据俄罗斯国情制订的、相对具体的俄罗斯发展计划，必须继续贯彻执行下去。"梅普组合" 是俄罗斯执政者对俄罗斯最高权力实行的一种战略性安排，在 "梅普组合" 期间，普京利用总理这一特殊职位和自身的领袖魅力，坚守着俄罗斯必须保持稳定性的信念，也监督着各种政策连续性的执行。这使俄罗斯政坛和整个意识形态领域呈现出鲜明的保守主义倾向。

保守主义作为世界范围内的主要政治思潮之一，虽然其内部各派别的具体内涵千差万别，但有其基本思想特征，即反对一切激进的革命，主张维护社会现状、保留历史传统，主张社会改良以审慎渐进的方式进行，强调各方妥协以共同调和不同利益群体冲突。根据各派别保守对象的不同，二战后世界保守主义一般被分为三大派：一是以 17 世纪以来的古典自由主义传统为对象的自由保守主义；二是以历史悠久的、一般意义上的传统为对象的传统保守主义；三是既保守自由经济和自由民主传统，又保守传统美德的折中式的新保守主义。[2] 俄罗斯传统保守主义所保守的对象是沙皇专制君主制，与西方保守主义

---

① 〔俄〕谢·伊万诺夫：《民族价值观的三大支柱》，http//www. oldmilru/articles/article14358. shml，2015 – 04 – 15。

② 陈义平：《当代西方政治思潮》，安徽大学出版社，2008，第 33 页。

鲜有共同之处。俄国历史上出现过三个保守主义政府，一是从 1812 年保守主义思想家希什科夫接替自由主义改革家斯佩兰斯基的职务到克里米亚战争结束；二是从 1881 年到 1894 年亚历山大三世统治时期；三是从 1906 年 7 月到 1911 年 9 月的斯托雷平时期。俄罗斯保守主义都是在俄罗斯面临巨大变革，出现社会动荡、历史断裂的时代背景下产生和发展的，是对激进自由主义改革的被动反应。20 世纪 90 年代俄罗斯社会的急剧转型，促成了俄罗斯政治思想领域保守主义倾向的复兴，大致可以分为三种类型：一是自由主义的保守主义，以西方式的自由主义原则为保守对象，与苏联的社会主义和俄罗斯政治中日益凸显的权威主义相对立，以"右翼力量联盟"等政治力量为主要代表；二是苏维埃保守主义，以苏联社会主义和精神遗产为保护对象，掺加了某些自由市场经济和民族主义的成分，视自由主义和全球化为对立面，以俄罗斯联邦共产党为主要代表；三是俄罗斯传统保守主义，以东正教为核心的俄罗斯历史文化政治传统为保守对象，视苏联的社会主义和激进的自由主义改革为对立面。

　　普京主导的国家意识形态中的保守主义与上述三种类型的保守主义思想倾向不同。普京保守主义强调的是俄罗斯要走一条不同于苏联模式、不同于西方自由主义、不同于沙皇君主制的独特发展道路。这条道路被称为"第三条道路"或被称为"中间主义道路"。这条道路立足于俄罗斯当前经济政治社会的现状，吸取了俄罗斯传统政治文化精髓（包括苏联时期的辉煌成就和精神成果）和西方发达国家市场经济及国家管理的有益经验，在实践中探索出俄罗斯式发展道路。这条道路就是在普京执政 8 年中逐步形成的、经过实践检验的、符合俄罗斯基本国情的政治模式，这是确保俄罗斯政局稳定、经济发展和社会进步的必然之路，必须坚持下去。简而言之，普京保守主义所保守的对象就是普京执政以来形成的一整套价值目标、价值理念、治国思想和政治模式。普京主义意识形态以其反对激进改革，主张采用渐进、逐步和审慎的方法，主张社会团结和社会合作，维护社会现状等一般保守主义思想的基本特征，也被归为保守主义类型。

　　为呼应普京总统的期望和其 2007 年国情咨文中传递的重要政治信号，政权党统一俄罗斯党在历次高层会议和党代会上都以保持普京时期政策的延续性为主题，保守主义的意识形态逐步确立。2007 年 5 月 22 日，统一俄罗斯党举行最高委员会与总委员会的共同会议，最高委员会主席格雷兹洛夫把延续普京时期政策的具体行动命名为"普京计划"。统一俄罗斯党八大以"普京计划"为核心，提出了保障俄罗斯现行的对内、对外政策和国家发展战略的行动方案；九大提出了贯彻普京《2020 年前俄罗斯社会经济长期发展战略》（简称"2020 战略"）的方案，其基调也是在保持政策延续性基础上对国家中长期发展做出战略安排；十大在领导人讲话中首次提出俄罗斯党的意识形态是俄罗斯保守主义；十一大在会议纲领文件中首次正式宣布"俄罗斯保守主义"是统一俄罗斯党的意识形态。

统一俄罗斯党将俄罗斯保守主义定位为稳定和发展的意识形态，避免停滞和革命的意识形态及不断进行创造性社会革新的意识形态。其对国家未来发展趋势的定位是保持并增强国力，认为俄罗斯要应对时代挑战，就必须延续普京时期以来的国家发展战略，学会保持优秀的并建设新的东西。俄罗斯保守主义是保证国家发展战略得以贯彻和实现的思想基础，这一思想已经成为统一俄罗斯党的意识形态，也成为被全社会所接受和理解的意识形态。

"梅普组合"期间，普京保守主义思想路线基本得到落实，俄罗斯国家权力体系依照普京模式运行，其内外方针和主要政策也未脱离"普京计划"所规定的框架。但在俄罗斯现代化问题上，梅德韦杰夫和普京的意见差异成为引人注目的一个政治现象，折射出意识形态领域的深层矛盾。

在 2008 年国家最高权力即将交接之际，普京以总统身份在国务委员会扩大会议上第一次正式提出了以创新发展为核心的 2020 年发展战略；其后又以政府总理身份批准了这一战略。普京在"2020 战略"中分析了商业环境的恶化及系统性腐败的问题，提出了吸引外资、实现技术创新的经济发展规划，为最高权力更迭后的俄罗斯经济持续发展指明了方向和道路。然而，2008 年国际金融危机打乱了俄罗斯经济发展步伐，"2020 战略"被搁置。为了应对金融危机，总统梅德韦杰夫批准成立了经济现代化和技术发展委员会，该委员会确定了"经济现代化"的五个优先方向，即节能、核技术、信息技术、空间技术和医疗器械及医药。2009 年，梅德韦杰夫在《前进，俄罗斯！》一文中将未来俄罗斯的战略任务调整为实现"全面现代化"，其中包括社会现代化、经济现代化和政治现代化。对梅德韦杰夫的"全面现代化"理论，普京并没有明确表示过认同。2012年1月初，普京发表《我们需要新经济》一文，再次强调了"创新发展战略"，他认为未来俄罗斯不仅应该继续在国际能源和原料供应领域占据领袖地位，在新技术领域也应该占据主要地位。新技术领域应优先发展的是制药业、复合非金属材料、化工、信息通信、纳米技术等，在核工业和航空工业这样的传统优势领域也应继续加强。

　　普京与梅德韦杰夫在俄罗斯现代化问题上的差异表现在四个方面：其一，在经济改革与政治改革的关系问题上，梅德韦杰夫把经济发展与政治改革紧密相连，认为不实现社会思想多样性及利益多样化，创新发展是行不通的，而普京"2020战略"的创新发展主要围绕经济发展，不涉及政治内容；其二，在"现代化"实现方式上，梅德韦杰夫主张加快推进，而普京则主张循序渐进，反对跳跃式发展；其三，在优先发展方向上，梅德韦杰夫提出了五个优先方向，普京则在关注高新技术发展的同时强调巩固和增强传统领域中的竞争优势；其四，在实现"现代化"的依靠力量上，梅德韦杰夫主张从国外引进先进技术和人才，充分利用好外部力量，普京更提倡依靠本土力量实现富国强民的目标。

　　梅、普在俄罗斯现代化问题上的意见差异，直观反映了俄罗斯政治上层集团内部对俄罗斯发展道路的不同选择，本质上是意识形态领域斗争在经济领域的集中体现。

　　"梅普组合"期间，在意识形态方面，普京"俄罗斯新思想"中确立的核心价值观进一步深入俄罗斯社会和民众意识，"主权民主"思想不仅作为俄罗斯执政者的民主价值观和核心政治理念，也作为俄罗斯国家治理的思想体系，逐步统领并渗透于各项具体政治制度和政策措施中，作为国家意识形态的"普京主义"初见端倪。但这个过程并不是一帆风顺的，文化思想领域不同流派的东西方问题之争，各派政治集团的利益冲突，对具有国家意识形态雏形的"普京主义"产生着冲击。从梅德韦杰夫的主张之中，我们也能看到民主化、自由化、欧洲化、激进式的影子。应该说梅、普之间的政治默契是内在的、本质的，部分理念上的差异并不足以论证梅、普在整体执政方略上具有"民主性"或"独裁性"的实质差异。但美国和西方领导人抓住梅、普的不同倾向，毫不掩饰自己的好恶，通过抬高梅德韦杰夫对"民主"的贡献，来印证和讥讽普京的"独裁主义"倾向。俄罗斯国内反对派也不失时机地采取"褒梅贬普"策略，试图在执政集团内部引发猜疑、制造矛盾，甚至挑起权力之争，给普京 2012 年度再次参选俄罗斯总统制造困难和麻烦。在推动经济改革遭遇困境之时，梅德韦杰夫试图把启动政治体制改革作为走出经济改革困境突破口的做法，让人不禁联想起当年戈尔巴乔夫过早从经济改革转向政治改革的前车之鉴。同时也让人再次想起普京的警告：俄罗斯国家和人民都经受不住再一次翻天覆地的变革。[①] 俄罗斯复兴之路的关键是要在确保政治稳定和社会秩序的基础上推动经济建设的可持续发展。未来的俄罗斯发展的确需要将普京执政 8 年中所形成的有效政策继承并延续下去。政治权力运行中的"普京模式"和初具形态的"普京主义"国家意识形态，是俄罗斯可持续发展的重要政治保证。

### （四）新普京时期——占据主流地位的保守主义面临新挑战

2012 年 3 月 4 日，普京以 63.60% 的高票率再次当选俄罗斯总统，强势回归克里姆林宫，保守主义进一步巩固了它在意识形态领域的主导地位。为了应对新时期的国内外政治形势，普京以总理身份，自 2012 年 1 月 16 日开始，先后在内政和外交等战略问题上发表了一系列的重要讲话或文章，为自己回归克里姆林宫做思想上和理论上的准备工作。这些文章包括《俄罗斯在努力——我们要面对的挑战》《俄罗斯：民族问题》《我们的经济任务》《民主与国家的本质》《俄罗斯的社会政策：建设公正社会》《强大是俄罗斯国家安全的保证》《俄罗斯与变革中的世界》。这些讲话或文章构成了普京新一轮任期的执政纲领基础，清晰地传递出新普京时期执政当局最重要的政治原则，即保稳定促发展。[②] 保持稳定是俄罗斯发展的前提和先决条件，表现为政治稳定、经济稳定、社会稳定。政治稳定的潜台词就是要保持"普京模式"下的国内法律秩序和权力运行方式，保持对外政策的连续性；经济稳定就是稳定现有的经济生产关系、财产关系和经济发展方式；社会稳定主要是指稳定的社会秩序和民众社会心理。促发展是指在"创新发展战略"指导下的经济建设与发展，以

---

① 〔俄〕普京：《千年之交的俄罗斯》，〔俄〕《独立报》1999 年 12 月 30 日。

② 李永全主编《俄罗斯发展报告（2013）》，社会科学文献出版社，2013，第 2 页。

便奠定俄罗斯繁荣复兴的物质基础，走俄罗斯式的现代化道路。普京强势回归克里姆林宫，俄罗斯从此全面进入保守主义思想时期。

普京的保守主义思想倾向由来已久，并已经得到广大民众的基本认同。早在 1999 年《千年之交的俄罗斯》一文中，普京就指出政治和社会经济动荡、剧变和激进改革已使俄罗斯精疲力竭，俄罗斯只能用渐进的、逐步的和审慎的方法来达成复兴和繁荣。他预测，如果俄罗斯国内生产总值年增长率不低于 8%，大约需要用 15 年时间可以达到葡萄牙或西班牙现在的水平；如果能保持年增长率为 10%，用 15 年时间就可以达到英国或法国现在的水平。[①] 他还借用俄罗斯历史名言，向俄罗斯民众做出了"给我 20 年，还你一个奇迹般的俄罗斯"的承诺，这表明普京在执政早期就对俄罗斯复兴的艰巨性和长期性有了充分认识。普京执政 8 年逐步探索出了一条适合俄罗斯国情的政治经济社会发展道路，使俄罗斯综合国力不断恢复和提升，这为普京坚持保守主义政治倾向提供了现实支撑。在"梅普组合"期间，普京和统一俄罗斯党不断通过法律、政策、政党意识形态等多种途径来维护既有国内外政策的延续。经历了苏联解体和激进政治经济改革的洗礼，保守主义思想倾向在俄罗斯已有较深厚的社会心理基础。俄罗斯民众抛弃了共产主义，对西方自由主义也深感失望，对极端民族主义可能带来的风险深为忧虑，转而对普京时期的政治稳定和经济发展寄予厚望，以稳定和务实为突出特点的保守主义思潮已为大多数俄罗斯民众所选择和接受。

然而新普京时代面临着新的社会政治形势：相对集权的政治运行模式与全面私有化、市场化经济基础之间的矛盾开始凸显；统一俄罗斯党虽然保住了"一党独大"的基本格局，但影响力已有所下降；体制内反对派的实力大为增加，政治博弈能力有所提升；体制外反对派在西方势力的支持下再度活跃，不时策动抗议、游行等活动，制造社会紧张气氛；新兴中产阶级不断壮大，政治参与意识不断增强，开始形成一股政治力量；互联网技术的发展和传播，使当局的意识形态控制面临新挑战。俄罗斯与西方国家无论是在国际政治、经济、军事方面，还是在价值认同、文化差异等方面的矛盾也日益凸显。

---

① 〔俄〕普京：《千年之交的俄罗斯》，〔俄〕《独立报》1999 年 12 月 30 日。

面对新时期的新形势，为了进一步团结俄罗斯各派政治力量、社会各阶层和广大民众，普京再一次重申传统价值观和社会精神道德基础的重要性，强调了意识形态建设的迫切性。在 2012 年普京第三次赢得大选的第一篇致联邦会议的文章中，普京谈到恢复和巩固国家的关键阶段已经过去，当前的任务是建设一个富裕繁荣的俄罗斯；能否应对当今日趋激烈的国际竞争取决于国家的经济实力，首先取决于民族内在的精神动力和应对变革的能力。俄罗斯民族要保存和发展自己，就需要从应对人口危机和价值观危机入手。在 2012 年国情咨文中，普京首次把宪法和国家核心价值观联系在一起，他说："今天是 12 月 12 日，我国的宪法日。我想谈一谈我国根本大法包含的价值观。宪法规定，全国人民要为同代人和子孙后代担负起对祖国的责任，这是俄罗斯国家的基本原则。公民责任心和爱国主义情怀是俄罗斯一切政策的凝聚基础。"① 同时，普京在国情咨文中再次明确谈到俄罗斯主权问题，他认为 21 世纪的俄罗斯主权首先要求在地缘政治、经济、文化、科技、教育、外交、军事等各方面都要有充足的本国资源。普京说："曾几何时，旧时代的意识形态桎梏被悉数抛弃。但是，很遗憾，许多道德准则也被遗忘。可以说，我们再倒洗澡水的时候把孩子也倒掉了。"② 普京为俄罗斯社会明显缺乏善良、同情、怜悯、互帮互助等人文情怀，缺乏俄罗斯人曾经一贯引以为傲的、在历史的每个时期将俄罗斯人民牢固紧密联系在一起的精神而痛心；他呼吁大力扶持承载传统价值观的机制体制，让这些传统价值观代代相传，永远具有强大的历史生命力。

同时为应对新时期政治民主化的挑战，普京在政党政治、经济策略和文化建设等方面做出了部分调整。普京一方面继续强调"俄罗斯的民主是带有自身传统的俄罗斯人民自我管理的权力，绝非外部世界强加给我们的民主标准"，执政党、政府、总统的更迭"不应动摇国家和社会的基础，打破国家发展的连续性，妨碍主权、公民权利和自由"③；另一方面他也强调俄罗斯重视发展直接民主、直接民权，包括人民立法动议权。在建立更加公平的政治竞争环境这一问题上，普京一方面适度降低组建政党的门槛，让更多社会阶层能通

---

① 《普京文集（2012—2014）》，世界知识出版社、华东师范大学出版社，2014，第 255 页。
② 《普京文集（2012—2014）》，世界知识出版社、华东师范大学出版社，2014，第 261 页。
③ 《普京文集（2012—2014）》，世界知识出版社、华东师范大学出版社，2014，第 266 页。

过组建政党方式参与政治民主，另一方面也接受了各政党和专家关于国家杜马采用混合选举制的提议，恢复了混合选举制。就连恢复竞选团的参选资格问题，普京也表示可以单独研究，因为他理解公众渴望新鲜政治面孔、渴望卓越独立人士进入政界的诉求。这些调整使得俄罗斯保守主义思想保持了一定的开放性，顺应了时代变化，回应了民众呼声。

应该说，普京在探索符合俄罗斯国情的现代化发展道路的不同阶段，呼应俄罗斯政治经济和社会转型的现实需求，以不同方式、从不同角度有意识地展开了俄罗斯国家意识形态的建设，并初步形成了一个相对完整的思想体系。正如俄罗斯国家转型任务还没最终完成一样，俄罗斯意识形态建设依然处在进行时。作为尚处于转型发展中的世界大国，其意识形态建设的道路依然艰辛而漫长。

# 第四章　俄罗斯国家意识形态的内涵分析

以普京为代表的俄罗斯掌权派在俄罗斯政治、经济、社会发展的不同阶段，围绕俄罗斯国家的根本利益，以不同方式，从不同角度对俄罗斯意识形态建设进行了自觉认知、实践探索和理性思考。俄罗斯意识形态建设的理论成果通过总统讲话、国情咨文、政府文件和政党意识形态等多种方式表达，初步形成了完整的思想体系，在俄意识形态领域中起着根本指导思想的作用。我们用"普京主义"这一术语来为这一思想体系命名。需要说明的是，本文所用"普京主义"这一术语与西方学者及部分俄罗斯分析家所使用的"普京主义"具有不同的内涵。西方学者通常从消极意义上在两个方面使用这一术语：一是从民主与独裁对立关系的角度对普京威权主义政治模式进行否定，批评该政治模式是俄罗斯民族大国沙文主义与强权政治的结合；二是将不符合西方主流价值标准的普京时期治国理念概称为"普京主义"，带有意识形态对抗意味，并未将"普京主义"作为一个完整的思想体系对待。本文以"普京主义"来命名初具体系并日益发挥重要作用的俄罗斯国家意识形态，将客观系统地梳理"普京主义"思想体系各组成部分的结构关系，阐释"普京主义"的基本内涵，同时对该思想体系的本质特征和建构特点进行分析。

## 第一节　俄罗斯国家意识形态的内容

"普京主义"思想体系是一个不断发展的三环同心圆结构，其核心靶点是全民族的共同价值目标"强国梦";内层第一环为俄罗斯意识形态的核心价值理念,即"俄罗斯新思想";中层第二环为建立在强国理想和核心价值理念基础上的"主权民主"国家治理思想;外层第三环为呼应时代和政治发展而不断丰富深化的理论外衣"俄罗斯保守主义"。俄罗斯国家意识形态的同心三环结构紧密、相互渗透、一脉相承,共同构成了"普京主义"的具体内容(见图4-1)。

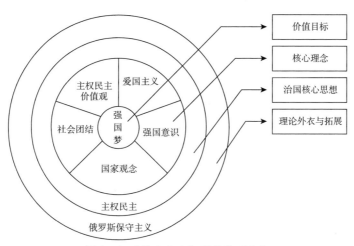

**图 4-1　"普京主义"理论体系构架**

资料来源:作者自制。

## 一　俄罗斯意识形态的价值目标——核心靶点

"普京主义"理论体系的核心靶点是"强国梦"。自沙皇俄国至苏联,俄罗斯人早已习惯了在欧洲乃至世界范围内扮演主角,发挥世界大国的作用。强国意识已经沉淀到俄罗斯的辉煌历史、宗教传统和民族心理之中。经历了20世纪80年代末90年代初苏联解体和激进改革的剧烈动荡,俄罗斯国家发展一度跌入谷底,面对以美国为首的西方国家的排挤和遏制,要想重振俄罗斯民族雄风、复兴伟大国家,俄罗斯唯一的选择就是重新做"强国"。21世纪伊始,普京刚一出任俄罗斯联邦总统就提出了强国富民的伟大理想,以此作为超越民族矛盾、阶层利益冲突和意识形态差异的社会共识。"给我20年,还你一个奇迹般的俄罗斯!"这是普京给全体俄罗斯人民的庄重政治承诺。

"强大的俄罗斯"在普京为代表的俄罗斯掌权派和普通民众心中都有着现实图景。普京在《千年之交的俄罗斯》一文中描述了"强国梦"的现实模样:它必须拥有强大的军事力量,在先进技术的研究和运用上处于国际领先地位,人民过着有保障的高水平生活,在国际舞台上能有力量保障国家安全和捍卫国家利益。苏尔科夫则把强大的俄罗斯描绘为持续发展的经济繁荣、政治稳定和高度民主的国家,作为独立而自由的国家在国际政治中为建立和发展公正的世界新秩序发挥关键作用。①

普京把"强国梦"作为俄罗斯意识形态的价值目标有其坚实的现实基础。辉煌的帝国历史、横跨欧亚大陆的辽阔疆域、苏联时期遗留的丰厚工业基础和社会转型以来经济政治改革积累的经验教训,为俄罗斯未来的发展积聚了优势,这些优势体现在丰富的自然资源、雄厚的工业基础、便利的地理交通运输、科学和技术潜力、教育系统、人力资本、市场化的企业经营等多个方面。俄罗斯具有得天独厚的自然资源条件。俄罗斯已探明的石油储量达 65 亿吨,占全球储量的 12% ~13%,居世界第二位;天然气探明储量为 48 万亿立方米,占全球储量的 1/3 强,居世界第一位。石油天然气是俄罗斯国民经济发展的命脉,是国家财政收入和主权财富基金的主要来源。在过去 10 多年国际能源价格上涨的背景下,俄罗斯的油气经济支撑了整个国民经济;在未来俄罗斯经济现代化转型中,高技术和高附加值产品比重将逐步加大,但油气经济依然会为俄罗斯经济提供强有力支撑。俄罗斯的森林、水力、铀、煤、铝、铁等资源蕴藏量均高居世界前列。同时,俄罗斯重工业基础雄厚、基础设施完善、科技先进。更重要的是人力资源素质高,在大约 8700 万劳动人口中,70% 的人受过高等教育,参加过各种形式培训与学习的人占居民总数的 1/3,全国从事包括尖端领域科学研究的科技工作者超过百万人。② 普京执政后,经过 8 年时间基本扭转了叶利钦时期混乱的政治局面和急剧下滑的国民经济,在军事和外交等诸领域逐步恢复了俄罗斯主权地位和影响力。经受了 2008 年世界金融危

① 〔俄〕普京:《千年之交的俄罗斯》,〔俄〕《独立报》1999 年 12 月 30 日。
② 孟伟等:《演变后的俄罗斯》,深圳出版发行集团、海天出版社,2010,第 353 页。

机的考验后，俄罗斯经济再次展现出复苏和稳定增长的态势。普京重回克里姆林宫后，政治上虽然面临诸多挑战，但总体政治格局并未改变。这些都为现行体制、机制和政策的可持续性提供了保障，因而也为实现"强国梦"提供了坚实的现实基础。

## 二　俄罗斯意识形态的核心理念——内层第一环

"普京主义"的思想基础是其核心价值理念。这些核心价值理念主要蕴含在普京的"俄罗斯新思想"之中，在其理论体系中处在内层第一环的位置。俄罗斯传统价值观和全人类共同价值观是俄罗斯国家意识形态核心价值理念的两大理论渊源和思想支柱。

### （一）源自俄罗斯传统价值观的四大核心理念

普京根据其执政之初的俄罗斯政治局势和社会思想现状，从俄罗斯传统价值观中挖掘出了与俄罗斯发展目标、现实国情和民众文化心理最贴近、最契合的四大核心价值观，其中"爱国主义"是对公民个人层面的价值引导，"社会团结"是对社会层面的价值要求，"强国意识"是国家层面的价值许诺，"国家观念"是独具俄罗斯特色的价值判断。在这四者之中，"爱国主义"是基础，"社会团结"是表征，"强国意识"是核心，"国家观念"是构建俄罗斯特色政治模式的重要依据和根本手段。

#### 1. 爱国主义

普京把"爱国主义"描述为一种对祖国的历史和成就的自豪感和祝福国家变得更美、更富、更强和更幸福的良好心愿。① 普京从如下几个方面来理解和定位"爱国主义"的内涵：第一，爱国主义在大多数俄罗斯人心中保留了它原先完全积极意义上的含义；第二，爱国主义永远不会过时，不存在因循守旧问题；第三，爱国主义要剔除民族傲慢和帝国野心；第四，爱国主义表现为民族自豪感和尊严；第五，爱国主义是人民进行伟大创新的动力。

"爱国主义"实质上就是俄罗斯民族主义。俄罗斯有130多个民族，对于俄罗斯来说，民族自我意识形成并发展为民族国家认同，是俄罗斯民族国家独

---

① 孟伟等：《演变后的俄罗斯》，深圳出版发行集团、海天出版社，2010，第353页。

立和发展的深层思想基础。15 世纪 80 年代前，俄罗斯被外族侵略和征服，是个弱小而分裂的民族国家。伴随着反压迫斗争和国家统一，俄罗斯的民族意识开始觉醒。15 世纪 80 年代以后，俄罗斯民族逐渐壮大，沙皇政府的羽翼逐渐丰满，俄罗斯统治者开始对周边国家和民族进行持续侵略和兼并。本来单一民族的俄罗斯国家，发展成为庞大的俄罗斯帝国。彼得一世统治时期，俄罗斯对外政策进一步从"区域性蚕食"走向大规模的"世界性侵略"。由于疆域扩大、民族众多，沙皇一方面借助武力，另一方面借用俄罗斯民族传统文化和民族情感来进行精神统治。沙皇宣扬东正教"第三罗马"的思想和弥赛亚救世使命，逐步造就了俄罗斯独特的民族情结。沙皇把这种民族情结用于国家的领土扩张、政治奴役和经济掠夺，使俄罗斯民族主义逐渐失去了早期捍卫民族利益的正义性质，演变成了大俄罗斯沙文主义。19 世纪后，大俄罗斯沙文主义又增加了泛斯拉夫主义的内容，沙皇政府和大俄罗斯沙文主义者以斯拉夫世界的领导者自居，对外扩张的范围日益广阔。20 世纪 30 年代，社会主义苏联跻身世界强国之列，大国沙文主义也随之膨胀。在二战期间苏联利用武力将波罗的海三国强行纳入苏维埃联盟，与德国一起瓜分波兰，强占芬兰和罗马尼亚部分领土。二战结束后，苏联成为社会主义阵营的"领头人"。为应对美苏争霸，苏联在社会主义阵营中积极宣传和输出自己的意识形态和"斯大林模式"，干预其他社会主义国家内部事务，这些都是大国沙文主义的表现。

俄罗斯民族主义发展史印证了以俄罗斯民族主义为核心的爱国主义确实是人民创造伟大历史的动力，在俄罗斯民族国家的独立和发展中发挥着巨大的作用，具有永不过时的意义。但俄罗斯民族主义最大的缺陷是大俄罗斯沙文主义，它表现为对内鼓吹俄罗斯民族优越论，歧视和欺压其他民族，在政策中排斥非俄罗斯民族的文化和语言，对要求自治的少数民族采取高压态势等；对外进行侵略扩张，征服外族、扩大疆域。要弘扬俄罗斯爱国主义就必须把其中的民族傲慢和帝国野心剔除掉。

自戈尔巴乔夫执政以来，俄罗斯社会中所谓的"世界主义"和"民族虚无主义"日盛，这些主义认为俄罗斯民族主义太过狭隘，试图用抽象的、超国家的、超阶级的"普世价值"取而代之。这些错误思潮放大了苏联解体给俄罗斯人民所造成的地理空间缺失感。叶利钦时期急剧的政治经济变革所带来的经济崩溃和社会动荡，进一步导致了俄罗斯的民族认同危机。普京把以俄罗斯民族主义为核心的"爱国主义"放在他提倡的"俄罗斯新思想"的首要位置，就是希望重新高扬俄罗斯民族主义的旗帜，使之成为凝聚俄罗斯社会的核心价值。此时的俄罗斯民族主义是与国家利益紧密相连的，是满足人们寻找精神家园和情感归属渴望的。"爱国主义"大旗成为俄罗斯现代化进程中凝聚民族力量的重要工具，同时也成为俄罗斯对抗西方国家政治排挤和经济打压的重要精神力量，成为俄罗斯保护民族尊严和文化传承的重要手段。

2. 强国意识

普京理解的"强国意识"是对俄罗斯永远是一个伟大的国家的坚强意识和信念。普京认为强国意识具有下面几个方面的深刻内涵：第一，俄罗斯的强国意识源自它独特的历史文化、地缘政治和经济特征；第二，强国意识决定着俄罗斯人的思想倾向和国家政策，在俄罗斯整个历史中发挥着重要作用；第三，强国意识对当今俄罗斯的国家政策和民众心理依然具有决定性作用；第四，当代的强国意识不仅体现为军事优势、国际领先的先进技术，还体现为保障人民高水平的生活和在国际舞台上捍卫国家利益和保护国家安全。

"强国意识"实质上就是俄罗斯历史悠久、渊源深厚的大国思想。俄罗斯人的大国思想首先是地理意义上的。15 世纪末，伊凡三世领导俄罗斯民族摆脱鞑靼的统治和奴役，建立了统一的多民族中央集权国家并走上了开疆拓土之路。历经 400 余年，俄罗斯对外扩张成为世界上领土面积最大的国家，其疆域东西跨度达 15000 公里，南北跨度达 5000 公里，拥有多个出海口。横跨欧亚大陆的优越地理位置和巨大的自然地理空间使俄罗斯人直观地体会到了民族的强大，形成了自己是主宰世界的中心的意识。

其次，俄罗斯人大国思想中渗透着东正教"第三罗马"救世思想。基督教的历史上，古罗马曾长期是基督教的中心，即"第一罗马"。476 年西罗马帝国灭亡，东罗马拜占庭帝国首都君士坦丁堡取代了古罗马的地位，以"第二罗马"自居。1453 年，拜占庭帝国被土耳其奥斯曼帝国所灭，拜占庭末代皇帝走投无路，把侄女索菲亚·帕列奥洛格嫁给莫斯科大公伊凡三世·瓦西里耶维奇，伊凡三世便把自己看成拜占庭皇帝的直接继承人，以拜占庭的双头鹰徽号做自己的国徽。在伊凡三世大力扶持下，俄罗斯正教会在东正教的地位逐渐上升。这时东正教神学家、修道院院长菲洛费依向大公上书，提出了莫斯科是"第三罗马"论，认为俄罗斯是一个与众不同的民族，是上帝的选民（即"弥赛亚"），被赋予了精神方面的重大使命，世界精神生活的中心将移至俄国。①"第三罗马"理论为俄罗斯向外大规模扩张提供了宗教层面的支撑，弥赛亚意识也沉淀为大国思想乃至"大国霸权主义"的民族心理基础。

最后，俄罗斯人的大国思想是帝俄霸业和苏联超级大国影响力的历史积淀。1547 年，伊凡四世接受"全俄国沙皇"加冕典礼；1721 年，彼得一世宣布俄罗斯为帝国；叶卡捷琳娜二世统治时期俄罗斯进入"帝国的黄金时期"，成为横跨欧亚、全球国土面积最大的军事大帝国。1861 年，俄罗斯进入军事封建帝国主义阶段。第一次世界大战中沙俄战败，国力和国际地位一度急剧下降。苏联建国之后，在短时间内创造了惊人的伟业，经济上跻身世界前列，政治上是"社会主义大家庭"的"家长"，与美国争夺世界超级大国的霸主地位。苏联的强国地位给俄罗斯人带来荣耀与尊严，激发了俄罗斯的民族自豪感，也导致俄罗斯人的大国心理持续膨胀。

苏联解体使俄罗斯 400 余年扩张所获得的地缘空间几乎化为乌有。俄罗斯重新陷入严重的地缘政治困境：独联体各国与俄罗斯之间的历史矛盾、领土争议、民族纠纷和宗教冲突全面暴露；北约东扩进一步压缩了俄罗斯的国际政治空间；俄罗斯在世界各地的战略支点基本丧失；俄罗斯在全球性和地区性国际组织中受到排斥；经济发展的多个出海口优势受到钳制等。俄罗斯在国际社会中深陷尴尬处境，这使习惯于帝国辉煌地位的俄罗斯人深受伤害，受到了强烈刺激。②

以叶利钦为代表的激进"民主派"力图通过全盘西化使俄罗斯尽快融入"西方文明"和"世界大家庭"，很多民众也对融入欧洲寄予希望，认为这是摆脱"斯大林模式"和苏联体制的必然途径。但叶利钦近 10 年的西化实践给俄罗斯国家和人民带来了深重的灾难。西方国家的经济援助口惠而实不至，没

---

① 〔俄〕尼·别尔嘉耶夫：《俄罗斯思想》，雷永生、邱守娟译，三联书店，1995，第 21 页。
② 〔美〕兹比格涅夫·布热津斯基：《大棋局——美国的首要地位及其地缘战略》，中国国际问题研究所译，上海人民出版社，1998，第 117 页。

有一个西方国家真正希望俄罗斯强大，俄罗斯依然被排斥在西方集团的大门之外。

帝国历史的辉煌和苏联解体后残酷现实的反差，使整个俄罗斯民族一度几乎失去了自信，陷入对俄罗斯国家和民族命运的失落、迷茫、追问和反思之中。为了重振大国雄风，普京肩负起时代赋予的历史重任，提出了"给我20年，还你一个奇迹般的俄罗斯"的响亮口号，把复兴并巩固俄罗斯的世界大国地位作为首要的战略目标。普京依然强调广阔的地理空间是决定俄罗斯地缘政治、经济和文化大国地位的天然条件，强调"强国意识"对今日俄罗斯人的思想倾向和国家政策的决定性作用，并提出新时期新型世界强国不仅应该是一个在军事上具有绝对优势的大国，还应该是一个在未来高科技领域占据制高点、让普通民众尽享优越民生保障的大国和在国际舞台上具有完全主权和强势行为能力的大国。

3. 国家观念

普京认为"国家观念"是指认可强大的国家政权是秩序的源头和保障，是任何变革的倡导者和主要推动力的观念。普京强调：第一，与美国或英国拥有深刻的自由主义价值观历史传统不同，俄罗斯人认为国家政权的强大是自然而然的事情，没有与之斗争的必要；第二，历史上国家及其体制和机构一直在俄罗斯人民生活中起着极为重要的作用；第三，俄罗斯人已经学会了珍视民主、法治、个人自由和政治自由，但也希望根据传统和社会现状恢复国家必要的指导和调节作用；第四，经历风雨的俄罗斯社会不会再把强有力的高效国家和极权主义混为一谈。

俄罗斯人的国家观念源自俄罗斯悠久的中央集权专制历史。蒙古金帐汗国长达240年的统治给古罗斯打上了深刻的东方烙印。1480年，伊凡三世带领罗斯摆脱蒙古统治，模仿金帐汗国的国家体制建立起一种以拜占庭皇权神授观念为精神依据、金帐汗无限权力为效仿对象的中央集权专制制度。伊凡四世作为俄国历史上第一位沙皇，实施特辖制、建立特辖军，用暴力和镇压巩固了专制独裁统治。17世纪末，彼得大帝开始推行西化政策，对俄国经济、政治和社会生活进行大刀阔斧的改革，但其并不是为了改变俄国现存的社会及其制度，而是为了增强它的力量、巩固它的基础。他力图以东方式的手段来使俄国西方化，"用野蛮制服了俄国的野蛮"①。正是在彼得大帝统治时期结束了等级代表君主制，确立了绝对的君主专制制度。18世纪中后期，叶卡捷琳娜二世作为俄罗斯开明专制的代表，在执政前期进行了一系列西化改革：如在地方管理方面尝试分权原则，取消专卖制度，设立"自由经济学会"，等等。叶卡捷琳娜二世甚至开创了政府自由主义（也称官方自由主义）的先例，并使之成为俄国政治传统的一个组成部分。但叶卡捷琳娜二世坚信绝对君主制才是唯一正确的国家形式，对此不允许有任何动摇。俄罗斯学者泽齐娜指出，虽然西化改革促进了俄罗斯与西欧科学文化的交流，人道主义和唯理论逐步向俄罗斯社会渗透，但并没有从精神层面改变俄罗斯，西化改革的倡导者和追随者从本质上讲都是专制制度的坚定支持者。② 东正教"君权神授"的思想和"第三罗马"理论塑造了一种崇尚权威、国家至上的俄罗斯民族主义情结，对俄国专制制度的确立和发展发挥了重要辅佐作用。

普京把"国家观念"视为俄罗斯国家意识形态建设中的重要价值标准，这是他对俄罗斯历史上政治文化中"专制主义的中央集权制度"的理性认同和现实运用。"国家观念"也是对20世纪90年代以来长期占统治地位的市场万能"自由主义"的矫正。事实上，"国家观念"在"普京主义"意识形态和政治模式中占据了极为重要的地位，在实践中也发挥了非常突出的作用，成为"普京主义"区别于他国国家意识形态的标志性内容和特征。时任俄罗斯政府第一副总理的梅德韦杰夫曾指出："俄罗斯精英只有在一个纲领基础上才能团结起来——那就是在现有的边界范围内保持一个有效率的国家。其他的一切思想都是第二位的。"③

4. 社会团结

普京认为"社会团结"是指俄罗斯人认同集体比个人重要，习惯于借助国家和社会的帮助和支持改善自己的状况。普京认为俄罗斯人历来都是生活在集体环境中的，不习惯个人奋斗，而且目前俄罗斯持这种习惯的还大有人在。

---

① 《马克思恩格斯选集》第2卷，人民出版社，1995，第620页。
② 〔俄〕M. P. 泽齐娜等：《俄罗斯文化史》，刘文飞译，上海译文出版社，1999，第125页。
③ 〔俄〕亚·维·菲利波夫：《俄罗斯现代史（1945—2006）》，吴恩远等译，中国社会科学出版社，2009，第382页。

作为国家领导人和政策制定者，姑且不谈这种习惯是好还是坏，在理性上不可能不重视这种习惯，并应在社会政策中首先考虑到这一点。集体生活表现为一种社会团结的社会生活面貌，离开了社会团结，俄罗斯社会就会陷入混乱甚至四分五裂。

实际上，"社会团结"精神强调的就是起源于 13 世纪俄罗斯村社制度的集体主义精神。"斯拉夫的或俄罗斯的民族精神自古就是集体主义的"①。俄罗斯村社的形成与俄罗斯特定的地理环境密切相关。由于东欧平原气候寒冷、农作物生长周期短，森林沼泽茂密、缺乏上规模的适合农业耕种的土地，加上生产力低下，东斯拉夫人不得不为了生存结成劳动和生活共同体。这种共同体最初表现为"血亲公社"，后来自然演化为集中居住共同开发土地的地域联合体。在金帐汗国统治时期，蒙古人推行"巴思哈"制，建立户口登记和人头税制度，使这种地域联合体变得固化而封闭。摆脱蒙古人的统治后，莫斯科大公国继承了蒙古人的国家管理模式，村社在土地所有者（地主或国家）与农民之间发挥着中介作用，兼具经济管理和行政司法管理等多重社会职能，是农奴主和国家实施统治的有效工具。农民份地制是村社土地制度的基础。村社按户、按男性人头、按人口等标准将土地平均分给农民使用，农民所占有和使用的这块土地即为份地，其前提条件是农民承担这块土地的赋税义务。从 13 世纪一直延续到 20 世纪 20 年代末，俄罗斯的亿万农民世世代代生活在村社里。村社培养了纵、横两种社会关系。在纵向关系上，表现为农民个人对村社集体无条件地绝对服从。这种驯服顺从、忠于沙皇的民族性，加上笃信宗教，成为支撑沙皇专制统治的重要社会文化基础。在横向关系上，表现为建立在村社农民彼此平等基础上的集体主义和平均主义。村社农民彼此之间是平等伙伴，所有农民都有权平等地使用村社的财富、获得基本的生活资料。这体现在份地的村社所有制和定期重分上，还体现为村社农民互助协作的传统和集体援助的习惯。别尔嘉耶夫说："俄罗斯人总是喜欢在温暖的集体中、在土地使人消融于其中的惬意环境中、在母亲的怀抱中生活。"② 村社集体主义与马克思主义所

---

① 〔俄〕弗兰克：《俄国知识人与精神偶像》，徐凤林译，学林出版社，1999，第 22 页。
② 转引自安启念《东方国家的社会跳跃与文化滞后》，中国人民大学出版社，1994，第 140 页。

倡导的集体主义有着本质区别，但在表现形式上两种集体主义的人际关系模型有较高的相似度，这为俄罗斯民众普遍接受马克思主义提供了重要的民族心理基础。苏联时期，集体主义是共产主义精神和社会主义精神最重要的组成部分，"全世界无产阶级联合起来"成为集体主义精神的集中表现。作为"经历了 20 世纪波澜壮阔的一百年考验的价值观"，苏联时期社会主义性质的集体主义同样成为"社会团结"价值观的重要内涵。

普京倡导"社会团结"价值观，主要是为了解决在一个四分五裂、一盘散沙似的社会中不可能进行富有成效的建设性工作的问题。从戈尔巴乔夫的"人道的民主的社会主义"开始，到叶利钦全盘西化的激进改革，个人主义与民族分离主义等社会思想在俄罗斯泛滥，混合纠结在各派政治力量的权力争夺之中，成为俄罗斯社会濒临崩溃的重要诱因。普京呼应社会各方把国家命运和民族利益放在首位，不要因为个人的、局部的、集团的小利益而置民族大义于不顾。时任俄罗斯政府第一副总理的梅德韦杰夫也警告社会各界："过去存在的一系列帝国，在它们的精英丧失了使自己团结起来的思想、陷于死命的争斗时，便从地图上消失了。"①

### （二）主权民主价值观

"全人类共同价值观"是超越国家、超越种族、超越社会阶级阶层和利益集团的价值观，是俄罗斯国家意识形态核心价值理念的另一重要思想来源。这些价值观在俄罗斯的文化土壤中基础薄弱，却被认为代表了人类文明的共同追求和发展方向。经历了戈尔巴乔夫"人道的民主的社会主义"的洗礼、"西风渐进"的熏陶和社会根本制度的变革，俄罗斯人已经接受了自由、平等、民主等思想观念，珍惜自己拥有的基本政治权利，也珍惜拥有财产、从事经营活动和创造财富的机会。在生产资料私有制和市场经济全面确立、西方宪政民主形式逐步完善的俄罗斯，"全人类共同价值观"必然成为俄罗斯国家意识形态核心价值理念的重要组成部分并将越来越深刻地影响和改变俄罗斯的政治、经济、社会和文化精神生活。不过普京和俄罗斯人民对民主理念有着自己的理

---

① 〔俄〕亚·维·菲利波夫：《俄罗斯现代史（1945—2006）》，吴恩远等译，中国社会科学出版社，2009，第 382 页。

解，他们将其称为"主权民主"。

主权民主价值观是主权和民主的混合体。在这个混合体中，主权是民主实现的前提条件，民主是主权的内涵。主权民主价值观为维护俄罗斯现行的集权政治体制提供合法性依据和辩护。主权理念主要用于处理俄罗斯与其他国家之间的相互关系，而民主理念主要用于处理俄罗斯国家内部的关系。具体而言，从国家间关系来看，"主权民主"表现为俄罗斯民族国家拥有完全独立的国家主权，在国际事务中俄罗斯坚决维护国家利益，并积极参与全球性公正原则的制定、对世界政治施加影响；俄罗斯不能容忍他国利用民主问题干涉俄罗斯内政来谋求自身利益，也不允许他国借助军事和经济优势把自己的游戏规则强加给俄罗斯。从国家内部关系来看，"主权民主"表现为实行具有本国特色的可控式的民主政治模式，实现政治稳定、经济增长、文化发展。这种可控式的"主权民主"可以被细分为四层含义：一是民主传统在俄罗斯已经确立，正如特列季亚科夫所说，俄罗斯具有民主传统，俄罗斯社会意识中的自由公正价值观包含着独立与主权；① 二是俄罗斯必须走自己的民主道路，正如普京所说，俄罗斯要拥有光明的未来，就必须把市场经济和民主制普遍原则与俄罗斯的现实有机结合；② 三是俄罗斯有权完全自主地决定民主表现形式和民主机构的运行方式；四是国家最高利益是第一位的，公民的民主权利和自由可以受到某些限制，自由民主的程序和准则要服从强国要求和国家体制的标准，这意味着在某种程度上为实现国家和社会秩序的稳定可以牺牲或延缓国内的民主进程。

"俄罗斯新思想"是俄罗斯国家意识形态的核心价值理念，切中了俄罗斯国家和民族生存与发展这一根本问题，回应了社会各派政治力量和广大民众的共同诉求，从而超越了多元利益主体矛盾冲突，克服了不同思想认识争议，成为在俄罗斯凝聚广泛共识、稳定社会秩序、促进国家发展的核心价值基础。

## 三　俄罗斯国家治理的思想体系——中层第二环

"主权民主"不仅是"普京主义"意识形态的一个核心价值理念，也是用

---

① 范建中、徐宜鹏：《俄罗斯的"主权民主"：由来、争议及前景》，《俄罗斯研究》2007年第4期。

② 〔俄〕普京：《千年之交的俄罗斯》，〔俄〕《独立报》1999年12月30日。

来概括普京国家治理思想体系和政治模式的专用术语。作为意识形态基本理念的"主权民主"是普京政府制定各项政治制度和政策的指导思想之一，作为治国思想和政治模式的"主权民主"是普京国家治理的具体载体和手段。

根据普京发表的 2005 年国情咨文和其后的多次讲话，普京的"主权民主"治国思想强调的重点是每个主权国家都可以不受外部干扰，根据自己的国情独立自主地走本国特色的民主道路。经过苏联解体和近 10 年激进西化改革的灾难，俄罗斯人对自己需要什么样的民主模式已经有清醒的认识。俄罗斯不需要戈尔巴乔夫时期对"西方民主模式"的盲目崇拜，不需要叶利钦时期"寡头式民主自由体制"，不需要民主化旗号下经由"颜色革命"建立起的由西方国家操纵的傀儡政权和无效的政治民主制度。俄罗斯人清楚地知道俄罗斯需要把自由、民主与权威等因素结合起来的、自主发展的民主。苏尔科夫说："可以确定，主权民主是社会政治生活的一种方式，在这种方式下，社会的权力机构和行为完全由具有全部多样性和整体性的俄罗斯民族选举、组建和指导而成，目的在于让构成俄罗斯的全体公民、社会集团和民族得到物质财富、自由和公正。"①

俄罗斯人认为符合以下八个条件的政治设计就是主权民主的政治制度：第一，宪法把对国家决策的监控交给被选举出来的官方人士负责；第二，这些官方人士定期在诚实的、排除任何强迫的选举中产生；第三，事实上全体成年居民都有权选择官方人士；第四，事实上全体成年居民都有权竞选并取得选举产生的职位；第五，公民有表达自己意见的权利，不必害怕由于自己的政治动因而受到追究；第六，公民有权从可供选择的信息来源获得信息，可供选择的信息来源受到法律保护；第七，公民有权建立独立的协会和组织，包括政党和利益集团；第八，国家拥有完全的主权，它具有合理使用暴力和征税的全权，对领土实行监控和保障安全，这才是完全意义上的国家。②

"主权民主"国家治理思想首先表现为一种独特的政治体制和政治发展道

① 〔俄〕亚·维·菲利波夫：《俄罗斯现代史（1945—2006）》，吴恩远等译，中国社会科学出版社，2009，第380页。

② 〔俄〕亚·维·菲利波夫：《俄罗斯现代史（1945—2006）》，吴恩远等译，中国社会科学出版社，2009，第381页。

路。俄罗斯的基本政治体制是以总统制为核心的中央集权体制。在俄罗斯政治实践中，总统的垂直权力体系基本确立，以普京总统为首的政治团队确保了精英政治的相对稳定，国家政权与私人资本之间的政治主从关系基本恢复并建立起明确的互动方式，恢复国家作用与改革官僚制度并行。以"主权民主"思想为主导，俄罗斯在政治体制改革中强调国家的重要作用，不断完善强有力的国家政权体系，采取了一系列重大举措：改造联邦制，强化垂直权力体系；推动政党制度发展，培育政权党；打击干政寡头，结束寡头政治；控制新闻媒体，引导社会舆论；改革行政体制，加强反腐败斗争；保障私有财产，发展市场经济，同时加强国家对战略性资源的控制。

除政治建设外，"主权民主"国家治理思想还涉及经济建设、法治建设、军事建设和人口建设等多个领域，是普京治国实践的系统总结。在经济建设方面，普京认为俄罗斯在当代世界上的地位只取决于它是否强大和是否发展顺利，所以持续增长的经济是"主权民主"的物质基础。在法治建设方面，普京强调通过公正的法律和坚定执行法律的能力来维护国家的威望，任何为所欲为和纵容姑息都会有损国家形象。强有力的国家、完善法律制度、反对腐败是"主权民主"的必要条件。在国防建设方面，普京宣布随时准备反击潜在的外部侵略和打击国际恐怖主义，反击对俄罗斯施加外交压力以巩固自己阵地的任何企图，这是"主权民主"的重要保证。在人口建设方面，人口问题成为当今俄罗斯面临的最严峻挑战。俄罗斯平均每年人口净减少 70 万，这影响到经济发展和国家稳定。普京宣布，国家将大大提高对家庭的补贴金额以鼓励夫妇多生孩子；完善移民政策，吸引国外的俄罗斯人回国，鼓励有专业技能的移民以及受过良好教育和守法的人到俄国来。[①]

"主权民主"治国思想体系是普京治国实践的系统总结，内容涵盖俄罗斯政治、经济、外交等领域建设的各个方面；既遵循了民主政治的普遍规律，又强调了俄罗斯特殊的地缘政治文明、深厚的历史文化特色以及崇尚权威的民族传统，是普京时期政治成熟的主要成果和重要标志。

---

① 李兴耕：《普京的"主权民主"》，《当代世界》2006 年第 7 期。

## 四 俄罗斯意识形态的理论外衣和拓展——外层第三环

"俄罗斯保守主义"是"普京主义"的理论外衣,其包裹的核心价值目标依然是事关国家、民族命运与根本利益的"强国梦",其保守的对象就是"俄罗斯新思想"包含的基本价值理念和以"主权民主"治国思想为指导的发展战略及一系列政策措施。"俄罗斯保守主义"本质上强调的是俄罗斯要走一条不同于苏联模式、西方自由主义模式,更不同于沙皇君主制的独特发展道路。这条道路已经找到,就是在普京执政8年中逐步形成的、经过实践检验的、符合俄罗斯基本国情的国家发展道路。"俄罗斯保守主义"同时又是"普京主义"的理论拓展,是对新时期国际国内政治形势和民主诉求的积极回应,体现了"普京主义"的开放性特征和与时俱进品质。

"俄罗斯保守主义"是在普京卸任第二任总统后,通过政权党意识形态的方式对国家意识形态进一步的提炼和完善。统一俄罗斯党在第十一次代表大会上正式明确党的意识形态是"俄罗斯保守主义",并将其定位为稳定和发展的意识形态、避免停滞和革命的意识形态、不断进行创造性的社会革新的意识形态。"俄罗斯保守主义"的宗旨是在俄罗斯历史、文化和精神的基础上保持俄罗斯的独特性并实现国家现代化;最终目的是在共同价值观和利益的基础上建立自由的、繁荣的、强大的新俄罗斯;评判标准是对祖国的热爱、稳固的家庭、健康的生活方式、高度的专业技能和公民的团结一致;具体任务是使国家摆脱根深蒂固的社会痼疾、扫除国家创新征程上的各种障碍。

"俄罗斯保守主义"的第一个原则是稳定。从本质上来说,"俄罗斯保守主义"的基本内涵就是在保持普京执政以来经过实践检验、行之有效的一系列治国理念、发展战略、政策措施的基础上,稳步推进俄罗斯的现代化发展之路。具体表现为在俄罗斯独特历史文化和精神基础上,继续保持和增强以"主权民主"为核心政治理念的政治模式。"俄罗斯保守主义"的第二个原则是发展,即为应对新形势而不断进行创造性的社会革新,以避免停滞和革命,这说明"俄罗斯保守主义"具有一定的开放性。在发展性原则指导下,俄罗斯的政治、经济、社会生活展现出很多新气象,主要表现在政治上给予社会各阶层和团体更多表达民主诉求的路径,经济上增加了自由主义色彩,文化上强调把人放在最优先的地位，主张民族和宗教信仰的和谐，对自己命运、家庭和国家未来的责任。"俄罗斯保守主义"强调的是稳定，但这并不意味着停滞不前，要改革，但不意味着要打破现有的制度框架，要吸收先进思想，但不意味着照搬西方模式，其突出特征就是要在维持现有体制的前提下循序渐进地推行改革和发展。

"俄罗斯保守主义"不仅仅是官方意识形态建设的体现，它也渗透到俄罗斯国家发展的具体战略和政策原则之中，表现为具有俄罗斯特色的保守主义现代化发展道路。以弗·多博林科夫为代表的俄罗斯学者认为，用保守主义的意识形态来支撑未来俄罗斯现代化的政策发展是一种理性选择，保守主义忠诚于自身的基本原则，能够适应时代的要求。

弗·多博林科夫将当代俄罗斯保守主义意识形态和政策的最基本轮廓简要概括如下：精神和道德的复兴；国家的强大；多元经济结构中不断增强的国有成分；强有力的国家领导人；用集体主义和具有同心同德特征的历史传统来构建社会关系领域；制定和着手实施使国家摆脱严重人口危机的计划；从自身内部结构来看，俄罗斯应该是一个统一的国家；俄国的多民族人民与俄罗斯族人民一起组成俄国人民的有机整体；坚决与犯罪现象和腐败做斗争；正确判定所存在的根本矛盾，对移民进行限制；恢复俄罗斯超级大国地位，成为国际关系体系中的重要一极，对抗以美国为主导的自由主义全球化。[①]

"俄罗斯保守主义"的意识形态和政策取向表现出三个方面的特点。一是发展经济是实现强国目标的根本物质基础。普京的"2020战略"和"创新经济"都强调实施国家创新发展战略，以解决俄罗斯深层次经济结构问题和提高人民生活水平问题，同时希望在今后的国际劳动分工中，俄罗斯在确保能源和原料供应领域领袖地位的基础上，在新技术领域也能占据主要地位。二是加强国家政权、保持稳定和秩序是实现强国目标的首要政治任务。这是"主权民主"思想在国内事务上的持续体现，民主是手段，控制是实质。三是爱国主义和强国意识应该并已经成为全社会的精神支柱。在普京的支持和认可下，

---

① 〔俄〕弗·多博林科夫：《全球化条件下的俄罗斯意识形态》，徐海燕摘译，《国外理论动态》2007年第2期。

政权党统一俄罗斯党的"俄罗斯保守主义"意识形态在全社会得到推广和认可，发挥着俄罗斯国家意识形态的实际作用。

"俄罗斯保守主义"与文化上的欧亚主义、政治模式上的权威主义相互呼应，是新形势下对普京一以贯之的治国思想和政治模式的再次确认和丰富，是对全球化条件下保持俄罗斯国家身份认同和稳定发展的再反思，是俄罗斯国家传统与普京发展观的深度结合，它反映了俄罗斯大多数民众的思维倾向、价值判断和道路选择，将长期在俄罗斯意识形态领域中发挥重要的指导作用。

# 第二节　俄罗斯国家意识形态的实质

## 一　俄罗斯意识形态的根本性质是资本主义

马克思主义认为阶级属性是意识形态中具有决定意义的本质属性。马克思指出："统治阶级的思想在每一时代都是占统治地位的思想。这就是说，一个阶级是社会上占统治地位的物质力量，同时也是社会上占统治地位的精神力量。支配着物质生产资料的阶级，同时也支配着精神生产资料，因此，那些没有精神生产资料的人的思想，一般地是隶属于这个阶级的。"[①] 只要国家存在，就会有国家意识形态；只要是国家意识形态，就是统治阶级的意识形态。也就是说，无论一个国家是否承认自己的官方意识形态，是否承认自己国家意识形态的阶级性，国家意识形态都是客观存在的，也是具有阶级性的。国家意识形态反映和维护统治阶级的根本利益，体现该阶级的愿望、情感、意志、要求和价值倾向等，是统治阶级的经济利益、政治利益等在观念上的理论化和体系化。我们可以从一个国家的经济基础、社会结构和政治组织方式等方面来分析判断其国家意识形态的阶级性。

从经济基础来看，俄罗斯从根本上放弃了苏联时期单一公有制的基本经济制度，建立了以全面私有化为基础的西方式自由资本主义制度。从叶利钦时代开始，盖达尔、丘拜斯等实行的"休克疗法"和私有化政策，在短期内加速

---

[①] 《马克思恩格斯选集》第 1 卷，人民出版社，1995，第 98 页。

了国有企业的私有化，彻底摧毁了传统计划经济体制的现有结构，消除了市场机制运行的所有障碍。从经济发展来看，叶利钦的激进改革不仅没有达到振兴经济的目标，而且导致了严重的经济危机；但从制度建设看，叶利钦的改革取得了预期成效，单一公有制向全面私有化转型，计划经济向市场经济转型已经变得不可逆转。2000 年 5 月普京任总统，普京在建立强有力的国家政权、整顿权力机构秩序的同时，继续实行私有化和市场经济政策。普京相信只有市场经济才能帮助俄罗斯走出困境，政府必须持续推动市场经济改革，促进市场经济全面运行。普京与叶利钦的不同之处在于，普京强调俄罗斯不能机械照搬西方经验，必须寻觅符合本国国情的改革之路，"只能采用渐进的、逐步的和审慎的方法实施"改革。普京加强了国家对经济的调控，在一些战略性行业中，国有经济成分较过去有所扩张；但普京明确反对重新国有化，尤其是在竞争性行业中，私有化的进程从未停止过。2002 年的官方数据表明，俄罗斯私人企业和外国企业占工业生产企业总数的 66.2%，国家私人混合所有制企业占工业生产企业总数的 24.3%，全民所有制和地方企业只占 9.5%。[①] 2004 年，俄罗斯非国有制企业占比为 90.2%，其中私有制企业占比 78%，社会及宗教组织所有制企业占比 6.1%，混合所有制企业占比 6.1%；国有制企业占比为 9.8%。[②] 从 2008 年 5 月 "梅普政权" 正式形成，到 2012 年梅普换位重回 "普京政权"，俄罗斯建立资本主义私有制和走市场经济之路的方向从来没有动摇和改变过。根本性的国家基本经济制度决定了当今的俄罗斯是资本主义性质的国家。

从社会结构来看，全面私有化的基本经济制度带来了根本性的阶级分化和社会结构变革。苏联只承认存在工人阶级、农民阶级和知识分子阶层。而叶利钦激进私有化改革以来，俄罗斯社会建设的一个重要目标就是要造就新生的私有者阶级，特别是大资本家，从而在根本改变原有所有制结构的基础上彻底改变社会结构。从俄罗斯现有社会结构看：一是大资产阶级，该阶级占总人口的6%，却掌握和支配着 50% 的生产资料，其成员由钻政策法律空子或抓住市场

① 王立新等：《三十年来中俄政治改革与政治发展比较研究》，人民出版社，2013，第 5 页。
② 李永泉主编《俄罗斯发展报告（2013）》，社会科学文献出版社，2013，第 130 页。

机遇的苏联原党、政、军、共青团系统的干部和原国有大中型企业的负责人和以各种方式积累巨额私有财富的个体经营者，以及一小部分著名的科技界、文艺界人士组成，其核心代表是金融工业寡头；二是中产阶级，到 2000 年，俄罗斯中产阶层的人数仅占总人口的 4%，且人员和状况经常变动，很不稳定，其中只有 10% 左右的人收入和消费处于中游水平，远未能承担起预期的资本主义"社会支柱"作用；三是农民阶级，占俄罗斯人口总数 8.57% 的 1200 万农民获得了 1.159 亿公顷的土地，2000 年，俄罗斯 97% 的土地所有者得到了土地所有权证书，农业经济私有成分占比达 87.1%；四是工人阶级，工人阶级如今是俄罗斯社会中地位最低的雇佣劳动者群体，占就业人数的 30% 左右，虽仍然是国家经济的主体和基本的社会力量，但整体经济状况不如农民阶级。除了上述主要社会阶级、阶层外，俄罗斯还有各类大量公开的或以各种身份掩盖的社会组织成员，以及处于社会生活边缘的"游离阶层"，如难民、娼妓、酗酒者、盲流等。可见大资产阶级已经成为俄罗斯社会统治阶级的主体，正艰难地朝着资本主义的"社会支柱"方向成长的中产阶级也是统治阶级的组成部分。

从政治制度来看，以西方"分权与制衡"原则为指导，俄罗斯确立了以总统制为核心的国家权力体系、多党制和西方议会民主的政体架构。1993 年 12 月 12 日，俄罗斯就新宪法草案进行全民投票，并以 58.4% 的赞成票通过了新宪法草案。新宪法彻底否定了苏联的政治体制，建立了以总统制为核心的新政治体制，把民主与法治原则、人权与自由原则、思想与政治多元化原则、三权分立原则、保护私有制原则和联邦制原则等确立为新政治体制的基本原则。尽管俄罗斯式"超级总统制"和美国式的三权分立制、英国式议会内阁制等有差异，但我们可以清晰地看到，在全盘西化的指导思想下俄罗斯对西方资本主义国家政治原则的遵从及对西式政治模式的模仿。至今，俄罗斯已经进行了六届国家杜马选举、六次总统选举，各类地方选举更是不计其数。西方式的宪政意识、民主意识、法治意识和政治游戏规则等都逐步被主要社会政治力量所接受和认可。表现在意识形态方面，就是资本主义价值观中的"自由、平等、民主"等所谓"全人类共同的价值观"逐渐被俄罗斯人民所接受，被普京称为"俄罗斯新思想"重要支柱之一。

我们再看看俄罗斯政权党统一俄罗斯党的党员构成。2006 年，统一俄罗斯党已有 115 万名党员，人数远超俄共，成为俄罗斯第一大党。党员中的"草根阶层"占极少数，大部分党员都是国家政要、富豪和社会名流，他们是大资产阶级的主要构成者。统一俄罗斯党支持普京，口号是团结俄罗斯公民，实现社会的自由、法治、公正与和谐。他们反对政治激进主义，主张"保守主义"，主张建立强有力的国家、保护人权和生态环境。但统一俄罗斯党的本质是一个资产阶级的政党，维护的是大资产阶级的根本利益。正如俄共批评的那样，统一俄罗斯党所要保守的完全不是俄罗斯文明的精神文化价值，不是俄罗斯国家的领土完整、独立和主权，该党的目的是保持大资产阶级在叶利钦时期肆无忌惮地掠为己有的全民财产，使这种掠夺合法化，并保持掌权的政治精英的地位。统一俄罗斯党的党员们首先关心的是实实在在的利益和实惠，他们希望维持社会稳定就是为了保住"存量"的利益，国家治理的具体形式并不重要，他们关心的是有效治理能否为自己提供获取"增量"利益的机会。①

## 二　俄罗斯意识形态的价值核心是强国主义

1999 年 12 月 30 日，时任俄罗斯总理普京在《千年之交的俄罗斯》一文中提出了"俄罗斯新思想"，2005 年，普京以总统身份在国情咨文中提出了"主权民主"思想，2009 年，以统一俄罗斯党政党意识形态的方式提出了"俄罗斯保守主义"。俄罗斯意识形态的这三大组成部分是以普京为代表的俄罗斯掌权派在俄罗斯政治、经济、社会发展的不同阶段，以不同方式、从不同角度对俄罗斯国家根本利益和原则立场的自觉认知和理性思考。这三大组成部分是一脉相承的，根本目标都是"在共同价值和利益的基础上建立新的、自由的、繁荣的、强大的俄罗斯"，实现俄罗斯的"强国梦"。

"给我 20 年，还你一个奇迹般的俄罗斯！"重振俄罗斯世界大国地位是普京在世纪之交出任俄罗斯总统时就确立的目标。强大的国家是俄罗斯人民的辉煌历史、民族记忆，也是俄罗斯人民的现实期盼、未来梦想。俄罗斯横跨欧亚大陆，国土辽阔、自然资源极为丰富。无论是沙皇时期还是苏联时期，俄罗斯

---

① 冯绍雷、相蓝欣：《转型中的俄罗斯社会与文化》，上海人民出版社，2005，第 309 页。

都是在世界政治格局中发挥重要作用的大国。然而，苏联的轰然崩塌和叶利钦"全盘西化"政策带来的政治动荡、经济滑坡、民生凋敝，使俄罗斯从一个超级大国跌落为二流国家，这是俄罗斯人难以接受的现实。即便如此，西方世界也不能接受低下头颅、一心希望"融入西方"的俄罗斯，从未放弃"排俄""压俄""弱俄"的基本方针，俄"融入西方"是一条行不通的道路。同时美欧等国的经济在世界金融危机冲击下深陷困境，这也使俄罗斯打消了"融入西方"的幻想。俄罗斯能做的就是走自己的路，争取回到世界强国之列。

普京在《千年之交的俄罗斯》一文中详细阐述了他所理解的强国主义。他说，俄罗斯的地缘政治、经济和文化不可分割的特征决定了俄罗斯过去和将来都是"伟大国家"，也决定了俄罗斯人的思想倾向和国家政策。普京从传统价值观中选取了"爱国主义""强国意识""国家观念""社会团结"四大价值关键词，其中，"强国意识"是核心，"爱国主义"是基础，社会团结是表征，"国家观念"是根本手段。"俄罗斯新思想"的价值核心和根本目标就是强国主义。普京认为当今的世界强国应具有强大的军事优势和实力，能够有力地保障国家安全，在国际舞台上捍卫国家利益，也应具备在高新技术领域的领先地位和影响力，同时应在更高水平上保障人民的富足生活。

普京两个任期8年中的每一篇国情咨文都是围绕建设强大的俄罗斯而展开的。国情咨文不是一般的工作报告，它反映了一个国家领导人的政治思维和治国理念，是俄罗斯国家意识形态的重要承载方式。在2000年的国情咨文中普京提出：俄罗斯唯一现实的选择就是成为强国，强有力的政府和依法依规治国是强国的必由之路；在2001年的国情咨文中提出政权的关键问题是国民对国家的信任，提出整顿宪法秩序，加强地方权力治理；在2002年的国情咨文中提出要把俄罗斯变成繁荣富裕的国家，强调要警惕残酷的全球竞争将俄罗斯挤出一些重要的战略领域；在2003年的国情咨文中再次强调"大国"形式是俄罗斯存在的唯一方式，强大而负责任的政权、团结一致的社会是建设强大的现代化国家的基础，当前的三大任务是实现国内生产总值翻一番、消除贫困和武装力量现代化；在2004年的国情咨文中提出当前最主要的任务是在俄罗斯建立属于自由人民的自由社会，提出新时期"富民、改革、强兵"的发展战略，要求政府转换职能，发展真正意义上的政党政治；2005年的国情咨文中又一次强调俄罗斯过去、现在和将来都是最强大的欧洲民族，提出了"主权民主"的思想，展现了大国信心和外交强硬态度；在 2006 年的国情咨文中提出强大的俄罗斯要把事关每个俄罗斯公民生活质量的社会经济政策放在优先地位，把稳定的政治形势转化为革新本国工业的动力；在 2007 年的国情咨文中提出俄罗斯已经找到适合自己发展的政治经济模式，在未来 10 年甚至更长的一个历史时期要继承和保持已有的发展模式，提出经济的优先发展任务就是基础设施建设、创新性经济与经济现代化。

经过"梅普组合"过渡时期对普京计划的延续与执行，2012 年 12 月 12 日，普京在俄罗斯联邦上下两院发表他第三度就任俄罗斯总统后的首次国情咨文。2012 年的国情咨文以确立国家今后的发展战略为核心，再次展示了普京重振俄罗斯世界大国雄风的抱负。普京将他心目中强大的俄罗斯描述为："一个极具影响力的主权国家，具有独特的民族及精神特质，充满自信、向前发展、不迷失自我的国家。"他说，这样，"俄罗斯将永远存在"。

## 三　俄罗斯意识形态的基本倾向是实用主义

俄罗斯国家意识形态的发展是围绕俄罗斯最根本的国家利益展开的。俄罗斯最根本的国家利益表现为三个方面：一是经济领域的国家利益，这是俄罗斯最基础的国家利益，俄罗斯国家利益系列问题的解决只能建立在稳定发展经济的基础上；二是政治领域的国家利益，表现为建设高效权威政府、稳定宪法和法律秩序、民族和睦、推进民主社会进程等；三是国际领域的国家利益，表现为独立解决内政，捍卫国家安全，维护俄罗斯在国际舞台上的大国地位。

俄罗斯意识形态中的实用主义倾向首先表现在普京等政治精英对俄罗斯的历史方位、国际地位和社会现实的务实态度上。普京在《千年之交的俄罗斯》中坦言，俄罗斯正面临沦为世界二流国家甚至三流国家的危险，处在数百年来最困难的一个历史时期。20 世纪 90 年代俄罗斯国内生产总值几乎下降了一半，只相当于美国的 1/10，中国的 1/5；1998 年金融危机加剧了俄罗斯经济困难，俄罗斯的人均国内生产总值降至 3500 美元；俄罗斯缺乏私有制和市场传统，市场经济体制不健全，企业的创造性和竞争精神缺乏；国民经济结构不合理，过分依赖原料工业和国防工业，农业和轻工业发展滞后，现代化的高新技术企业缺乏。

在务实分析俄罗斯所面临形势的前提下，普京客观地总结了俄罗斯的教训：苏维埃政权用意识形态的方式搞经济，导致俄罗斯的国力远远落后于发达国家；政治和社会经济动荡、剧变和激进改革使俄罗斯筋疲力尽；机械照搬别国的经验是不会成功的。普京提出俄罗斯要想拥有光明的未来，就必须制定国家的长期发展战略，而这个长期发展战略的核心就是国家经济和社会的快速和稳定发展。苏联解体和激进改革造成的动荡已经耽误了近 10 年时间，所以普京一再强调必须加快发展速度，因为俄罗斯已经没有时间晃来晃去了。为了保证长期发展战略的实施，普京开出了三剂"药方"，即用"俄罗斯新思想"来"治疗"四分五裂的国家；通过"强大的国家"的行政推动力促进政治经济改革；用"有效的经济"来确保国家综合实力的增长和对百姓基本生活的保障。

俄罗斯意识形态中的实用主义也表现在对难点问题处理的灵活性上。例如，即使宪法不赞成在俄罗斯恢复任何形式的国家官方意识形态，普京仍说："我不怕讲这个词，从某种意义上来说，这是意识形态问题。"因为国家需要"俄罗斯新思想"作为相对统一的价值观来保证社会团结，再如，即使备受西方"专制独裁"诟病，普京也要运用宪法赋予总统的超级权力，实行"威权主义"统治，完成国家权力垂直体系结构的重建，恢复国家对政治、经济和社会的有效控制。因为俄罗斯执政精英意识到，在俄罗斯转型期，要解决复杂的政治问题和社会矛盾，强势行政权力至关重要。

俄罗斯意识形态中的实用主义倾向还表现在进入 21 世纪以来俄罗斯在国家发展中始终牢牢扭住抓经济和保民生这条主线。只有经济发展了、人民生活改善了，才能尽快结束历史遗留的混乱与动荡，消除持续已久的危机，才能确保政府权威、政局稳定和社会秩序，实现长期可持续发展。2003 年，普京总统在国情咨文中向全国提出了要在 10 年内使国内生产总值翻一番的宏伟任务。普京强调，任何会造成人民生活条件恶化的改革与措施已无立足之地，政府调整收入政策的目的不仅是要增加居民实际收入，更要关注确保居民实际生活水平的稳步提高。在历年的国情咨文中普京都强调要提高俄罗斯人民的生活水平和生活质量，保证俄罗斯公民安全和完善他们的福利，在住房、卫生、教育、就业、贫困等人民最关心的切身利益问题上下功夫。普京高度重视家庭和生育，关心人口减少和移民等社会问题。普京在 2006 年的国情咨文中把人口问题称作当代俄罗斯最尖锐的问题。俄国目前每年人口净减少数量高达 70 万，已经直接影响到民族繁衍、国家稳定和经济发展。普京政府多措并举来提高出生率和人口总量：提高家庭生育补贴，鼓励夫妇多生孩子；完善移民政策，吸引具有专业技能和受过良好教育的移民；吸引国外的俄罗斯人回国等。①

俄罗斯意识形态中的实用主义倾向在外交领域表现得更为突出。普京明确务实、经济效益和国家利益至上是国家外交政策的基础。② 在实用主义思想的指导下，俄罗斯放弃了其传统外交中军事霸权和意识形态色彩浓厚两大特点，提出外交"经济化"，即以经济利益为原则，在其他目标和方向上则保持灵活性，努力开展全方位外交，减少对西方的依赖，最终实现国家经济的复兴。普京采取的外交策略被称为"经济外交"，它以维护国家主权和保障领土完整等基本安全利益为基础，强调外交政策的中心是服务于国家经济建设，经济利益成为衡量外交政策成效的一个尺度。由过去带有强烈意识形态和军事霸权色彩的外交政策转型为普京的"经济外交"政策，这是一个重大转变。这一转变立足于俄罗斯国家经济快速提升的现实需求，是务实和理性的选择。因为普京清楚地知道，俄罗斯要真正在世界格局中成为重要一极，首先需要有雄厚强大的综合国力做支撑，而国家综合实力的首要因素正是经济实力。

## 四 俄罗斯意识形态的思维特征是中间主义

俄罗斯意识形态的中间主义思维特征是基于对俄罗斯历史和现实的理性选择。普京认为苏联搞了 70 多年的社会主义建设，偏离了人类文明的康庄大道，没有使国家繁荣、社会昌盛、人民自由，斯大林模式的社会主义之路不能走。叶利钦全盘西化的激进改革导致政治动荡、经济下滑、民生凋敝，俄罗斯国家和人民都筋疲力尽，再也经不起翻天覆地的变革，机械照搬别国经验的路也不能走。俄罗斯必须在两者之间寻找一条适合俄罗斯国情的第三条道路。俄罗斯民众抛弃了共产主义指导思想，对西方模式的自由主义经济深感失望，又担心

---

① 李兴耕：《普京的"主权民主"》，《当代世界》2006 年第 7 期。
② 《普京文集（2002—2008）》，中国社会科学出版社，2008，第 80 页。

极端民族主义可能带来的风险，在这种情形下，务实的、渐进的和审慎的中间主义方法逐渐为俄罗斯大多数民众所接受。

俄罗斯意识形态的中间主义是对当今俄罗斯社会中不同乃至对立的文化价值观和政治势力的折中、妥协与协调。当今俄罗斯既存在传统的"东方和西方"问题之争，又发展出现代版斯拉夫主义派和欧洲—大西洋主义之争，独树一帜的欧亚主义既反对布尔什维克又反对西方自由主义，曾让俄罗斯受伤的资本主义与历史遗存的社会主义仍各占一席之地。普京只能用中间主义的理念来调和矛盾，平衡各方。

俄罗斯意识形态的中间主义也是平衡各党派意识形态之争，争取大多数人支持的必然选择。普京就任总统之时，"西方民主派"和"强国爱国主义派"两大政治运动派别和相应的两大思想观念的对立已经成为俄罗斯社会政治生活发展变化的最重要标志。两大政治运动派别内部还有很多不同的派别。俄罗斯联邦共产党、劳动俄罗斯联盟、雷日科夫的"权力属于人民"联盟、农业党为比较典型的左派集团，而"我们的家园——俄罗斯"、盖达尔的"俄罗斯民主选择"、"亚博卢"集团则为比较典型的民主派和当权派。在政党林立、党派斗争激烈的情况下，普京抓住了两大派别都以复兴俄罗斯为目标的共同点，推动中间派力量"团结党""祖国运动""全俄罗斯运动"于 2001 年 12 月 1日合并组成全俄罗斯"团结与祖国"党，即统一俄罗斯党，并通过政党法和选举法的修改，使统一俄罗斯党在 2003 年国家杜马大选中大获全胜，发展为议会的核心力量和第一大党。普京的中间主义路线也赢得了其他中派政党如人民党和社会民主党的赞扬和支持。

俄罗斯意识形态的中间主义表现在诸多方面。在意识形态建设中，普京既借鉴人类普遍文明又尊重俄罗斯现实，既肯定历史成就又否定历史错误，既赞同思想多元化又大力宣扬"俄罗斯新思想"，既宣扬西式民主自由又强调主权和秩序；在国家建设上既强调建设强大国家又关心民生幸福，既强调中央权威又发展地方自治，既加强政治建设又强调以经济发展为中心，既发展市场经济又注重国家宏观调控；在维护国家利益上既有原则性又有灵活性；在发展对外关系上既有选择性又有全面性。

"俄罗斯保守主义"是中间主义在俄罗斯意识形态中的再次强化和体现。

2008 年 5 月普京第二任总统任期届满，为了把执政 8 年来探索出的符合俄罗斯国情的发展模式坚持和执行下去，在政权交接模式上，普京选择了"梅普组合"的政权架构。普京卸任总统后正式成为统一俄罗斯党党主席，指导该党把意识形态调整为"俄罗斯保守主义"。保守主义代表一种政治价值取向，是中派主义的"政治符号"，适应了 20 世纪 90 年代以来俄罗斯不愿再次陷入社会剧变和政局动荡的民众心理，有利于最大限度地凝聚社会共识，整合社会力量。"俄罗斯保守主义"的核心是在维持现有体制的前提下进行循序渐进的改革和发展。它强调稳定，要求维护现有制度框架，不照搬西方模式；它也强调发展，要求经济社会不能停滞，要改革创新，吸收西方先进思想。

# 第三节　俄罗斯国家意识形态的特征

## 一　意识形态构建方式的多元性和兼容性

苏联意识形态的突出特征就是一元指导，即以马克思主义为核心的社会主义意识形态占据绝对的统治地位，与国家权力运行体系相辅并行，以行政命令乃至强制性方式推行。苏联解体后，意识形态的多样性、政治多元化和多党制被写进了俄罗斯宪法，各种政治主张和文化思潮风起云涌。历史遗留下来的社会主义政治思潮和资本主义政治思潮发生对立和冲突，同时各政党和政治组织又在努力构建和推广自己政党的意识形态。除此之外，在文化思潮方面主要有现代斯拉夫主义、欧洲—大西洋主义、世界主义、新欧亚主义等；在历史观方面主要有传统派、改良派等；在国家转型方式的思想倾向上主要有激进主义、保守主义、中间主义等。政治的、文化的、历史的各种思潮交织在一起，相互影响、相互渗透。

社会思潮是对特定时期纷繁复杂社会现实的反映。俄罗斯社会转型进程中的各种社会思潮呈现两个方面的特征。其一，与时俱进、相互借鉴。例如，起源于 17 世纪的斯拉夫派和西欧派发展为现代斯拉夫主义派和欧洲—大西洋主义，起源于 20 世纪 20 年代俄罗斯侨民的欧亚主义思潮发展为新欧亚主义，在继承传统派别思想倾向和思想内容的同时，随时代发展提出了新的社会主张。

再如，俄罗斯几乎所有的政党都不同程度地吸收了俄罗斯传统价值中的某些成分和当前俄罗斯社会现实需求来构建和解释自己政党的纲领或政治见解，以获得更多的政治合法性，争取更多民众的支持。俄罗斯联邦共产党把共产主义思想和强国爱国主义思想结合在一起，俄罗斯自由民主党把自由主义原则、集体主义原则和社会保护传统结合在一起，"我们的家园——俄罗斯"从西方社会思想中借用了抽象自由主义观点，"亚博卢"把俄罗斯传统的价值观与民主的价值观结合在一起，提出了"民族思想"。俄罗斯民族共和党的意识形态则把国家资本主义思想与智力技术优势的大国思想结合在了一起。其二，风云变幻、潮起潮落。各种社会思潮的发展变化和社会影响力是与俄罗斯转型期政治经济社会发展密不可分的。20 世纪 90 年代初，激进自由主义曾一度占据主流地位；90 年代中期，激进西化改革失败对民族自尊心的伤害和民众的怀旧情绪带来了民族主义思潮蔓延；到了 90 年代末 21 世纪初，在经历了社会震荡，人心思定的大背景下，中间主义思潮开始占据俄罗斯社会的主导地位。

普京主导的、以总统治国思想和政权党意识形态表现出来的俄罗斯国家意识形态也是一个多元包容、变动发展、不断完善的体系，其构建方式是兼顾东西、兼顾"普世价值"和俄罗斯传统价值观、兼顾国家政治独特性和民主原则的普遍性、兼顾国家意识形态的主导性和对各种社会思潮的兼容性。

首先，普京的"俄罗斯新思想"是一个有机合成体，把超国家的全人类价值观与俄罗斯人自古以来就有的传统价值观结合在一起。普京强调"全人类价值观"，是为了说明俄罗斯已经是个民主国家，与西方国家是同根同源；民主自由等"普世价值"是俄罗斯的根本价值追求，是政府高度重视的、广为社会接受的意识形态。普京在担任总统期间，从来就没有放弃宣扬民主自由等"普世价值"的象征性意义，并以此来争取国际认同、舆论认同和民众认同。普京同时强调"传统的价值观"，是为了强调俄罗斯民族共同的历史起源和共同的命运，以爱国主义、强国意识、社会团结和国家观念来重新建立和不断巩固俄罗斯民族的集体认同，凝聚民族力量。

其次，普京的"主权民主"思想也是个混合体，是俄罗斯国家政治独特性和西式民主原则普遍性的结合。一方面，普京、梅德韦杰夫等人强调主权和民主同等重要；另一方面，在俄罗斯的政治实践中则强调先有主权再有民主，强调俄罗斯遵循民主的普遍原则，但根据自己的国情与传统自主地选择民主道路、民主原则的表现形式和民主机构的运行方式。"主权民主"既强调国家独立不受外部干扰，也强调国家体制及其机构在俄罗斯社会和公民中的不可或缺性，是对俄罗斯威权主义政治运行模式的一种理论辩护。

最后，普京的"俄罗斯保守主义"更是个兼容并包的意识形态典型。保守主义本身就是一个具有很强包容性和适应性的"外壳"，可以填充整合不同价值导向的内容，达到反对一切激进的革命、以妥协手段调和各种社会势力利益冲突的目的。"俄罗斯保守主义"的价值观十分宽泛，既包括爱国主义、保护私有财产，也包括民族繁荣、宗教信仰和谐、尊重法律、重视家庭、珍视历史记忆、尊重传统、重视健康，还涉及对自己命运和家庭的责任，对国家未来的责任。总而言之，就是要保守使俄罗斯作为伟大强国所需要的一切。

## 二 意识形态主体内容的继承性和民族性

民众对民族国家的身份认同，是构建国家意识形态的前提条件。在俄罗斯民族自我意识发展为民族国家认同的过程中，俄罗斯民族思想逐渐形成。从最初基于种族的血缘认同，到以东正教为基础的文化认同，再到对专制君主和中央集权国家的政治认同，俄罗斯人逐渐将东正教、专制主义、大国思想、国民性等作为认识自己和区别他人的标准，形成了独特的俄罗斯政治文化和民族思想。苏联解体导致的大国衰落、新俄罗斯联邦立国之初的混乱无序，都严重伤害了俄罗斯民族的自尊心，泛滥的历史虚无主义导致社会主义苏联构建的民族认同顷刻崩溃，成为严重的社会政治问题。如何解决民族身份认同和选择国家独特发展道路，这是意识形态要解决的根本问题，决定着意识形态的主体内容。

为了把俄罗斯民众从四分五裂、一盘散沙的状态中重新凝聚到俄罗斯民族统一的旗帜下，以解决俄罗斯面临的政治混乱、经济下滑、社会失序等问题，普京认为，一方面要利用一切最现代化的、最新的东西，另一方面应当立足于俄罗斯人民在千余年的历史中创造的基本道德精神价值观。针对俄罗斯前总统叶利钦布置俄罗斯科学院的学者寻找"俄罗斯思想"，要求他们在一年之内研究并确定俄罗斯"民族思想"的做法，普京说："在俄罗斯不需要专门地寻找民族的意识形态，它在俄罗斯社会中已经是成熟的，民众的精神和道德价值是几个世纪以来形成的。"只有从俄罗斯民族近千年来道德精神价值观出发，俄罗斯才能正确地认识自我，不迷失、不盲从，牢牢把握国家未来的发展方向。

普京不仅注重民族传统和历史文化，而且善于从中挖掘团结民众的意识形态资源。普京在《千年之交的俄罗斯》一文中论述了"俄罗斯新思想"的两个组成部分，较之第一部分的"普世价值"，普京很显然更看重第二部分俄罗斯历史的传统价值观。因为普京对"普世价值"的表述只是蜻蜓点水，而对"爱国主义、强国意识、国家观念和社会团结"四个方面的阐述却占用了大量的篇幅。"主权民主"思想中的"主权"捍卫的也正是俄罗斯民族千年历史和文化传统孕育出的特殊国情和独特政治运行体制。当俄罗斯国家意识形态发展到以"俄罗斯保守主义"来总结和提升的时候，普京同样把保守主义价值观的渊源归结为俄罗斯社会本身已经具有的道德大厦基础。

如何认识苏联的历史是修复俄罗斯民族国家认同断层的重要环节。普京的选择是认同既往历史、塑造完整记忆。早在《千年之交的俄罗斯》一文中，普京就指出不能否认在过去的 20 世纪中，俄罗斯有 3/4 的时间是以共产主义为奋斗目标并取得了不容置疑的成就。在 2007 年指导新版历史教科书编写和出版工作时，普京也指示要强调俄罗斯从沙俄到苏联再到俄罗斯联邦的历史连续性，不能割断历史，要对苏联历史和斯大林进行客观评价，培养学生的爱国主义和对祖国的自豪感，绝对不容许丑化、歪曲俄罗斯民族的历史。2012 年 12 月 12 日，普京在第三度就任俄罗斯总统后发表的首次国情咨文中说："为了让民族意识重新觉醒，我们需要将各个历史时期完整地联系在一起，重新认识这样一个朴素的真理：俄罗斯不是始于 1917 年，也不是 1991 年，我们有共同的延绵千年的历史，依托这个历史，我们才有内力，民族发展才有意义。"[1]

## 三　意识形态实现方式的柔和性和隐蔽性

当今俄罗斯国家意识形态的实现方式是建立在对历史上先后两个极端教训深刻反思的基础之上。一个极端是苏联意识形态的僵化控制。苏联斯大林模式

---

① 丁原洪：《从普京国情咨文看俄罗斯的发展战略》，《和平与发展》2013 年第 2 期。

下的意识形态主要是通过一套与高度集权政治体制相适应的马克思主义理论宣传教育模式来实现的。该模式强调思想灌输、思想控制和意识形态统一，以教条化、空想化和形式化为特征。苏联还把意识形态问题扩大化，把所有社会思想问题都划为意识形态问题，用行政手段甚至用严酷政治斗争的过激做法处理社会思想和学术问题。正如普京指出的，苏联时期的公民和睦和社会团结主要是依靠暴力手段维持的，凡是不同意当局意识形态和政策的人都遭到了各种迫害和镇压。大清洗运动给俄罗斯人民带来的伤害最为严重，导致一听到"国家意识形态"，就让人心怀恐惧并联想到过去的惨痛历史。另一个极端是20世纪80年代末90年代初在意识形态领域完全放任自流。俄罗斯激进改革初期，在国家意识形态突然缺失的情况下，整个社会思想领域完全放任自流，"非政治化""非党化""非意识形态化"的观念和意识充斥教育、文化和思想等各个领域，俄罗斯社会的基本阶层和主要政治力量信奉不同的价值观和不同的思想倾向，导致国家政局动荡、经济困难、社会道德水平下降、犯罪活动猖獗。

俄罗斯1993年宪法第十三条明确规定："俄罗斯联邦主张意识形态多元化……任何思想体系都不能被确立为国家的、每一个公民都必须接受的意识形态。"普京本人也表示反对在俄罗斯恢复任何形式的国家官方意识形态，但他从来就没有否认意识形态的重要性，并通过"俄罗斯新思想""主权民主思想""俄罗斯保守主义"不断发展完善着主流意识形态。他认为，兼顾全人类和俄罗斯民族价值观的意识形态是解决俄罗斯"公民不和睦、社会不团结"问题的重要精神力量，会为行政、立法和司法机构发挥协同作用提供良好的政治条件。普京强调，在民主的俄罗斯不能使用强制性手段，任何的社会一致都只能通过自愿的方式达成。[①]

在全球化、信息化、民主化的世界潮流下，完全依靠行政手段掌控意识形态已经行不通了。要想达成社会一致，就必须更多运用柔性方式掌控意识形态，更多地运用暗示、诱导等潜移默化的方式，让广大民众理解接受并真诚拥护国家意识形态，这样才能牢牢掌握意识形态的主导权。俄罗斯当局更多地运

---

① 〔俄〕普京：《千年之交的俄罗斯》，〔俄〕《独立报》1999年12月30日。

用教育、宗教、家庭、政治、工会、传媒和文化等来影响人们日常的意识，以隐蔽、渗透的方式潜移默化地使绝大多数人接受主流意识形态倡导的文化和制度等。本文在第五章将有专门章节，论述俄罗斯当局通过强化政党规范建设、构建和谐政教关系、重视学校教育功能、加强传媒监管和舆论控制等多种柔性方式，实现意识形态导向的总体控制。通过广泛开展爱国主义和道德教育，促进社会团结稳定和道德建设来塑造政府正面形象。普京还善于运用俄语、历史、文学、世俗伦理等手段来加强社会的精神道德基础，反对通过禁止和限制的方式来促进民族统一和强加爱国主义教育。俄罗斯持续多年的政治稳定和经济发展为普京意识形态的柔性控制提供了充分的合法性依据和坚实的物质基础。柔性控制的熟练运用，使"普京主义"的根本目标、核心价值观和治国思想体系日益融入政府决策、学者研究和民众生活之中，并被越来越多的俄罗斯人所理解和接受。"普京主义"已经占据俄罗斯意识形态领域的主导地位，为俄罗斯转型期的政治稳定和社会团结提供了重要的思想保证。

# 第五章　俄罗斯意识形态的国家控制

研究俄罗斯转型期意识形态问题必须要解决几个重要问题：一是俄罗斯有没有国家意识形态；二是何为俄罗斯国家意识形态；三是俄罗斯国家意识形态如何转化为民众的社会意识；四是俄罗斯国家意识形态如何发挥作用。本文的第三章、第四章分别解决前两个问题，本章将回答第三个问题，即俄罗斯国家意识形态是如何转化为民众的社会意识、实现民众社会意识与国家意识形态的统一的。只有当符合国家和民族根本利益和长远发展的意识形态为大多数民众所理解和接受之时，意识形态才能转化为凝聚民族意志和力量的精神动力，发挥整合社会有机体的"社会水泥"作用，为社会活动提供价值导向，为社会变革提供观念力量，为现存政治的合法性提供理论依据。如何使国家意识形态转化为民众的社会意识，从本质上讲就是如何实现意识形态的国家控制问题。

## 第一节　俄罗斯意识形态控制的内在逻辑

### 一　俄罗斯意识形态控制的理论逻辑

意识形态控制理论可以在马克思的经典论述中找到渊源。马克思的意识形态理论深刻揭示了意识形态的阶级本质和社会功能。马克思指出，每一个时代占据统治地位、支配物质生产资料的阶级，必然也支配着精神生产的资料。①也就是说，统治阶级必然支配着被统治阶级的精神思想，这反映的就是意识形

---

① 《马克思恩格斯选集》第1卷，人民出版社，1995，第98页。

态的教化与控制。列宁提出了社会主义意识的"灌输论"，他认为，马克思主义是无产阶级自己的意识形态，这种意识形态是被灌输到无产阶级的阶级斗争中去的，而不是无产阶级自己产生出来的东西。在"灌输论"指导下，俄国社会民主工党无论是在夺取政权的革命斗争中，还是在建立苏维埃政权之后的社会主义建设中均牢牢把握了意识形态的主动权。

意识形态控制理论是意大利马克思主义者葛兰西提出来的。他的"意识形态领导权"理论对第一次世界大战后西方各国马克思主义者的理论见解产生了广泛而深远的影响。葛兰西深刻地认识到意识形态和文化问题在无产阶级夺取政权政治斗争中的重要地位，他把整个上层建筑划分为市民社会和政治社会，并在此基础上提出了新的领导权理论，即相对于政治社会的"政治领导权"（political hegemony）和相对于市民社会的"文化领导权"（cultural hegemony）或"精神的和道德的领导权"（intellectual and moral leadership），后者的实质是意识形态的领导权。意识形态控制理论发展中最具创见性和对现代最有影响力的理论家是西方马克思主义代表人物、法国著名哲学家阿尔都塞（Louis Althusser），他对马克思主义意识形态理论进行了革命性的改造。阿尔都塞第一次明确地提出了与"镇压性国家机器"相对应的"意识形态国家机器"的概念，从而揭示了意识形态与统治权力之间的内在联系，将国家意识形态隐含的政治职能理论化、系统化了。

普京20世纪70年代在大学学习法律，加入苏联共产党，并被选入克格勃工作的时期，正是两大阵营的意识形态斗争开展得如火如荼之际，马克思、列宁等经典马克思主义理论家和西方马克思主义者葛兰西、阿尔都塞等的意识形态控制理论都对普京的思想形成产生了重要而深远的影响。普京曾在国家强力机关克格勃（苏联国家安全委员会）长期工作的特殊经历培养了他对意识形态问题的敏感性和国家应控制意识形态的思维倾向。

**（一）国家权力机构应该在国家生活各领域（包括意识形态）发挥作用**

从理论上看，普京"国家观念"中的核心价值理念是其区别于他国意识形态的重要特征之一。普京认为，俄罗斯是不同于美国或英国那样有着深刻的自由主义价值观传统的国家，俄罗斯人民把国家权力视作社会生活中的重要组成部分，认为这是秩序的源头和保障，是任何变革的倡导者和主要推动力。苏联解体初期，激进改革带来的混乱，使俄罗斯社会上下都强烈希望国家政权能够恢复必要的指导和调节作用。从现实来看，俄罗斯需要一个强有力的国家政权体系。21 世纪头 10 年，俄罗斯社会要克服公开的、潜在的、"缓慢发生的"分离主义倾向，消除地方政府与犯罪集团、民族主义集团之间的联系，强有力的国家政权机关和管理机关在其中发挥着关键作用；经过 10 多年的治理整顿，俄罗斯走向政治稳定、经济发展之路，但新时期依然有保证地方分权与中央管理之间的平衡问题，加之俄罗斯联邦各地区社会经济发展水平不同、文化发展水平也不同，国家依然需要一个强大的、有作为的、受尊敬的联邦中心，它是平衡地区间、民族间、宗教间等关系的关键性政治稳定因素。

就意识形态领域而言，国家的管理同样不可或缺。任何一个统治阶级要统治下去，就必须把镇压性国家机器和意识形态国家机器结合起来，"任何一个阶级如果不在掌握政权的同时掌握意识形态国家机器并在这套机器中行使领导权，它的政权就不会持久"①。从国内情况来看，俄罗斯的民主事实上是从上面灌输下来的，民主改革是自上而下的精英改革，俄罗斯缺乏民主自由的精神传统、文化根基和社会基础。然而俄罗斯"用了历史范围最短的时间从根本上改变了整个政治和社会经济制度。这使俄罗斯急剧地超越了社会适应这些自由的能力，历史的必要性剥夺了我们实现渐进化发展的可能"②。在社会意识领域还没有做好准备的情况下，俄罗斯已经进行了整体上的社会转型。在过渡期，社会意识领域各种思潮相互激荡，需要国家权力机构加以引导和管理。不受限制的自由既会压制国家又会压制公民，最终导致自由和民主的社会不复存在。从国际上来看，西方国家精心策划的舆论攻势是意识形态领域残酷竞争的表现。普京鲜明地提出："我们自身的历史经验表明，文化认同、精神价值、道德价值、价值符号——这是残酷竞争的领域，甚至是公开的信息对抗的目标。"③ "一些国家企图影响所有民族的世界观，使他们臣服于自己的意志；将自己的价值体系、价值观念强加于人。"④ 如果国家不在意识形态领域加强

---

① 陈超：《哲学与政治——阿尔都塞读本》，吉林人民出版社，2003，第 338 页。

② 《普京文集》，中国社会科学出版社，2002，第 100 页。

③ 《普京文集》，中国社会科学出版社，2002，第 100 页。

④ 《普京文集（2012—2014）》，世界知识出版社、华东师范大学出版社，2014，第 150 页。

管理和控制，严重的思想混乱就会导致社会危机，而若别国的价值体系占领本国意识形态就会导致国家和民族的危亡。

**（二）意识形态国家控制以明确规则为前提，以维护公民权益为底线**

普京认为，在社会意识形态领域国家必须要有明确的指导思想、基本原则和工作重点。他说："以前我总是反对任何的意识形态审查，认为它不仅有局限性，而且扼杀创新和发展。但今天我要讲它的另一面，讲明确的规定和责任，讲文化政策的首要意义和原则。"① 当今社会的孩子们不仅仅在学校里学习，社会的整体精神面貌决定了青少年的精神内容，所以普京要求"社会和立法应该高度地、认真地关注对广告、媒体、互联网、出版物以及视频产品的合理要求"②。普京认为，首先在国家层面应有明确的战略思想，为了国家和民族的根本利益，政府在意识形态领域应该和必须支持什么、反对什么；其次应该通过法律、法规让全社会知道必须支持什么、反对什么；最后，国家应该出台相关政策保护和扶持公众创意，推行建设性的、有教育意义的文化项目，并将其作为示范。只有国家做到了旗帜鲜明、态度明朗、指示清晰，意识形态的国家控制才具有可操作性。只有国家和社会各界共同努力，才能在意识形态领域中既能够百花齐放，又达到思想统一，使民众特别是青少年远离淫秽、暴力、残忍、道德沦丧及不文明行为。

意识形态领域的国家控制不能采用极权主义方式，强有力的国家政权机构不等于极权主义专制。任何社会管理都不应以牺牲公民基本权利和尊严、破坏人们生活为代价，任何时候民众的一致意见都需要以自愿的方式达成。普京认为，俄罗斯不应该也不会成为警察国家，"如果国家试图控制人民的信仰和观点，那么，这毫无疑问会变成极权主义"③。"如果政权仅仅靠'构建'一个建立在种种限制和禁止基础上的社会来维持，而正常人则想离它远远的话，那么这个政权的价值就等于零。如果政权是公开的、可预测的，并能运用自己的杠杆来保护公民的尊严，保护他们的自由、安全和选举权的话……那么，它就

---

① 《普京文集（2012—2014）》，世界知识出版社、华东师范大学出版社，2014，第151页。
② 《普京文集（2012—2014）》，世界知识出版社、华东师范大学出版社，2014，第151页。
③ 《普京文集（2012—2014）》，世界知识出版社、华东师范大学出版社，2014，第262页。

是真正有效的和强有力的政权。"① 普京指出，俄罗斯应大力支持承载传统价值观的机制体制，旧时代的意识形态被悉数抛弃，其中的许多道德准则也被遗忘，这就好比我们在倒洗澡水的时候把孩子也倒掉了；这些传统价值观代代相传，具有强大的历史生命力；俄罗斯可以用法律维护道德，但不能让法律来规定道德；传承这些传统价值观不能用禁止和限制的手段，而是要通过巩固社会道德精神基础的方式来进行。②

**（三）　意识形态国家控制的实质是一种教育关系**

葛兰西认为"意识形态领导权"的实质是一种教育关系。他强调人们在社会实践中会在观念上进入"有组织的意识形态"领域，这种意识形态不是某个个人的成见，而是特定社会团体在观念上对共同生活的表达。人们就是在这种公共意识形态的教育中成长起来，并最终确立自己的世界观，同时又在已确立的世界观的支配下从事各种实际活动。阿尔都塞认为，意识形态的共同特征是，意识形态作为文化客体被感知、接受和忍受，通过一个无意识性的、不为人知的过程作用于人。③ 人一出生就处于一定的意识形态环境中，这是无法选择的。人类社会把意识形态创造出来，如同人们呼吸的空气一样成为历史生活的必要成分。④ 意识形态作为一种社会基本结构，是通过文化、风俗、语言、制度等人们日常生活，以隐蔽、渗透的方式潜移默化地强加于绝大多数人的。这种潜移默化的方式就是广义上的国民教育。

普京十分重视意识形态领域的国民教育。他要求在民主的俄罗斯只能通过自愿的方式实现公民意见一致。如何能使社会通过自愿的方式达成一致呢？一是要找到超越各阶级、各阶层差异的社会共识；二是要找到恰当的方式使公民自愿接受这一共识。这个"社会共识"普京已经找到，它就是以"强国梦"为核心的爱国主义。普京说："无论讨论多久什么是基础、什么是对于我国而言牢固的道德基础，最终除了爱国主义想不出别的东西。"⑤ 使公民达成自愿

---

① 《普京文集》，中国社会科学出版社，2002，第99页。
② 《普京文集（2012—2014）》，世界知识出版社、华东师范大学出版社，2014，第150页。
③ 〔法〕路易·阿尔都塞：《保卫马克思》，顾良译，商务印书馆，2006，第229页。
④ 〔法〕路易·阿尔都塞：《保卫马克思》，顾良译，商务印书馆，2006，第228页。
⑤ 《普京文集（2012—2014）》，世界知识出版社、华东师范大学出版社，2014，第150页。

一致的最好方式就是教育，要巩固社会的道德精神基础，全民教育、文化、青年政策等具有决定性意义。

普京尤为重视对青年进行爱国主义教育。2012 年 9 月，普京在克拉斯诺达尔边疆区与社会各界代表会晤并讨论青年爱国主义教育问题，这次会议是俄罗斯掌控意识形态主动权和领导权的又一例证。参加会晤的有文化、科学、体育界人士，有史学界、战争历史遗迹探寻队、志愿者运动、哥萨克和宗教界以及政府机关的代表。普京把这个意识形态领域建设的重要会议的主题明确为"我们能够以及应该在怎样的价值观和道德基础之上构建我们的生活、教育孩子、发展社会，从而增强我们的国力"。他强调，青年爱国主义教育极为重要，如何教育青年，关系到俄罗斯能否生存与发展，关系到俄罗斯能否成为现代化的、有前景的、强劲发展的国家，关系到在当今极为复杂的形势下俄罗斯能否不迷失自己民族的本性。[①]

### （四）意识形态国家机器的存在是多元化的

葛兰西注重发挥学校、教会、出版社、传播媒介等多元文化组织的教育功能，把文化"领导权"拓展、渗透到民族共同体的一般"文化精神"之中。阿尔都塞认为，镇压性国家机器是多元的，包括政府机关、军队、警察、法庭和监狱等，意识形态国家机器也是多元的，包括教育、家庭、宗教、政治、工会、传媒和文化等多种专门机构。普京高度重视意识形态国家机器的建设，要求每种工具都能发挥其特长，以实现控制和传播意识形态的目的。

在各种意识形态国家机器中，占支配地位的是教育机器和家庭机器。对于教育机器，普京在国民优先工程中把"高质量教育"列为专项，通过工程建设来奖励优秀教师，鼓励采用创新教学计划的高等学校和中小学，实现学校教育的信息化和发展学校教育的物质基础，建立国立大学和企业间的学校网。在不断夯实各类教育的物质保障基础的同时，普京政府先后出台《公民爱国主义教育纲要》《爱国主义教育构想》《俄罗斯学校思想道德教育发展纲要的基本方针和实施计划》等多个文件，以国家政策形式推进爱国主义教育。还组织历史学、社会学界专家教授重新编写历史教科书，重评苏联历史中的重大事

---

① 《普京文集（2012—2014）》，世界知识出版社、华东师范大学出版社，2014，第 149 页。

件和重要人物，强调俄罗斯从沙俄到苏联再到俄罗斯联邦的历史连续性，在社会中培育符合"普京主义"的历史观和爱国主义精神。对于家庭机器，俄罗斯传统历来重视家庭。普京执政以来出台了一系列人口生育奖励政策，重视家庭传统价值观的继承发扬，还成立了俄罗斯家长代表大会，将其作为国家和社会共同加强家庭建设的重要载体。普京十分重视家庭在培养孩子爱国主义情操以及公民意识方面的重要作用，他说："对一个人而言，爱国情感、价值体系、道德取向的奠定是在童年和青少年时期，在此起重要作用的当然是家庭和整个社会，国家本身的教育和文化政策自然也要起作用。"①

宗教机器在俄罗斯民族和国家的历史中也发挥着独一无二的作用。普京认为，在当今俄罗斯，东正教还可以在三个方面发挥积极作用：一是在教育上与国家积极合作，在精神道德上教育人特别是青年人，维持家庭结构，教育儿童并关心需要特殊帮助和支持的人；二是在促进宗教间、民族间、种族间的和平与和谐方面发挥重要作用；三是利用东正教的跨国优势帮助俄罗斯与其他国家的人民建立良好关系。"毫无疑问，教会对于其他独联体国家以及友好国家的人民发挥着建设性的积极作用。"② 宗教机器既独立发挥作用，也是文化机器的重要组成部分。俄语、俄罗斯文化、俄罗斯东正教和俄罗斯其他传统宗教，还有各民族几个世纪以来在统一的俄罗斯国家共同生活的历史经验，都是俄罗斯公认的、非常宝贵的、强有力的巩固意识形态的因素。转型时期俄罗斯文化机器和大众文化生活的主旋律依然是爱国主义。"很多人把爱国主义与公民意识和法律意识的觉醒，与个人对国家命运和国家文化的未来所负的责任的理解联系在一起。"③

其他的意识形态国家机器也十分重要。对于政治机器，普京强调"社会需要的是能够始终不渝地维护公民权益的政党"④。他通过完善政党制和进行选举制度改革，为各派政党提供了广泛的政治机会。多党竞选虽然常被看成政

---

① 《普京文集（2012—2014）》，世界知识出版社、华东师范大学出版社，2014，第150页。
② 《普京文集（2012—2014）》，世界知识出版社、华东师范大学出版社，2014，第150~151页。
③ 〔俄〕亚·维·菲利波夫：《俄罗斯现代史（1945—2006）》，吴恩远等译，中国社会科学出版社，2009，第412页。
④ 《普京文集》，中国社会科学出版社，2002，第514页。

治闹剧，但对普及和宣传各党派的政治、经济、社会主张和价值观念是很有时效的。统一俄罗斯党是普京亲手打造的政权党，是传播"普京主义"意识形态的主要角色之一。对于工会机器，普京在2001年11月俄罗斯独立工会联合会第七次代表大会上做了题为《俄罗斯工会应对解决全国性的战略问题给予实际的影响》的讲话，他说，俄罗斯的工会运动存在一个世纪了，在这段时间内，它在捍卫劳动人民的权利方面既取得了经验，增强了力量，也获得了自信和决心，社会的稳定、国家的整个政治体制的稳定在很大程度上取决于如何利用这些权力、这些经验、这些知识。[1] 对于传媒机器，普京认可媒体作为民主社会最重要的因素，其最重要的职能是"公民可以自由地表达自己的思想、提出思想和争取实现他们的思想"[2]。他认为，说政权和媒体的关系中存在冲突，这是俄罗斯寡头代表、新闻帝国的主人们臆造出来的，因为这些掌控新闻媒体的人是在为保持自己对国家的影响力而斗争，不是在为言论和新闻自由而斗争。应该改变这种状况，使媒体成为真正独立的媒体。[3]

## 二 俄罗斯意识形态控制的现实逻辑

### （一）现阶段在辉煌"帝国梦"支撑下民众对秩序的偏爱

15~16世纪的俄罗斯位于欧洲东北部，是一个国土面积只有43万平方公里的小公国。16世纪，俄罗斯实现了统一，国土面积扩大到280万平方公里。16世纪下半叶，"伊凡雷帝"全面启动了俄罗斯的对外扩张进程，经过数百年的持续努力，至沙俄末期，其版图已经扩张到2000多万平方公里，居世界之首。到斯大林后期，苏联已成为世界两大霸主之一。俄罗斯400余年间如此之快的发展，高度集权的专制主义国家体制发挥了重要作用。领土的不断扩张和帝国的辉煌，使"好沙皇""好中央"成为褒义词，其含义中融入了俄罗斯民族的自豪感。俄罗斯公民习惯把强大的国家置于社会和公民之上，把中央集权和专制作风视为秩序的源头和保障。俄罗斯人已经习惯在国家及其体制和机构

---

① 《普京文集》，中国社会科学出版社，2002，第499页。
② 《普京文集》，中国社会科学出版社，2002，第106页。
③ 《普京文集》，中国社会科学出版社，2002，第106页。

的管理下生活，任何变革也必然要经由政府倡导和推动，这是再自然不过的事情。

如今的俄罗斯版图缩减为 1700 多万平方公里，但仍是世界上国土最大、人均面积最多的国家，地区之间的自然条件和发展水平差异巨大。对这个庞大而复杂的国家而言，离开高效的中央集权，国家的复兴只能是空谈。特别是经历了 20 世纪 90 年代混乱的自由主义改革，俄罗斯社会强烈期盼扩大中央政府职能，加强国家能力建设，恢复政府对社会必要的指导和调节作用。正如托克维尔所说："爱好社会安定的心理变成一种盲目的激情，公民对秩序产生了一种反常的热爱。"① 于是一种新的统治关系出现了：因为害怕动乱和爱好安乐，公民自愿牺牲越来越多的权利来换取社会安定；这导致中央政府自以为强大、聪明，是防止社会陷入无政府状态的唯一力量，其管理职能不断扩大②。民众对秩序的偏爱使得他们乐于接受大政府小社会的行政管理模式，愿意为了国家大局而服从政府权威，听从国家的召唤和安排，按照国家意志行事。

**（二）有强力集团背景的行政团队及其与生俱来的掌控思维**

普京总统领导的国家行政团队有一个显著的特征，就是有相当比例的成员具有苏联强力集团（俄语称为"西罗维基"）背景。"西罗维基"包括军队、国安、警察、司法等国家暴力机关，都是苏联高度中央集权体制下镇压性的国家机器，其工作人员以忠诚度高、组织纪律严明、工作作风强硬而著称，习惯于高度集权的官僚体制、意识形态对抗思维和权力掌控的工作方式。这样的团队倾向于以行政强制力甚至暴力来进行全方位的社会控制，以维护现有的政治统治。

普京本人曾是苏联模式下"根正苗红"的国家特工人员。他所在的克格勃是当时世界上最大的收集秘密情报的间谍机构和政治保卫机构。克格勃只对苏共中央政治局负责，拥有调查与秘密行动的特权，是凌驾于党政军各部门之上的超级机构。克格勃曾一度拥有 50 多万名工作人员，它系统庞大、组织严密，是国家暴力统治的核心力量之一。在克格勃工作多年的个人经历培养了普

---

① 〔法〕托克维尔：《论美国民主》（下），董果良译，商务印书馆，2004，第 852 页。
② 〔法〕托克维尔：《论美国民主》（下），董果良译，商务印书馆，2004，第 852 页。

京对国家的高度忠诚，练就了他强硬干练的工作作风，也培养了他权力掌控的思维习惯和行为方式。

普京大学期间加入苏联共产党（至今没有正式宣布过退党），1975 年，他从列宁格勒大学法律系毕业之后就参加了克格勃的训练，随后开始他的克格勃工作生涯。他曾扮演过不同社会角色，如情报机关机要部门工作人员、莱比锡"苏德友谊之家"主任、列宁格勒大学校长外事助理、列宁格勒市国际联络委员会主席等，直到1991 年克格勃策划推翻戈尔巴乔夫期间，普京才辞去他在情报机构的职位。从 23 岁到 39 岁，16 年的克格勃工作经历在青年普京身上留下了难以磨灭的印记。离开克格勃之后的 7 年间，普京担任过圣彼得堡市第一副市长、俄总统事务管理局副局长、总统办公厅总务局副局长、总统办公厅监察总局局长、俄罗斯联邦安全会议秘书、总统办公厅第一副主任等职。普京与克格勃机关再续前缘是 1998 年的 7 月，普京被叶利钦任命为俄罗斯联邦安全委员会（即前克格勃）的兼职主席。在总理基里延科为普京举行的上任仪式上，普京用一句"我终于回家了！"表达了自己对克格勃机关的深厚感情。其后，普京又先后被任命为俄罗斯第一副总理、代总理、俄罗斯总理、代总统等职务。2000 年 3 月 27 日，普京当选俄罗斯联邦第三任总统。从大学毕业到成为国家总统，普京只有 8 年多时间身处克格勃系统之外。普京执政后毫不讳言自己始终以具有克格勃经历为荣，其治国方略和执政风格明显受到"克格勃情结"的影响。

普京最重要的执政基础和权力支撑点，正是以国家安全部门为代表的强力集团。苏联解体之初，俄罗斯激进改革派参照西方国家权力的构建原则和模式，对原本由苏共中央直接管理的军队、安全部门等强力机构进行国家化改造，去除其党派色彩，大力削减和限制其权力范围，这使当时的强力部门一度成为最大的"失意者"。克格勃出身的普京成为总统之后，让原克格勃的工作人员找到了自信，他们团结起来，全力支持普京。面对动荡的国家局势、纷乱的派系斗争、濒临崩溃的国家经济，普京自然也需要借助强力部门的势力来实现国家控制、维护政权稳定。普京对强力部门的扶持表现在两个方面：一是对强力部门的财力投入逐渐加大，仅 2005 年，强力部门的预算开支就达 9264 亿卢布，是社会政策、教育、保健、文化与传媒等社会性支出总和的一倍多；二是普京选用了大量有强力集团背景的人进入各级政府管理机构，在重要战略资源的国家控股企业高管中也安排了许多来自强力集团的骨干。2005 年，出身克格勃的政府高官已达总数的 1/4，全国直接控制在前克格勃成员手中的重要政府和行业机构也已超过 2000 个。有统计说，1988～2003 年，"西罗维基"在俄政坛最高的比例从 1988 年的 4.8% 上升到了 2003 年的 58.3%，权势增长了 11 倍多，且这一增长主要发生在普京执政的 3 年时间。强力集团与普京政权的结合迸发了巨大的能量，成为普京威权主义政治模式的主要支撑力量之一。

**（三）兼具西方民主外表和威权主义内核的现行政治体制**

叶利钦时期，俄罗斯从根本上改变了原有的国家政治体制和机构建制。模仿西方民主政体初创了俄罗斯式的宪政体制：国家实行行政、立法、司法三权分立，俄罗斯联邦的国家权力由俄罗斯联邦总统、联邦会议（联邦委员会和杜马）、联邦政府、联邦法院行使；确定了俄罗斯联邦制的原则、结构形式、联邦中央与各主体的管辖范围和职权等政治法律关系；实行思想多元化和多党制等。在自由主义思潮主导下，叶利钦时期，俄罗斯政局动荡、政府更迭频繁、党派林立、高层政治斗争不断。西方民主政治的外表并未给俄罗斯社会带来什么福祉，而是使国家经济萧条、政治腐败，国力衰退、民不聊生，加上为打破中央高度集权体制和迎合地方势力，中央政府无限放权，导致地方主义膨胀，中央权威尽失。

普京上台后，在维护现行政治体制框架的基础上，致力于加强国家权威，维护政治稳定。他以政治机构改革为抓手，着力治理和整顿政治秩序，赋予现行政治体制威权主义的内核。普京改革的目的是重新确立和强化联邦中央与各联邦主体之间的"垂直权力体系"，强化对各联邦主体的行政掌控能力，保证国家政令畅通、高效有序。普京采取了一系列措施，包括取消各联邦主体长官的"地方直选"，改为经总统提名后再进行选举；建立总统向各联邦主体派驻全权代表制度；规定地方长官不再兼任上院议员，减少地方长官在议会的声音；赋予总统解除地方长官职务、解散地方议会的权力；改革预算制度以削弱地方政府的财政基础等。同时普京通过扶持政权党、成立社会院、颁布《非政府组织法》《政党法》等法律行政手段，对公民社会的发展实施有效监管。

在经济领域，普京在继续推行私有化和市场经济的同时，建立完整的国家调控体系，使俄罗斯经济从自由资本主义或寡头资本主义转变为国家资本主义，从自由放任的市场经济转变为"可控制的市场经济"；在外交领域，普京开始推行以加强国家主权地位为主旨的外交政策，强调独立解决国内政治、经济和社会问题，在对外交往中把经济利益放在重要位置，以实用主义态度和原则来处理与他国的外交关系。威权主义的政治内核为进行意识形态的国家控制提供了现实物质基础和行政保障。

### 三 俄罗斯意识形态控制的行为逻辑

**（一）在思维层面上，以中间路线掌控意识形态发展的总方向**

俄罗斯的意识形态控制经历过极"左"和极右两个极端时期。一是斯大林极"左"时期，马克思主义一元指导占据苏联意识形态的统治地位，国家对社会意识形态进行绝对掌控，这表现为：（1）把社会主义意识形态视为绝对的终极真理，要求全民信仰和膜拜；（2）以阶级专政手段开展思想理论批判，甚至施以人身迫害和镇压；（3）反对对社会主义意识形态的任何修正、反对其他任何社会思潮和观点，拒绝吸收其他思潮中合理有益的成分。二是叶利钦极右时期，意识形态多元化写入俄罗斯联邦宪法，否定任何思想体系作为官方的意识形态，俄罗斯出现了国家意识形态的真空期，导致了各种社会思潮泛滥和思想领域的混乱。戈尔巴乔夫时期的"民主化""公开性""多元论"导致苏共放弃马克思主义意识形态的统治地位，叶利钦"休克式"激进改革的失败导致民众对西方资本主义意识形态描述的自由民主失去兴趣，迷失了方向的俄罗斯社会经历着深刻的价值观危机。俄罗斯在国家复兴的道路上面临着民族身份认同危机和选择发展道路的困惑。

转型期的俄罗斯出现了社会思潮多元化现象，围绕国家发展道路出现了各种不同的思想和派别，有的人主张回到社会主义制度，有的人主张走西方式的资本主义道路，有的人主张建设人道民主的社会主义，有的人大力宣扬欧亚主义，也有的人主张按照实用主义的原则行事，等等。总体上看，这些思想可以被分为左、中、右三种立场。左派立场赞赏社会主义制度，相信传统体制的生命力，对改革产生的问题及其前景表示担忧；右派立场则彻底否定传统体制，迷信西方制度，主张大力推行全盘西化改革；中间派则选择兼顾"左"右，主张以审慎态度进行渐进式改革。经历了"左"和右的极端教训，普京在上任之初就深刻认识到推动国家经济加速发展不仅是经济问题，也是意识形态问题。普京始终采取中间主义的路线来平衡各种社会思想和流派之间的矛盾，协调各政党和社会政治组织之间的斗争，在坚持"俄罗斯新思想"核心价值观基础上，兼顾"左"与右，发展独具俄罗斯特色的"主权民主"治国思想和政治模式，并以"俄罗斯保守主义"来总结和凝练当代俄罗斯国家意识形态的基本原则、思想路线和思想体系。

**（二）在制度层面上，以新宪法为总依据奠定意识形态控制的政治基础**

国家意识形态传播的政治基础是国家强制力赋予的有效保证。俄罗斯独立后，把制宪工作放在首要地位，明确联邦宪法在俄罗斯联邦所有领域中具有最高法律效力。叶利钦执政时期以新宪法为"尚方宝剑"，实现了从议政合一苏维埃制度向三权分立宪政制度的转变，并一再强调现行宪法是俄罗斯国家体制和法律体系的基础，努力向全社会灌输法治意识、契约意识、参政意识，要求社会各界严格履行新宪法，使社会各阶层形成宪法至上、服从法律、遵守契约、依法参政的观念。普京执政以来，延续依法治国思路，在如下几个方面做了努力。

首先，清理了全国各联邦主体法律与俄联邦宪法不一致的问题，进一步巩固了宪政体制。针对当时共和国、边疆区、州及自治区的数千部法律中存在的与宪法不相一致的情况，普京坚决采取措施加以调整。他认为这是事关国家宪法的安全、事关联邦中央本身的行为能力和管理国家的能力、事关俄罗斯领土完整性的问题。普京反复强调制定新的国家基本法并不是最终目的，依法治国才是最重要的原则。他要求将履行现行宪法及在其基础上通过的各项法律内化成国家、社会及个人的生活准则。[①]

其次，以宪法为依据放大了"总统制"权力空间。1993年新宪法给总统实行政治掌控留下了巨大空间。普京充分利用新宪法确立的"超级总统制"，在国家基本政治制度框架不变的情况下，对联邦中央、联邦主体和政府各专门

---

① 〔俄〕普京：《千年之交的俄罗斯》，〔俄〕《独立报》1999年12月30日。

机构的权力运行机制进行了重大调整，建立了"威权主义"的政治管理模式。也正是这种独具俄罗斯特色的"超级总统制"，使俄罗斯总统的竞选演讲、国情咨文、外交言论、媒体访谈等在国家政治和社会生活中发挥了极为重要的指导性和约束性作用，其中内含并传递出来的精神思想在俄罗斯意识形态领域发挥着重要的引领性作用。

最后，通过修订政党法和选举法，构建总统与政党政治同盟。普京根据政治需要先后多次修订政党法和选举法，建立有全国性影响力的大党，依托总统与政党政治同盟实现对全国政治大局的掌控。普京在入主克里姆林宫不久，就表示希望在俄罗斯建立由两个或三四个主要政党参与的多党制，形成一个能够发挥作用的政党体系。2001年7月，新的《俄罗斯联邦政党法》出台，该法规定了组建政党的条件（包括党员分布范围、党员人数等），政党参与选举的基本门槛与限制，政党的作用，政府对政党的拨款援助等。2004年12月，《俄罗斯联邦政党法》修改补充法将组建政党的标准大幅度提高，其目的是促使多如牛毛又不具影响力的中小政党走联合之路，形成大党竞争的局面。普京一手抓政党法修改，一手抓选举法建设。2002年，《俄罗斯联邦公民选举权和参加全民公决权基本保障法》《俄罗斯联邦联邦会议和国家杜马代表选举法》陆续出台。2005年4月新修订的国家杜马选举法规定，从2007年第五届国家杜马开始，不再设单席位选区，在全国范围内由各政党提名候选人，选民投票给政党，得票超过7%（原为5%）的政党可以进入国家杜马并根据得票率分配议席。修改后的选举法禁止政党通过组建选举联盟的方式联合提名候选人。依据政党比例原则产生国家杜马代表的改革进一步强化了大党政治格局，使大党真正成为俄罗斯政治舞台上的主角。而普京领导的统一俄罗斯党是最大的受益者，在俄逐步形成了其一党独大的格局，成为权力执行机构完成所有拟订计划的重要支柱和维护俄罗斯社会稳定的有力工具。

**（三）在实施层面上，以国家政策文件为依托明确意识形态掌控的重点**

国家意识形态最直接的载体是国家的方针、政策和措施。在俄罗斯政治体制中，总统一年一度向联邦议会发表的国情咨文是传递总统治国理念、明确社会政治方针、解释工作重点的重要文件。俄罗斯总统的国情咨文，不是一般的工作总结和报告，它既有对一年来国家所面临的复杂国际国内形势的分析，又有对宏观战略和具体任务的描述，是俄罗斯国家政治生活的标志性政治文件，其中渗透着国家意识形态的核心价值理念、治国思想和阶段性重点内容。普京在2000年国情咨文中把巩固国家的统一和权威性、改善各级权力体系和各联邦主体间的关系作为首要任务；2001年国情咨文中把提高国家所有权力部门的工作效率放在了首位，在经济问题上支持自由路线，在国际问题上强调国家利益、实用主义和经济效益；2002年国情咨文强调要提高人民的生活水平，发展俄罗斯国家的竞争力，将独联体国家作为外交重点，在维护国际体系稳定中发挥作用；2003年国情咨文提出要使俄罗斯在不久的将来获得世界强大而先进的大国地位，对内消除贫困，使国内生产总值翻一番以及实行军事改革，对外坚持建设强大国家和强大政权；2004年国情咨文提出要使人民财富显著增长，建设属于自由人民的自由社会，在关注与东亚国家的政治和经济对话、关注国家法治建设、税收改革、能源经济、基础设施建设、反腐败等问题的同时，更加关注人民最关心的切实问题；2005年国情咨文不仅特别关注国家的意识形态和政治问题、经济领域的具体工作，而且对人口减少、移民和弱势群体也给予了相当的关注；2006年国情咨文在加强俄罗斯的国防实力和进行国防建设的基础上，把关注"民生"作为俄罗斯的国家战略提了出来，反映了普京的人本主义思想和重视家庭和生育的保守价值观。纵观以上7份国情咨文，充分体现了普京"强国富民"的执政理念、"威权主义"执政模式和在西方势力围堵下努力谋求世界强国地位的坚定决心。

2007年4月26日，普京发表其8年任期中最后一篇国情咨文，他强调自己执政8年以来的8篇国情咨文是有根据的、理性而有效的国家发展规划，希望能够坚持将这一规划执行下去。为呼应普京总统的期望，政权党统一俄罗斯党于2007年5月和10月分别举行最高委员会与总委员会共同会议和第八次代表大会，明确把"普京计划"作为统一俄罗斯党的行动纲领。"普京计划"是一个统称，计划的具体内容体现在普京执政期间每年所做的国情咨文、关键时间节点上的重要讲话和统一俄罗斯党八大政治报告等一系列政治文献之中。"普京计划"成为整个"梅普组合"时期俄罗斯内政外交和意识形态工作的重要依据。在"梅普组合"权力体系运行期间，普京已开始为回归克里姆林宫做思想上和理论上的准备。自 2012 年 1 月 16 日开始，他先后发表了一系列重要讲话和文章，构成了其未来新一轮任期中内政外交的纲领基础。这些文章包括《俄罗斯在努力——我们要面对的挑战》《我们的经济任务》《民主与国家的本质》《俄罗斯的社会政策：建设公正社会》《强大是俄罗斯国家安全的保证》《俄罗斯与变革中的世界》《俄罗斯：民族问题》，清晰地传递出普京执政的基本原则、宏观谋略和工作重点，也为新时期的意识形态工作明确了重点、增添了时代性内容。

# 第二节　俄罗斯意识形态控制的具体途径

## 一　规范政党制度建设，宏观控制意识形态领域差异

### （一）用制度杠杆应对不同政党意识形态分歧

政党是现代政治中最常见、最有效集合力量的方式。加强政党制度建设是普京稳定政局和宪法秩序、防止社会分裂的重要手段。俄罗斯转型之初，小党林立，缺乏有影响力的全国性政党。普京上任之初，为解决政府和议会之间的争议，使总统的意志和各项政策能够在议会得到顺利通过，他着意加快了政党组织建设的步伐，以期在议会中形成一股占据多数优势并支持政府政策的党团力量。2000 年 7 月，普京签署施行《俄罗斯联邦政党法》，为培育全国性的大党创造了法律条件。该法要求各种社会团体转化为政党，并迫使中小政党与大党联合。2001 年 7 月，新的《俄罗斯联邦政党法》出台，又一次提高了政党组建的门槛，它对构成政党的条件和参与选举的基本门槛与限制等做了具体规定。2004 年 12 月，俄罗斯再次对政党法进行修改和补充，政党构成的三个标准中有两个标准被大幅度提高，再一次提高了组建政党的门槛。

在此期间，普京大力推动和支持中派性质的"统一党"、"祖国运动"和"全俄罗斯运动"等组织于 2001 年 12 月 1 日合并组建为统一俄罗斯党。普京总统对该党倾注了大量的心血，使之成为自己可以信任和依靠的政治力量。2003 年第四届国家杜马选举中，统一俄罗斯党形成了绝对优势并开始控制杜马。2005 年 4 月，俄罗斯通过了新的国家杜马选举法，规定从 2007 年第五届

国家杜马选举开始，不再设单席位选区，全部国家杜马代表都由政党比例原则产生，即根据政党得票比例来分配杜马议席，而政党进入国家杜马的得票率从5%提高到7%。俄罗斯国家杜马开始成为为数不多的几个大党角逐的政治舞台。2007年12月，普京亲自领导统一俄罗斯党参加国家杜马选举，获得了2/3以上议会席位，进一步巩固了一党独大的政治格局。统一俄罗斯党不仅帮助普京政府克服了议会干扰，使其能够顺利推进各项政策，还成为普京意识形态的具体承载者和践行者。

　　普京一方面着手把统一俄罗斯党做大做强，另一方面又特别注意处理好与具有不同意识形态政治反对派的关系，保持政党政治的相对稳定，以此促进整个政治形势的稳定。对进入国家杜马的其他三个政党，即俄罗斯共产党、公正俄罗斯党和俄罗斯自由民主党，普京采取了协商、合作的方法，为它们提供必要的对话环境、协商途径和经费支持，以保证议会的正常立法进程。目前除俄罗斯共产党外，国家杜马体制内的其他政党与普京政府都保持着比较良好的合作关系，在关键法案上从来没有和当局唱过对台戏。反对派色彩比较浓厚的俄罗斯共产党也从原来的不妥协反对派逐步变为建设性的反对派，因为目前俄共80%的组织经费都来源于国家财政。对于体制外的激进反对派，俄罗斯当局则采取法律手段进行规范和约束。针对一度十分活跃的雷日科夫等人领导的人民自由党和以莫斯科赫尔辛基小组为首的所谓人权组织，普京政府通过制定或修改《非营利组织法》、《网络黑名单法》和《集会法》对其活动方式和影响进行有效监督和控制，有效地遏制了国内外反对势力对俄罗斯内政和主流意识形态的干扰。

**（二）化解统一俄罗斯党党内不同派别的思想差异**

　　统一俄罗斯党是由不同政治派别合并组建而成的，所以自建党以来，党内就存在左、中、右不同的思想倾向。2005年，统一俄罗斯党内先后成立了三个政治俱乐部：一是以安德烈·伊萨耶夫为代表的左翼，建立了"社会保守主义"政治俱乐部，主张社会保守主义；二是以伊琳娜·亚罗瓦娅为代表的中间派，建立了"国家爱国主义"政治俱乐部，强调爱国主义；三是以弗拉基米尔·普里金为代表的右翼，建立了"自由保守主义"政治俱乐部，主张自由主义。① 为减少内部冲突、避免分裂，统一俄罗斯党中央执行委员会主持三个俱乐部共同签署了《统一俄罗斯党政治俱乐部公约》，就各派别忠诚于统一俄罗斯党的理想、纲领目标和世界观，积极地、建设性地参加党内重大问题讨论，执行党的领导机关通过的决议等做出了约定和规范。当然，这一举措未能完全解决党内思想分歧问题。

2011 年 12 月第六届国家杜马选举中，统一俄罗斯党遭遇 "滑铁卢"，丢掉了 1000 万张选票、77 个议席，虽然保住了杜马第一大党的地位，但加强党内自身建设的问题迫在眉睫。普京在 2012 年 3 月的一次讲话中强调提高党的生命力和政治竞争力是保障统一俄罗斯党地位的内在要求。为应对形势和总统要求，统一俄罗斯党将三个政治俱乐部改建为 "社会平台"、"爱国主义平台" 和 "自由主义平台" 三个政治平台，代表不同社会群体的利益诉求和思想倾向，就重要问题开展讨论，集思广益，向党提出建议和实施方案。在三个平台中，"社会平台" 侧重于改善社会保障体制，代表的主要是普通劳动者、科技教育文化工作者及退休人员的诉求；"爱国主义平台" 侧重于维护俄罗斯国家利益和国家安全，代表的主要是强力部门工作人员、军人、老战士及广大爱国者的诉求；"自由主义平台" 侧重于完善市场经济体制，代表的主要是企业主群体和民族资产阶级的诉求。② 三个政治平台还成为各联邦主体政府与社会民众之间沟通的桥梁，为统一俄罗斯党赢得了更多的支持和选票。

梅德韦杰夫认为，组建不同的政治平台不是要把党分裂为几个部分，而是要使每个平台都成为思想的孵化器。通过党内的辩论，探讨重要问题、提出解决方案，这是统一俄罗斯党党内民主建设的重要举措。统一俄罗斯党总委员会主席团书记谢尔盖·涅维洛夫认为，党内的三个政治平台是发展党内民主的重要载体，这种意识形态平台有利于建立有效的互动机制，沟通和平衡各种观点，促进社会更加紧密地联合起来。③ 从几年的政治实践来看，这三个政治平台起到了统一俄罗斯党党内不同派别表达政治主张、寻求政治妥协、避免冲突

---

① 李兴耕：《统俄党内的意见分歧和争议》，《当代世界与社会主义》2005 年第 5 期。

② 李兴耕：《统俄党内的三个政治平台》，《当代世界与社会主义》2014 年第 2 期。

③ Неверов：Идеология развития，http：//er. ru/news/2012/4/6/neverov-ideologiya-razvitiya，2015 – 04 – 16.

分裂的重要作用，在加强党内各派沟通、促进党与各阶层社会群体交流等方面发挥了重要作用，实现了将矛盾冲突控制在内部、加强各派团结、扩大党的社会基础和影响力的政治目标。

### （三）引领意识形态领域主流思潮

普京上台后，需要一个强大和持久的政权党作为政权的支撑力量。他积极推动中派政治组织"统一党""祖国运动""全俄罗斯运动"于 2001 年 12 月 1 日合并组成统一俄罗斯党。经过多年发展，统一俄罗斯党已在俄罗斯拥有广泛的群众基础。2006 年该党已拥有 115 万名党员、3 万多个基层组织，在国家杜马 450 个议席中占有 370 个议席，89 个联邦主体的行政长官中有 55 名为该党党员，是名副其实的俄罗斯第一大党，是凝聚全俄罗斯选民的重要政治核心。从形成的过程来看，统一俄罗斯党与一般政党不同，一般政党是由公民在共同政治纲领基础上自下而上组织起来的，而统一俄罗斯党是普京为竞选取胜和巩固政权而促其联合组成的，带有实用主义和御用主义的深刻印记。

统一俄罗斯党建立初期并没有明确的政党意识形态，只是把普京奉为精神领袖，拥护普京所有的治国方略。在关于党的意识形态、指导思想和发展战略的相关论述中，统一俄罗斯党曾使用过中派主义、实用主义的提法，后来普京的"俄罗斯新思想"、"主权民主"思想和"俄罗斯保守主义"等也陆续出现在其政党工作报告和领导人讲话之中。正如苏尔科夫所说，统一俄罗斯党的意识形态主要体现在总统和党的一些文件中，而且被口头化了。普京 2008 年卸任总统后担任了统一俄罗斯党党主席一职，在他的领导下统一俄罗斯党第十一次党代会正式明确党的意识形态是"俄罗斯保守主义"。统一俄罗斯党总结以往政治实践的经验，选择了以西方国家保守党为榜样实行具有俄罗斯特色的保守主义的现代化发展道路。普京借助统一俄罗斯党的政治影响力把"俄罗斯保守主义"打造成团结社会和国家的主流社会思潮，也把总统维护国家统一和振兴俄罗斯的政治主张宣传和传递给广大民众，以此积极应对西方国家的意识形态渗透，得到了广大民众的坚定支持。

除了发挥统一俄罗斯党的政党作用外，普京还十分重视加强青年政治组织建设，以此来扩大"普京主义"在青年中的影响力。俄罗斯青年政治组织中最有代表性的是"纳什"和"俄罗斯青年联盟"。在乌克兰爆发"颜色革命"

之后，俄罗斯成立了青年组织"纳什"（俄语意为"我们的"），这是一个得到政府扶持的、政治色彩很浓的青年组织，在总统办公厅的直接领导下开展工作。其使命是对抗西方势力，保卫俄罗斯免受威胁。为更好发挥"纳什"的组织作用，政府安排一大批俄罗斯知名政治家和专家对该组织的骨干进行培训，提高他们的政治领悟力和组织能力，以应对反对派的各种青年团体。[①]"纳什"强调成员的组织纪律性，注重提高集体意识和协作精神，在俄罗斯年轻人中有着较大吸引力和影响力。"俄罗斯青年联盟"的前身是苏联列宁共产主义青年团俄联邦共青团。普京执政后，俄罗斯政府对陷入困境的"俄罗斯青年联盟"给予了大力扶持和帮助。2006 年，其组织已经恢复到拥有近 30 万名成员，每年参与其组织活动的青年达上百万人。"俄罗斯青年联盟"的宗旨是代表和维护青年人利益，反映青年人在人权、自由、社会参与等方面的诉求。现在该青年联盟的主要工作就是引领青年增进爱国主义精神和团队合作意识，增强青年的社会责任感。

## 二 构建和谐政教关系，促进社会团结和道德建设

### （一）使东正教精神成为现政权合法性的重要支撑

东正教是俄罗斯最大的教派。自 10 世纪基辅罗斯开始到十月革命胜利以前，东正教都是俄罗斯的国教。在 1000 多年的发展历史中，东正教对俄罗斯民族的语言文字、文化艺术、社会风俗习惯等都有很大的影响，对国家政治生活和意识形态的影响尤为重大。苏联时期，在唯物主义意识形态占主导的社会中，东正教的发展陷入低谷。1990 年 10 月，苏联国家领导人戈尔巴乔夫签署了新的《苏维埃社会主义共和国联盟关于信仰自由和宗教组织法》，恢复了宗教团体在政治生活和社会生活中的地位，取消了以往对军人、未成年人参加宗教活动的限制，宗教活动的对象扩大到了全体民众，东正教迎来了历史发展的新时期。苏联解体后，从叶利钦到普京都基本延续了戈尔巴乔夫的宗教政策。目前，俄罗斯已约有 8000 万名东正教信徒，超过全国总人口的 1/2，这是一股举足轻重的社会力量。一方面，在俄罗斯历届总统选举中，各派政治力量都

---

① 耿密：《近十年俄罗斯的思想政治教育浅析》，《西伯利亚研究》2009 年第 36 期。

会把东正教教会作为争取选票的重要对象；另一方面，执政当局也十分重视利用东正教的巨大精神力量来维护政局稳定和社会秩序。

处理好与宗教信仰之间的关系是国家意识形态领域的重要课题。在苏联解体、社会主义意识形态轰然倒塌之后，在一度主宰俄罗斯私有化改革并风行一时的自由主义思潮给俄罗斯带来灾难之后，在俄罗斯出现意识形态真空之时，俄罗斯政府希望东正教能在过渡期为俄罗斯人民提供精神寄托，并在未来的意识形态建设中发挥重要作用。普京高度肯定东正教，他认为东正教中的博爱宽恕、正义良知和道德戒律是永恒的真理，代表了俄罗斯文明的特性，在俄国历史上一直起着特殊作用；它不仅给本教信徒提供道德准则，也为全体人民提供了不屈不挠的精神核心，支撑着人民的信念和希望。普京在其《千年之交的俄罗斯》一文中指出，要在一个四分五裂、一盘散沙似的社会进行富有成效的建设性工作，就必须解决"思想问题、精神问题和道德问题"，并提出将"俄罗斯新思想"作为解决"社会不团结"的统一思想基础。传统价值观孕育的爱国主义、强国意识、国家观念、社会团结是普京"俄罗斯新思想"的核心内容，而这些价值观都可以在东正教教义中找到起源。普京特别希望借助基督教的理想感召在当今俄罗斯社会达成相互谅解和团结一致，为建设强大的俄罗斯提供精神和道德的内在动力。

**（二）一视同仁对待其他教派，团结其共同发挥稳定政局和社会秩序的作用**

俄罗斯是个多民族、多宗教的国家。在当代俄罗斯，有基督教、伊斯兰教、犹太教、多神教等70多个教派。俄罗斯有1.455亿人口，其中有1亿人信仰宗教，占据总人口的2/3。[①] 普京认为只要是爱国的教派，无论大小，在法律面前一律平等。各种宗教在俄罗斯人民的社会生活和精神生活中都发挥着广泛而深远的作用。除了对曾为国教的东正教高度重视以外，俄罗斯政府还力图做到一视同仁地对待各种宗教，团结宗教人士共同发挥稳定政局和社会秩序的作用。2000年3月26日，普京当选总统的当天就签署了修改《关于信仰自由和宗教组织法》的新法案，将宗教组织的登记日期再延长一年。此举的目的是保证一些未注册的小教派组织不因时间限制而失去合法地位和参与政治活

---

① 乐峰：《俄国宗教史》（上卷），社会科学文献出版社，2008，第1页。

动的机会，这展示了新一代领导人对非传统教派的宽容和尊敬。为了公平起见，在不同的宗教节日，普京都会向各教派发出祝贺。普京还重视加强与各教派的沟通，及时化解疑虑，争取广泛支持。普京上任后不久就接见了本国伊斯兰教领袖，就在车臣开展军事行动进行沟通，明确此举打击的是恐怖分子，而不是针对伊斯兰教派。其目的是通过正常渠道表明政府态度，解除穆斯林顾虑，赢得更广泛的支持。

**（三）借助法律明确政教关系，发挥宗教组织在意识形态领域的协同作用**

普京对国家与传统宗教组织间相互作用与和谐的重要性、传统宗教组织在教育领域的特殊性、政府与传统宗教组织在社会服务方面特别是意识形态领域合作的重要性有着清醒的认识。

2002 年 2 月，普京签署通过了《俄罗斯联邦的传统宗教组织联邦法》。这部宗教组织法旨在保障公民宗教信仰自由的权利，构建国家和宗教组织之间的和谐关系，巩固社会道德基础。该联邦法分 6 章，包括总则；传统宗教组织取得地位的程序；传统宗教信仰联邦委员会的建立程序、法律地位和活动保障；国家与传统宗教组织；国外传统宗教组织代表机构的法律地位和传统宗教信仰的国际合作；结束条款。其中最核心的是第 4 章 "国家与传统宗教组织"，以法律形式明确了当前国家和宗教组织的政教关系。第 4 章第 15 条将国家与传统宗教组织相互作用的基本方针明确为十个方面，分别是：（1）促进人民、民族和国家之间的相互影响和合作，维护社会公德；（2）支持和巩固家庭、生育和儿童的制度；（3）对青少年进行道德、爱国主义和法治教育；（4）改善在国家和自治市教学机构中的宗教教育；（5）维护和恢复与宗教有关的文化遗产，如建筑艺术、宗教文物等；（6）对现役军人和执法人员进行道德和爱国主义教育；（7）预防违法行为，保护失去自由的人和服过刑的人的权益；（8）发展人文科学，其中包括宗教学；（9）国家和自治市可向传统宗教组织无偿提供大众信息传播工具，以便传播传统宗教信息；（10）国家在立法规定的程序内可有步骤地向传统宗教组织归还以前被没收、现属于国家和自治市所有的财产。[①] 我们清楚地看到这十个基本方针主要分为两个方面，一是保护教

---

① 乐峰：《俄国宗教史》（上卷），社会科学文献出版社，2008，第 208 ~ 209 页。

会的合法地位和利益，政府将在改善宗教教育、保护宗教文化遗产、发展宗教学科、提供大众信息工具、归还宗教财产等方面给予重点支持；二是国家明确提出宗教组织在促进社会团结，维护社会公德和家庭制度，以青少年、现役军人和执法人员为重点开展道德和爱国主义教育，预防违法犯罪等思想道德建设方面负有不可推卸的责任和义务。这十大基本方针深得东正教牧首及其信徒们的拥护，他们对现政权和普京总统深表感谢，也清楚定位了自己在服务国家和社会方面的重点任务。

2002年7月，普京签署了《俄罗斯联邦抵制极端主义联邦法》。这部法律旨在抵制极端主义活动，维护俄罗斯宪法尊严，保障俄罗斯公民的自由和权利，保证俄罗斯联邦的完整性和安全。该法律对宗教组织在思想和活动方面做出了严格规定，宗教组织不得参与如下活动：（1）强行改变俄国宪法内容和破坏俄罗斯联邦的完整性；（2）破坏俄罗斯联邦的安全；（3）篡夺政府的权力；（4）建立非法武装；（5）从事恐怖活动；（6）挑起种族、民族或宗教冲突；（7）损害民族尊严；（8）宣传社会、种族、民族、宗教和语言属性的优越性及不平等性。该法律还明确了俄罗斯联邦抵制极端主义活动的基本原则和方针，对从事和参与极端主义活动的宗教组织将给予明确处理。按照该法第9条的规定，从事极端主义活动的宗教组织视其对社会造成的不良后果，将被暂时停止组织活动，甚至被取缔。在暂时停止宗教组织活动的情况下，将禁止这些组织使用国家的大众传媒手段，禁止其举行群众集会、游行示威，参加选举和全民公决以及使用银行存款等。

通过对这两部法律的研究我们可以看出，普京政府对待宗教组织的态度十分明确，既给地位也提要求，进行严格管理，做到该保护的保护、该合作的合作、该禁止的禁止，将意识形态领域的这支重要力量牢牢掌控在自己的手里。俄罗斯各宗教组织领导人也积极配合，号召全国教徒遵守国家有关法律，严守本教道德戒律，发扬爱国主义精神，努力发挥正面作用。

## 三　以学校教育为重点，推进爱国主义和公民道德教育

爱国主义在俄罗斯有着深厚的历史文化传统，是俄罗斯国家意识形态的核心价值理念基础。恢复和重建爱国主义教育体系是俄罗斯政府实现意识形态国

家控制的重要一环。在整个爱国主义教育体系的重建中,各级各类学校是至关重要的教育载体。学校对上落实国家的教育方针和政策、承接教育项目,对内组织教育教学活动,对外带动和配合相关社会组织开展爱国主义教育活动。

### (一)国家制定政策推进爱国主义教育

2001 年政府批准了《俄罗斯联邦国家 2001~2005 年公民爱国主义教育纲要》,明确了爱国主义教育的目的、原则和 5 年中的主要任务。2003 年 5 月,俄罗斯政府出台了《俄罗斯联邦爱国主义教育构想》,系统阐述了俄罗斯的爱国主义教育理论和实践框架,将爱国主义教育拓展为包含道德教育、公民教育、生态教育、体育教育在内的完整的社会教育,成为统领新时期俄罗斯爱国主义教育的总依据。在 2001~2005 年纲要基础上,联邦政府又批准了《俄罗斯联邦国家 2006~2010 年公民爱国主义教育纲要》,体现了国家持续推进爱国主义教育的坚定决心。该纲要明确了俄罗斯爱国主义教育的工作机制,提出了纲要执行的绩效评价措施,要求国家机构和社会组织相互协作、共同行动,在更广泛的范围内开展爱国主义教育。这一系列政策文件的出台说明落实以爱国主义凝聚俄罗斯社会力量、重塑俄罗斯人道德观念和道德形象的任务已经正式进入政府的工作日程。

在国家政策的重视和激励下,俄罗斯教育界做出反应。各级各类学校开始把爱国主义教育作为重要教育内容,以爱国主义教育为核心的课程得到普遍恢复;学生研究室、历史小组研讨等校园爱国主义实践活动呈现出活跃景象;国立历史博物馆等爱国主义教育场所开始恢复运行或重新建设,面向青少年举办各种主题的考察和学习活动。俄罗斯学术界也表现出积极态度,关于爱国主义教育的理论和方法论问题开始成为学术界研究的兴趣点和新亮点,特别是在教育学科和历史学科领域,爱国主义教育成为研究最多的课题之一。

### (二)以爱国主义精神指导历史教科书的重新编写

20 世纪 90 年代以来,俄罗斯社会肆意抹黑和否定本国历史的现象一度盛行,意识形态领域的混乱与政治动荡、经济危机、社会失序等因素叠加在一起,导致许多俄罗斯人丧失了理想信念、丧失了对祖国的自豪感、丧失了对国家未来的信心。为清算抹黑民族历史的虚无主义思潮和媚外思想,堵住历史虚无主义思潮公开传播的途径，2003 年，俄罗斯教育部宣布停止使用叶利钦时期的历史教科书《20 世纪祖国历史》。这本书由伊多卢茨基编写，严重歪曲了苏联历史。此举表明了普京总统反对历史虚无主义的鲜明态度。同时，为肯定苏联社会主义历史时期的建设成就，2004 年，俄罗斯重新出版了《联共（布）党史简明教程》，并被俄罗斯教育部指定为俄罗斯高校历史教学参考书。这本书曾是苏联共产党进行思想培训的重要理论教材，总结了 1883～1937 年联共（布）在建党、夺取政权和建设社会主义三个阶段的基本经验，被称为马克思列宁主义的百科全书。

为弘扬爱国主义精神，增强民族自豪感和自信心，普京要求俄罗斯联邦教育部制定统一的教学标准，重新编写和出版历史教材，全面客观地反映俄罗斯民族历史。他还呼吁全俄科教工作者在教学中加强对学生的爱国主义教育，并警告出版界必须对出版的教科书承担责任。在普京的亲自关心下，俄罗斯教育部先后出版了《俄罗斯历史：1900～1945 年》和《俄罗斯现代史：1945～2006 年》两本一套的教材作为全俄境内的历史教学用书。作为苏联解体以来首套由官方授权出版的教材，这套书以爱国主义的民族精神为指导，以历史资料为依据，强调俄罗斯历史的延续性和完整性，较详尽地介绍了俄罗斯现代历史中的主要重大事件，对斯大林、戈尔巴乔夫等重点人物和苏联体制等重大问题重新做出了评价。比如，教科书认为不能因为体制存在的弊端而全盘否定苏联时期的伟大成就；斯大林犯过严重错误，但其伟大功绩不容抹杀，他依然是苏联最成功的领导人；戈尔巴乔夫应该对苏联解体承担重要责任等。重评苏联历史有利于俄罗斯民众正确对待苏联的解体，维护人们对苏联难以割舍的情感，保证爱国主义教育思想来源的延续性。

**（三）思想政治教育在学校教育中的重要地位重新凸显**

普京十分重视对青少年进行思想道德教育，先后出台了《1999～2001 年俄罗斯学校思想道德教育发展纲要》和《2002～2004 年俄罗斯学校思想道德教育发展纲要的基本方针和实施计划》。这两个重要政策文件的共同目标是培养合格的俄罗斯人、公民、家庭成员、家长、专家、职业者，促进个人在社会生活中的自我决定能力及个人社会、文化知识的增长。这两个文件强调了思想政治工作在学校教育中的重要地位，为学校开展思想政治教育提供了科学的方法论。文件要求构建新的多元化的教育体系，在保留苏联时期思想道德教育传统的同时实现教育模式的国际化转轨。文件还要求扩大进行思想政治教育的主体，学校应整合社会资源，加强与相关社会研究机构间的合作。文件要求恢复国家和政府各部门在年轻公民思想政治教育中的责任和作用，为思想政治教育提供了组织、人员、经费等多方面的保障。[①]

俄罗斯学校中的思想政治教育注重教育的内容和质量，使其与个人、社会、国家未来的需要相适应；重视从儿童抓起，根据学生不同年龄阶段的特点确定教育内容；注重将学校教育与家庭教育相配合，大力扶持家庭教育；注重营造良好的文化环境和氛围；注重思想政治教育的社会实践性和多样化。但多元办学体制使得学校追求经济效益的市场化倾向明显，国家在教育系统行政指令的权威性弱化，加上社会不良思潮的影响，使得国家思想政治教育的方针、政策和要求在落实中被大打折扣，按照国家战略意图实施统一思想政治教育的要求难以到位。

### （四）国家和社会层面的爱国主义教育普遍开展

除了各级各类学校广泛开展爱国主义教育外，国家和社会层面的爱国主义教育也普遍开展。俄罗斯政权机构、社会组织都参与到爱国主义教育之中，力求重塑公民爱国主义理想，重构民族共同意识，重振俄罗斯雄风。国家层面的爱国主义教育引人注目，这主要表现在对革命历史传统的重视和恢复一些标志性的全国大型活动。比如从 2000 年开始，采用苏联国歌《牢不可破的联盟》的旋律作为俄罗斯新国歌《俄罗斯，我们神圣的祖国》的旋律，取代了叶利钦时期的国歌《爱国歌》，体现了苏联与如今俄罗斯联邦的历史延续性，增强了广大民众的认同感和归属感；2002 年又将苏联军队使用的五角红星作为俄罗斯军队的军徽，以期传承俄罗斯军队浴血奋战的传统精神和向心力；2005 年 5 月 9 日在莫斯科红场举行了以纪念苏联卫国战争胜利 60 周年为主题的大型阅兵，邀请各国元首、卫国战争老兵、俄罗斯现役军人和广大民众共同参加，再展俄罗斯军事大国的雄风。社会层面的爱国主义教育也普遍展开，比如恢复了向做出突出贡献的普通劳动者授予国家荣誉的做法；充分考虑俄罗斯多民族

---

① 秦仪燕：《俄罗斯思想政治教育探析》，《西伯利亚研究》2013 年第 2 期。

构成因素，强调民族大团结，给各民族文化发展提供空间；提倡爱国主义人文精神教育的同时注重加强军事体育训练等。俄罗斯全国各地新开设了9000多个各类活动中心、少年宫、俱乐部，为青少年提供社会教育服务。各种教育活动内容丰富、形式多样，既为青少年成长提供了多样选择，也灌输了爱国主义教育的主题思想。

## 四 掌控新闻舆论工具，塑造领袖与政府正面形象

叶利钦激进改革时期，俄罗斯经历过一段主流意识形态真空和媒体舆论失控并存的时期，国内主要媒体所有权曾一度落入部分寡头和国外势力之手，并展示出超乎想象的巨大蛊惑能力。比如，古辛斯基是叶利钦时代俄罗斯联邦金融"七大寡头"之一，其个人财产高达4亿美元。他从1993年开始涉足传媒业，陆续控制了俄罗斯独立电视台77%的股份，收购了俄公共电视台16%的股份、TB－6电视台29%的股份和著名的"莫斯科之声"电台。他与美国人合办《总结》周刊，同时控制了《今日报》和《七日》周刊，握有《独立报》和《星火》周刊的部分股份。古辛斯基希望建立一个强大的媒体帝国，从根本上控制俄罗斯的社会舆论，实现其"不当总统照样可以左右政府"的政治抱负。在2000年的总统选举中，古辛斯基扶植自己的代表普利马科夫，丑化普京总理在车臣发动围剿非法武装的军事行动，挑起民众对政府的不满情绪。大选之后，他肆意攻击政府，利用掌控的《今日报》恶意攻击普京总统首个阅兵式的方阵排序，臆测并歪曲普京的政治用意。为了打击和削弱寡头干预政治的嚣张气焰，俄罗斯执法部门2000年5月11日突然下令搜查了古辛斯基的媒体集团——"桥"集团。2000年6月12日，俄总检察院对古辛斯基采取突然行动，以其涉嫌侵吞和诈骗巨额国家财产为由，下令将其逮捕并宣布拘留10天。古辛斯基取保候审后逃亡西班牙，目前还躲藏在以色列，风光不再。

拥有强大媒体资源并对政府指手画脚的另一著名人物是"七大寡头"之一的别列佐夫斯基。他在国有财产私有化过程中攫取国家财产，在金融、能源等领域积累了巨额财富。他是俄罗斯公共电视台的最大股东，在叶利钦1996年再次竞选俄罗斯总统和普京上台的过程中都发挥了巨大的作用。普京执政后，他想当然地继续干预政治，并表示没有寡头们的支持，普京将不会存在。

2000 年 5 月 30 日，别列佐夫斯基在公开场合批评普京政府的地方行政改革政策，称其将摧毁俄罗斯民主制度。2000 年 7 月 19 日，别列佐夫斯基在国家杜马大会上公开反对普京政权的结构改革和打击寡头政策，并当场辞去国家杜马议员职务，将矛盾公开化。2000 年 8 月 12 日发生"库尔斯克"号核潜艇爆炸事件，他利用掌控的媒体资源以铺天盖地之势攻击政府无能，混淆视听、左右民意，令政府工作陷入极为尴尬被动的局面。普京政府派税务总局调查别列佐夫斯基的伏尔加汽车公司逃税案并清查涉及别列佐夫斯基的其他经济犯罪案。俄总检察院于 2000 年 11 月对其提出公诉，指控别列佐夫斯基涉嫌侵吞企业巨额财产、进行多项金融诈骗和贪污等。别列佐夫斯基于 2001 年 5 月逃往英国并寻求政治庇护，至死再也没有踏入俄罗斯的土地。

普京认为，要掌控国家的意识形态，首先必须控制舆论媒体。普京政府通过加强对国内主要传媒的实体控制来掌握话语权。2000 年，国家对公共电视台的控股超过 51%；同年国家控股的俄罗斯天然气工业股份公司利用债权控制了独立电视台；2001 年国家利用卢克石油公司对 TB－6 电视台的经济诉讼迫使该电视台倒闭，原属古辛斯基掌控的媒体资源都被国家控制。国家还先后用直接或间接控股的方式控制了俄罗斯其他 3 家大型电视台、70% 的广播电视频道和 80% 的报纸。在进行实体控制的同时，普京政府还运用法律和政策手段掌控国内外媒体。2001 年，俄罗斯颁布了《大众传媒法》，不允许外国公民和公司在俄罗斯传媒机构的持股比例超过 50%；2002 年，普京签署了取消美国"自由欧洲"电台特权的总统令。

普京认为："没有真正自由的和负责任的大众传媒，这样的社会是不能想象的。但这样的自由和这样的责任应该建立在必要的法律基础和经济基础之上，国家有责任建立起这样的基础。"[①] 有影响力的主要媒体重新成为政府对外宣传的重要工具，总统的治国理念、政权党的指导思想、国家的改革举措等都得以从强国富民、公平正义、民主法治等正面角度进行宣传报道。其他一些小媒体也改变风向，跟着政府的调子跑，社会舆论开始在俄罗斯民众心目中塑造政府的正面形象，这有利于巩固政府的合法性地位。

---

① 《普京文集（2002—2008）》，中国社会科学出版社，2008，第 103 页。

　　俄罗斯政府熟练掌握了与媒体及记者开展良好合作的技巧。电台和电视台成为总统、总理、高级官员与普通民众沟通的媒介，各级领导的亲民形象、工作理念和主要政绩能及时地让民众知晓；政府经常举行记者招待会、新闻发布会并发表新闻公报，领导人也常常接见记者或接受采访，时不时透露一些背景资料，展现公正民主、开放透明的政府和官员形象。俄罗斯政府与媒体合作最成功的案例是普京个人魅力的塑造。普京在两届总统任期、"梅普组合"时期一届总理到再次当选俄罗斯总统，尽管西方媒体对普京"可控民主"的政治模式颇多诘难，指责普京是"斯大林式"的集权领导人，但俄罗斯国内媒体对普京政治强人形象的正面塑造还是得到了普通民众的认可。普京在较短时间内通过强力推进各项政治、经济改革，使俄罗斯恢复了稳定、秩序和信心，他早年曾在苏联克格勃工作的传奇经历、强健的体魄、黑带七段的柔道段位等又为他增添了个人魅力色彩，使得普京成为俄罗斯民众尊敬和爱戴的偶像。经过智囊团的精心策划和包装，他在工作和生活中的一些行为也为他增添了明星风采。比如安排他亲自驾驶战斗机飞赴车臣前线慰问部队；在普京度假时安排他在急流险滩中挑战漂流极限；安排总统亲自参加《与普京一起学柔道》教学片的拍摄等，让他尽显"英雄本色"；一首流行歌曲《嫁人就要嫁普京这样的人》风靡全俄罗斯，展示了普京在俄罗斯民众中的强大影响力。① 就连普京与前妻的离婚事件也被处理得相当合适，显示了政府对大众媒体和社会舆论的掌控能力。普京夫妻平静理性地分手，普京有关在前妻未解决终身寄托之前暂不考虑自己再婚的表态，也让民众觉得他是个负责人的男人，而他与某女体育明星的绯闻并没有成为其政治形象的阴影。

---

　　① 耿密：《近十年俄罗斯的思想政治教育浅析》，《西伯利亚研究》2009 年第 36 期。

# 第六章　俄罗斯国家意识形态
## 对社会转型的影响

社会存在决定社会意识，社会意识对社会存在具有能动的反作用。作为观念的上层建筑，意识形态来源于社会现实，是一定社会经济基础和政治现状的集中反映，它必然能动反作用于该社会的经济基础和政治现状，是影响国家和社会发展不可小觑的重要因素。俄罗斯转型以来政治经济外交各领域都经历了巨大变革，迫切要求建立与之相适应的新国家意识形态，而新国家意识形态——"普京主义"一旦建立和发展起来，也必然对俄罗斯转型期的经济、政治以及外交战略发挥能动的反作用。

## 第一节　俄罗斯国家意识形态对经济建设的影响

### 一　始终把经济建设放在国家战略的中心地位

俄罗斯国家意识形态的价值核心是强国意识，要实现复兴俄罗斯的"强国梦"，俄罗斯就必须始终把经济建设放在国家战略的中心地位。普京在总结苏联轰然倒塌的教训时说："其主要错误是苏维埃政权没有使国家繁荣、社会昌盛、人民自由，用意识形态的方式搞经济导致我国远远落后于发达国家。"[1]

---

[1] 《普京文集》，中国社会科学出版社，2002，第5页。

普京认为，俄罗斯的光明未来需要三大支撑，即"俄罗斯新思想"、"强大的国家"和"有效的经济"。"俄罗斯新思想"倡导的爱国主义、强国意识、国家观念和社会团结价值理念催生出强有力的国家政权体系和完善的司法体系，而这些归根到底都是在为国家的经济发展提供思想上、行政能力上和法律上的保障。

叶利钦执政时期正是俄罗斯社会急剧变革的时期，政治权力斗争被放在了第一位。叶利钦在经济方面进行了大规模的私有化改革，其目的是要摧毁苏联社会主义制度的经济基础，为建立西方式的资本主义制度创造经济基础，这赢得依靠私有化受益群体的支持，带有浓厚的政治目的和意识形态色彩。普京当选俄罗斯总统后，真正把经济建设作为扭转俄罗斯沦为二流甚至三流国家危险局面的首要任务和根本举措。他上任伊始就指出："稳定经济，这是国家最主要的头等任务。"①

普京接手俄罗斯之时，俄罗斯经济濒临崩溃的边缘，形势十分严峻。20世纪90年代的激进改革使俄罗斯国内生产总值下降了近50%，经济结构畸形、劳动生产率极低、国内投资持续下降，在国际市场上俄罗斯产品无论是在价格方面还是在质量方面的竞争力都大大降低，居民实际货币总收入还不到美国的10%。普京采取了一系列具体措施，制定了俄罗斯远景发展战略，提出国内生产总值10年内翻一番的任务（每年经济预期增长7%），打击金融寡头、建立有效的金融体系，完善工业、农业政策，调整经济结构，完善税法和土地法、劳动法等，改造银行和海关制度，打击地方保护主义，改善投资环境等，使经济走上了良好发展的轨道。普京也重视政治发展，但他强调政治发展必须与经济发展相结合，为经济发展服务。"俄罗斯政权首要的任务是调整保障市场运转的所有国家机构的工作，所以，纯粹的经济措施自然将同加强国家政权机制、巩固联邦关系、巩固司法体系的工作，同在全国建立统一的法律空间，同反腐败和反官吏专横等相结合，而且目前已经在实现这种结合。"② 普京执政8年，俄罗斯国内生产总值增长了70%，平均年增长率为6.9%，居民实际

① 《普京文集》，中国社会科学出版社，2002，第147页。
② 《普京文集》，中国社会科学出版社，2002，第147页。

收入增加了 1 倍。

## 二 制定国民经济发展战略，建立宏观调控体系

叶利钦时期，俄罗斯效仿西方实行放任自流的自由主义市场经济模式，使俄罗斯经济持续下滑，国民经济面临严重危机。在总结 20 世纪 90 年代的教训之时，具有中央集权专制悠久历史传统和超级总统制现实权力模式的俄罗斯，在"强国意识""国家观念""主权民主价值观"等核心价值理念的引导下，很自然地选择和接受了政府对国家经济进行宏观规划、整体调控的经济发展路径。

当时，俄罗斯经济发展需要解决的第一大问题是对全国性的经济发展目标和发展水平缺乏明确的概念。普京认为俄罗斯经济保持了过去的很多优势，比如知识分子队伍和人才资源，富有前景的科技研究项目和先进的技术工艺，富饶的自然资源财富，等等。过去俄罗斯经济一直处在盲目摸索前进的状态，对如何使俄罗斯发展为发达、繁荣的世界经济强国缺乏顶层设计和整体谋划，经济发展常常处于被动状态，所做的大量工作如同消防员一样只是去救火、去弥补漏洞。为了改变这一状况，俄罗斯成立了战略研究中心，专门负责制定长期的全国性的发展战略，为政府提出有前瞻性的各种建议和对策，并对实践中的各种问题提供有效的解决方案。

俄罗斯经济发展需要解决的第二大问题是建立完整的国家调控体系。对苏联时期斯大林模式的批判，使俄罗斯完全抛弃了指令性计划和管理体制，国家不再扮演全能政府的角色，不再自上而下地为每个企业制定工作细则。但这种矫枉过正的做法也导致政府在很大程度上对私有化进程和市场经济发展的管理缺位。总结 10 年激进改革造成经济混乱的经验，俄罗斯必须重新建立国家宏观调控体系，必须加大国家行政对经济和社会进程的影响力。普京提出了国家宏观调控的基本原则："需要国家调控的地方，就要有国家调控；需要自由的地方，就要有自由。"① 政府要处理好国家调控体系与市场作用的相互关系，国家主要的经济职能应定位于制定游戏规则并监督规则的执行，同时国家将成

---

① 《普京文集》，中国社会科学出版社，2002，第 13 页。

为国民经济和社会力量的有效协调员，创造条件并建立各种机制保障各方面利益的平衡，使国民经济按照合理参数向最佳目标发展。

俄罗斯国民经济发展战略和国家宏观调控的一个重要领域就是对国家重要战略资源的全面掌控。俄罗斯是能源大国，能源是俄罗斯经济增长的重要引擎。能源产业尤其是石油、天然气工业对俄罗斯走出经济衰退局面、实现快速增长具有巨大的积极作用。在叶利钦时期，国家的这些重要自然资源基本被寡头垄断，寡头经济在很大程度上决定着整个生产和消费价格的结构，对经济和金融领域造成了重要影响，也影响了俄罗斯普通民众的收入水平。从 2003 年下半年起，以"尤科斯事件"为标志，普京政府启动了能源领域的资产重组和战略性资源的再国有化。普京通过国家控股的俄罗斯石油公司收购有政府背景的贝加尔金融集团公司（该集团公司前期通过拍卖掌握了尤科斯石油公司最大的子公司 76.79% 的股份）和俄罗斯天然气工业股份公司收购私有的西伯利亚石油公司 72.66% 股份这两大收购案，重新确立了国家对油气行业的控制权。普京还采取了控制天然气管道使用、在能源领域安插亲信、制定新的《资源法》、完善矿产开采征税机制等一系列措施来加强国家对能源领域的监控。2006 年，普京更是将一批油气田直接认定为战略性资源，依法禁止外国石油公司对其持有绝对控股权。与此同时，普京政府还通过成立油气交易所建立起油气的定价机制，提升俄在国际能源价格形成机制中的发言权，提升俄对独联体国家乃至世界的影响力。

### 三　把结构调整和创新发展作为经济现代化的重点

从叶利钦到普京，通过 20 年的经济转型，俄罗斯虽然实现了经济体制的变革，但经济发展仍存在许多问题。其中最为突出的是两个问题。一是俄罗斯经济结构性矛盾突出，过度依靠能源出口，缺乏可持续发展的能力。20 年的改革并没有使俄罗斯从习惯性的资源依赖中摆脱出来。俄罗斯能源等原材料出口占出口总额的 80% 左右，而高科技产品的出口 2004 年在世界占比仅为0.13%。能源和资源出口收入占俄罗斯 GDP 的近 1/3，其中石油产品又占出口总收入的 1/3 强，国际市场的石油价格直接影响着俄罗斯经济的增长情况。二是经济生产效能低下。与先进国家相比，俄罗斯各经济领域的劳动生产率占比仅为 20%～25%。与自然条件更为恶劣的芬兰相比，俄的农业生产率只有芬兰的 50%。梅德韦杰夫曾对俄罗斯粗放式的经济增长方式提出严厉批评，他指出，俄罗斯大部分企业的能源效能和劳动生产率低得可耻，更为糟糕的是，无论从地方官员到企业经理，还是从工程师到普通工人都对这一问题漠不关心。

强国主义意识形态的新内涵要求在经济转型中实现"经济现代化"。特别是在全球化、信息化时代，普京认为，俄罗斯的强国意识应当充实新的内容，当代的世界强国，不仅体现在军事方面，还体现在它"能够成为研究和运用先进技术的领先国家，能够保障人民高水平的生活，能够可靠地保障自己的安全和在国际舞台上捍卫国家的利益"[①]。新时期俄罗斯经济面临的重点任务依然是调整经济结构、转变经济增长方式和经济发展模式，从单纯依靠原材料出口的能源经济向以高新技术为基础的创新型经济发展转变。

为实现经济向现代化和创新型转变，2008 年 2 月，普京总统正式提出面向俄罗斯 2020 年的创新发展战略；同年 11 月，普京以政府总理身份批准了《2020 年前俄罗斯社会经济长期发展战略》（简称"2020 战略"）。梅德韦杰夫同样把结构调整和创新发展作为经济现代化的重点。2009 年 6 月，他指导成立俄罗斯"经济现代化和技术发展委员会"，把节能、核技术、信息技术、空间技术和医疗器械及医药作为"经济现代化"的五个优先方向；同年 9 月，梅德韦杰夫提出包括社会现代化、经济现代化和政治现代化在内的"全面现代化"概念。2012 年 1 月初，普京以总理身份再次强调创新发展战略，同样把高新技术领域作为优先发展方向。重返克里姆林宫后，普京在 2012 年国情咨文中再次指出，能源经济的直接后果是国家发展失衡、劳动市场失衡和社会领域失衡；俄罗斯必须调节产业结构，推动创新型经济。俄罗斯"新经济"的基本方向是有国家调控的市场经济；"新经济"增长模式的中心是经济自由、私有财产和竞争，发展现代市场经济而不是国家资本主义。国家会控制涉及国计民生的战略资源，但主要让市场来发挥在资源配置中的核心作用，企业和个人根据市场做出产业决策、掌握社会财富，政府只提供公共服务。尽管普

---

① 《普京文集》，中国社会科学出版社，2002，第 9 页。

京的"2020 战略""新经济"增长模式与梅德韦杰夫提倡的"经济现代化"的内涵略有不同，但都在强国主义政策指导下对俄罗斯经济发展转型提出了迫切要求。

### 四　把关注民生作为经济发展的优先方向

普京总结苏联解体的主要原因是苏维埃政权没有使国家繁荣、社会昌盛、人民自由。普京特别强调要把"能够保障人民高水平的生活"这一点充实到新时期的"强国意识"价值理念内涵之中；同时普京还强调俄罗斯民众已经接纳和掌握了全人类价值观，公民对自己的基本政治经济权利倍加关注，主体意识不断增强，所以当权者应该把事关民众利益的社会政策作为国家经济发展的优先方向，以经济快速增长促进社会民生进步，把民生发展作为检验经济改革实效的重要指标。

叶利钦 10 年激进改革使工资收入在国内生产总值中所占比重从 50% 下降到 30%。1998 年年初，俄罗斯人均年收入只有 2200 美元，比世界平均水平的一半还少，而少部分私有者群体却在大多数俄罗斯人实际生活水平不断下降并深陷贫困的情况下暴富起来，至 2002 年，俄罗斯 10% 的富人收入与 10% 的贫困者收入的差距达到了 13.3 倍。[①] 针对这一极其尖锐的社会问题，普京指出："任何会造成人们生活条件恶化的改革与措施基本上已无立足之地。"[②] 在实行经济改革和发展过程中，必须把民生工程放在优先位置。为确保居民生活水平稳步提高，普京推出新的收入政策来增加居民的实际收入。从 2001 年到 2006 年，俄罗斯居民实际可支配收入增长了 88%，实际工资上涨了 118%，实际养老金增加了 48%。同时，贫困人口有所下降。2000 年，处于贫困线以下的居民占居民总数的 30%，到 2007 年上半年，这一数字为 15.8%。[③] 除了收入分配体系的调整使居民收入有了较快增长之外，俄罗斯政府还尝试在医疗保险、养老保险、就业保险、失业救济、社会救助和社会福利等社会保障制度方面进

---

① 孟伟等：《演变后的俄罗斯》，深圳出版发行集团、海天出版社，2010，第 291 页。

② 《普京文集》，中国社会科学出版社，2002，第 15 页。

③ 李中海：《普京八年：俄罗斯复兴之路（2000～2008）·经济卷》，经济管理出版社，2008，第 368～370 页。

行了积极改革。

在第三次担任俄罗斯总统后，因为有了自 2000 年以来政局稳定、经济发展积淀的丰厚基础，普京对民生的关注上升到一个新的高度。在 2012 年的国情咨文中，普京提出，恢复和巩固国家的关键阶段已经过去，当前的任务是建设一个富裕繁荣的俄罗斯，而当今日趋激烈的国际竞争不仅取决于经济实力，更首先取决于每个民族的意志和内部能量、积极进取和应对变革的能力，俄罗斯民族要保存和发展自己，首先要应对人口危机和价值观危机。普京从人口问题入手，用较大篇幅谈论了民生问题。他强调要建设独立强大的俄罗斯，必须提高人口数量，从道德、专业素养、工作能力和创造力等各方面提高人口素质；要发展医疗行业，提倡健康生活方式，振兴体育事业尤其是青年体育事业，支持组建大学生体育俱乐部，向生育二胎的家庭发放补贴，为女性创造良好条件，重视学前教育，通过这些政策来提高人口数量与质量。普京还提出今后 10 年要彻底解决住房问题，在 2020 年前创造和改善 2500 万个工作岗位，给创新阶层（即知识分子）按行业分类上调工资，出台《关于建立医疗、教育、科研成果、文化设施需求公众监测体系的一揽子建议》等，既表明了新一届政府对民生问题的高度重视，也极大地鼓舞了民众对未来美好生活的信心和期望。

## 第二节　俄罗斯国家意识形态对其政治建设的影响

### 一　为俄罗斯政治稳定提供合法性理论支撑

苏联解体后，俄罗斯遵循西方国家的政治多元化、三权分立、联邦制、民主法治等原则，建立了以超级总统制、议会民主制、多党制和中央相对集权的联邦制为代表的西式宪政民主政治体制。叶利钦推行的 10 年激进改革并未把俄罗斯带入"西方世界大家庭"，反而使俄罗斯遭遇了又一次严重的社会灾难。为挽救濒临崩溃的俄罗斯，普京从走马上任俄罗斯总统开始，就不断强化中央集权，强调国家机器在社会生活中的地位，使原本就凌驾于行政、立法、司法三权之上的总统权力不断膨胀。俄罗斯国家政治体制中的确有某些民主的成分，但集权式的强制手段在国家运行和社会控制中发挥着重要作用。学术界一般认为，普京治下的俄罗斯政治体制是处于民主政体和极权政体之间的一种非民主、非极权的政体形式，因此将其归为"威权主义政体"（authoritarian regime）之列。普京的这种政治模式被西方社会广为诟病，被认为是对叶利钦时期新生民主政治的"历史倒退"。

对现存政权、基本政治经济制度及政府施政行为的合理性与正当性做出理论论证是意识形态的重要功能。这种论证使广大民众相信现行的制度是合乎正义和有利于保障其根本利益的，是切合社会进步的，从而使民众自觉维护现行的统治秩序，实现国家与社会的稳定发展。"普京主义"意识形态就是有力维护其威权主义政治体制的理论武器。

在尚未上任总统之前，普京就已经把他的强国意识、国家观念等基本理念清晰地传达给全体俄罗斯人民，他认为当前俄罗斯的经济社会和政治现状迫切要求恢复必要的国家指导和调节作用。在《千年之交的俄罗斯》一文中，普京认为俄罗斯只能选择做强国，这是由俄罗斯地缘政治、经济和文化的特征所决定的。强国意识决定了俄罗斯人的思想倾向和国家政策，而且俄罗斯人民也习惯于强大有力的国家体制在维护国家安全稳定和社会发展中发挥核心保障和推动力的作用。强有力的国家并不必然等同于"极权主义"。普京说："目前俄罗斯复兴和蓬勃发展的关键就在于国家政治领域。俄罗斯需要一个强有力的国家政权体系，也应该拥有这样一个政权体系。这并不是呼吁建立极权制度。"[1] 这为普京接下来的一系列以中央集权为导向的政治体制调整做了思想上、理论上的准备，营造了舆论氛围。

"普京主义"理论体系的丰富完善是和俄罗斯政治改革的进程同步而行的。第一，在"普京主义"核心价值理念的引领下，普京进行了联邦制改革。2000 年 5 月，普京以总统令形式按地域原则把俄罗斯划分为七个联邦区，它们分别是：中央区、西北区、北高加索区（后更名为南部区）、伏尔加河沿岸区、乌拉尔区、西伯利亚区、远东区。每个联邦区都由总统任命全权代表进行治理，建立了垂直权力体系。第二，普京改革了联邦委员会的产生方式。过去

---

[1]　《普京文集》，中国社会科学出版社，2002，第 10 页。

由地方行政长官和立法机构的最高领导人担任联邦委员会的议员，如今普京要求各联邦主体从行政机关和立法机关中选派代表来担任联邦委员会议员，此举削弱了原来联邦主体领导人对联邦中央的制约。第三，普京掌握了地方行政长官的提名权。2004 年 10 月，俄罗斯通过联邦主体领导人选举程序法案，地方行政长官必须经由总统提名，才能提交地方议会选举，此举削弱了地方自治权力。有关地区行政长官的产生程序几经修改，但都未改变总统掌握地方行政长官提名权的现状。第四，普京建立了全俄罗斯统一的法律空间，维护俄罗斯联邦宪法和法律在俄罗斯联邦全部领土上的最高效力，建立了中央约束地方法律的干预机制。第五，普京通过政党制度和选举制度改革，将纷繁林立的小党排除在体制外，在体制内只保留了实力较强的四个政党，形成了统一俄罗斯党一党独大的政治格局。"普京主义"植根于俄罗斯传统价值体系和现实国情，得到了广大民众的理解和支持。在意识形态领域的呼应下，普京一系列集权式政治改革改变了俄罗斯国家一盘散沙的状况，国家政权进一步稳定，行政执行力进一步增强，对俄罗斯的经济复苏和规范社会秩序发挥了重要作用。

"普京主义"意识形态的建设，为普京进一步强化中央政府权力以应对各类危机创造了良好的国内舆论氛围。在独联体国家相继发生"颜色革命"，西方势力向俄罗斯渗透、干预俄罗斯内政并指责普京实行威权主义政治之时，普京又及时推出他的"主权民主"价值观，为其现行政治模式辩护。普京明确强调在政治实践中先有主权后有民主，讲民主自由必须顾及俄罗斯历史、地缘政治和国情。在俄罗斯，国家的根本利益永远是第一位的，公民的民主权利和自由可以受到某些限制，以服从强国要求和国家利益。俄罗斯不能容忍别国利用民主问题干涉俄罗斯内政以谋求自己的利益。"主权民主"思想是与俄罗斯"西方民主制外表和中央集权制内核"为特征的政治模式相呼应的。民众接受了"主权民主"思想，就是接受了国家调控市场经济的经济模式和超级总统制的威权主义政治模式；也就是接受了在维护主权独立前提下，坚持以经济利益优先原则来处理国际事务，巩固俄罗斯世界强国地位的外交政策。在俄罗斯初步探索出一条适合俄罗斯国情的现代化发展道路之时，普京又及时通过国情咨文、政府文件、政权党意识形态宣传等多种方式提出了"俄罗斯保守主义"

意识形态，为长期贯彻落实经过俄罗斯实践检验的执政路线、方针、政策提供思想引导。"俄罗斯保守主义"目前已经得到俄罗斯社会大多数民众的普遍接受和认同，成为促进俄罗斯政治稳定的重要理论依据。

## 二　为凝聚俄罗斯社会各方力量提供思想基础

为凝聚俄罗斯社会各方力量提供思想基础是普京构建新时期国家意识形态的原动力。普京上任总统之时，面临最大的问题就是俄罗斯的基本社会阶层和主要政治力量具有不同的思想倾向、信奉不同的价值观，在这样四分五裂的社会中难以快速发展经济、建设强大的国家。普京尽管表态不赞同恢复任何形式的国家官方意识形态，却又不得不关注意识形态问题，并把意识形态问题作为国家发展三大战略任务之首，即率先解决最大的社会团结问题。

"普京主义"凝聚社会各方思想的首要法宝是提出了"复兴强大的俄罗斯"这一核心价值目标。要解决社会团结问题，就必须确立符合俄罗斯现实国情和民众心理的、能为社会各阶级和阶层所接受的基本价值目标。这一价值目标必须反映全体俄罗斯人的根本利益和共同期盼。叶利钦 10 年激进改革造成的社会灾难，使俄罗斯民众的国家认同遭受严重挫折，俄罗斯民众普遍怀念过去帝国的辉煌历史和苏联与美国两极争霸时期的自豪感。普京敏锐地把握了俄罗斯国家发展的关键点和民众的共同诉求，提出了"俄罗斯唯一的选择就是做强国"，并承诺："给我 20 年，还你一个奇迹般的俄罗斯！"这一口号极大地提振了俄罗斯民众的士气，让民众看到了国家和民族的希望。以"强国梦"为核心价值目标，普京向俄罗斯民众展示了强大俄罗斯的美好愿景：一个综合国力强大、军事优势明显、高新技术领先的世界级大国，人民安享高水平的优质生活，在国际舞台上则坚决捍卫国家安全和国家利益，参与国际新秩序的构建并成为其中强大的一极。强国目标的确立是使俄罗斯社会团结的基点和根本。

"普京主义"凝聚社会各方思想的另一法宝就是倡导走俄罗斯自己的道路。普京一再强调："每个国家，包括俄罗斯，都必须寻找自己的改革之路……只有将市场经济和民主制的普遍原则与俄罗斯的现实有机结合起来，我们才会有一个光明的未来。"① 经过苏联解体后 10 年激进西化改革的灾难，俄罗斯已经对自己要走怎样的发展道路有了清醒的认识。俄罗斯既抛弃了传统斯大林模式的社会主义道路，也摒弃了戈尔巴乔夫时期全盘西化和叶利钦时期激进改革的资本主义道路，当然更不愿意走独联体国家经由"颜色革命"建立西方势力主导的傀儡政权之路。普京的"主权民主"意在以"主权"作为"民主"的定语，强调的是俄罗斯有权完全独立自主地决定本国的发展道路。普京特别强调将遵循俄罗斯现行法律来建设民主政治，不会听任他国基于利己和霸权目的的指手画脚；俄罗斯应当从自身国情出发，坚持走自己独特的发展道路，建设民主、自由和公正的社会和国家。

"普京主义"特别强调国家身份认同和价值共识基础上的社会团结。这种认同是心理层面的，因而更为内在和深刻。这种超越政治派别和阶级阶层的文化认同直接反映了民众社会心理的利益交集，满足了人们本性上的归属要求。普京上任总统之初就呼吁俄罗斯各政党、组织和运动的领袖要树立对祖国和人民命运的高度责任感，不要为狭隘的党团利益或一己利益去牺牲整个俄罗斯的利益和前途。② 普京一再强调，搞政治运动或各种各样的选举不能践踏公民和睦的萌芽。在历年的国情咨文中，普京不断强调社会团结是俄罗斯社会发展的前提和基础。2012 年，普京在第三次就任俄罗斯总统的就职仪式讲话中再次强调："只要依靠我们坚实的多民族文化和精神传统、依靠我们的千年历史、依靠我们生活的基本道德和价值观，只要我们每个人都诚实地生活、怀着对祖国和亲人的信心与热爱去生活、关心孩子的幸福和父母的安康，我们必将取得成功。我们希望也必将生活在一个民主的国家，每个人都有自由和空间来施展自己的才华和能力。"③

## 三　为未来俄罗斯政治发展指明基本方向

"普京主义"思想体系是一个不断发展的三环同心圆结构，其核心价值目标是"强国梦"；基本价值理念包括"爱国主义""强国意识""国家观念"

---

① 《普京文集》，中国社会科学出版社，2002，第 6 页。
② 《普京文集》，中国社会科学出版社，2002，第 10 页。
③ 《普京文集（2012—2014）》，世界知识出版社、华东师范大学出版社，2014，第 126 页。

"社会团结""主权民主价值观";国家治理思想是"主权民主"思想体系。以核心价值目标、基本价值理念和国家治理思想为内核,"普京主义"意识形态穿上了"俄罗斯保守主义"的外衣。"俄罗斯保守主义"是新形势下对普京执政以来一以贯之的治国理念和政治模式的再次确认和丰富,也反映了俄罗斯大多数民众的思维倾向、价值判断和道路选择,为俄罗斯未来的政治发展指明了基本方向。

俄罗斯复兴之路是艰巨而长期的。从普京第二任总统后期起,意识形态领域开始呈现出鲜明的保守主义倾向。普京两届任期中的最后一篇国情咨文,其核心思想就在于强调未来俄罗斯要保持既有各项政策的延续性。为呼应普京总统的期望,政权党统一俄罗斯党于 2007 年先后出台了意在保持政策延续性的"普京计划"和"2020 年经济发展战略"。2012 年 3 月 4 日,普京强势回归克里姆林宫,进一步巩固了保守主义在意识形态领域的主导地位,其基本政治原则就是保稳定、促发展。在这一意识形态基本原则指导下,俄罗斯发展的基本模式是在维持现有体制的前提下推进循序渐进的改革和发展,即表现为在尊重俄罗斯独特历史文化和精神传统的基础上,继续保持和增强以"主权民主"为核心的国家治理思想和政治模式。也就是说,目前饱受西方诟病的俄罗斯威权主义总统制政治民主模式不会改变,国家将进一步强化国家权力以保持稳定和秩序,进一步强调创新性经济发展,解决俄罗斯经济深层次的经济结构问题和提高人民生活水平问题,进一步强调以强国意识为核心的价值理念并保障其作为全社会精神支柱的地位。

俄罗斯保守主义意识形态决定了俄罗斯的未来是可预见的。在未受到国外势力干扰、未发生国际性灾难和不可抗拒的自然灾难的情况下,俄罗斯将会持续稳定和缓慢发展。普京第三次就任俄罗斯总统后,积极推进将总统任期改为一届 6 年,如果普京能继续实现连任,其任期将从 2012 年延伸至 2024 年。这样,普京先后 4 届总统任期的总长度将达到 20 年。如此,普京实现"给我 20 年,还你一个奇迹般的俄罗斯"的庄重承诺就具备了基本的时间前提。如果再加上"梅普组合"时期普京 4 年的国家总理任期,普京对俄罗斯政局的实际掌控将达到 24 年。一个国家在一个强有力国家领导人的带领下,以行之有效的执政理念、发展战略和政策措施一以贯之地持续发展 24 年,这个国家的繁荣昌盛完全是可预期、可实现的。这对于整个社会秩序和民众心理具有重要的稳定作用。

## 第三节　俄罗斯国家意识形态对外交政策的影响

### 一　抛弃冷战思维，构建新型关系

俄罗斯的传统外交有两个突出的特点：一是军事霸权，二是意识形态色彩浓厚。历史上的沙俄帝国是建立在军事优势基础上的。从彼得一世时期开始，经济落后的俄国通过封建中央集权方式实现了军事力量的强盛，走上了军事强国之路。叶卡捷琳娜二世继承和发展了彼得一世的对外扩张政策，穷兵黩武，扩军备战，倚仗强大的陆海军先后发动了六次大规模的对外侵略战争，一次击败瑞典，两次打败土耳其，三次瓜分波兰，一跃而成为震慑四方和操纵欧洲事务的"国际宪兵"，俄罗斯的版图达到空前的 1705 万平方公里。此后的百余年内，俄国又在亚洲加紧向南和向东扩张。军事扩张带动了经济发展和综合国力的全面提升，俄国迅速变成了世界强国之一。到苏联斯大林时期，迫于二战的压力和二战后意识形态阵营的对立与斗争，国家时刻处在备战状态，中央高度集权的指令性计划经济管理体制适应了这种国内外形势和现实的需要。国民经济的重点放在工业特别是重工业和国防工业上，就是为了保证俄罗斯强大的军事优势和世界强国地位。到勃列日涅夫时期，苏联的军事实力已经与美国相当，其拥有的战略核武器、正规军队、洲际导弹、中程导弹、坦克装甲车、作战飞机、海军航母、各类舰艇等大大超过北约组织中欧洲成员国的军事实力总和，成为支撑社会主义意识形态阵营的关键力量。此时苏联的势力范围已经超越了华沙条约组织国家，扩展到亚非拉国家，既有能力军事占领自己阵营中的捷克斯洛伐克，也可出兵侵略第三世界的阿富汗。综上所述，俄罗斯辉煌的强国历史是与军事强权外交紧密联系的。

苏联解体后，俄罗斯的外交政策处在不断调整的转型之中。1992～1993年，是叶利钦全面抛弃社会主义意识形态和制度，用"休克疗法"推动俄罗斯进行全面私有化改革的初期。在外交方面，俄罗斯采取了"一边倒"的政策，一头扎向西方国家，迫切希望通过全面改善与西方国家的关系而尽早融入西方自由社会，并指望向西方发达国家寻求经济援助来实现本国经济的复兴。但西方国家并不希望看到一个强大的新俄罗斯，迟迟不兑现给予经济援助的承诺。"一边倒"的外交政策使俄罗斯对西方国家不合理的外交诉求一味退让与妥协，在一定程度上失去了其外交自主权，软弱无力的国际形象给国家利益造成了重大损害。1994～1999 年，俄罗斯改变了对西方国家屈膝让步的被动政策，主动与世界所有主要国家建立完全平等的伙伴关系，在国际交往中开始捍卫国家利益，积极推动形成多极世界格局，并努力使自己成为其中独立的一极。

"普京主义"意识形态在国家间关系方面强调"国家主权"，即俄罗斯不能容忍他国利用民主问题干涉俄罗斯内政并谋求利益；俄罗斯也不允许某个力量中心把基于军事和经济优势的游戏规则强加给俄罗斯。俄罗斯在外交领域日益独立和自信，在国际舞台上也日趋活跃，积极参与国际事务，在维护俄罗斯国家根本利益方面态度强硬。目前俄罗斯的外交战略重在参与构建国际关系新秩序和国际规则制定，巩固传统地缘政治关系并拓展良好外交环境，打击外部侵略和国际恐怖主义以维护国际安全，其最终目标是利用一切外交手段为增强俄罗斯综合国力服务。在具体的外交策略上，普京认为俄罗斯必须认清俄罗斯民族的根本利益所在，实行务实外交。

首先是超越冷战思维，放弃帝国野心，量力而行，不搞对抗式军备竞赛。普京曾是改善俄美关系的积极倡导者。2002 年 5 月，俄美签署了《美俄削减进攻性战略力量条约》，达成了在此后 10 年内双方均把战略核弹头总数减少到 1700～2200 枚的约定。这种大规模的武器削减既保持了俄美两国世界核大国的地位，也保证了俄美两国进攻性核力量在表面上仍能保持大体平衡。俄罗斯根据自己的经济承受能力，原本就计划将自己的战略核弹头减少到 1500 枚，与美俄条约达成的削减指标大体相当，这使俄罗斯做到了既节约军费开支，又保持对美国的遏制潜力，可谓一举两得。如果陷入超越经济能力的军备竞赛，将造成极大的资金和资源浪费，既有损于国民经济的持续协调发展和百姓福祉，也不利于世界和平和区域稳定。

其次是努力构建超越意识形态的国家间友好关系。在俄美关系上，普京强调俄美互相把对方视为敌人或战略威胁的时代已经结束，两国应该是朋友和战略伙伴，应该共同推进国际稳定、安全和经济一体化，在联合对抗全球威胁和解决地区冲突等方面开展深度合作。在中俄关系上，普京认为，两国互为邻国，都是具有世界影响力的大国；中国是社会主义国家，俄罗斯是资本主义国家，建立超越意识形态的正常睦邻友好关系是双赢选择。中俄关系的不断深化对维护彼此的国家安全至关重要，也直接影响着东北亚地区乃至国际局势的发展。普京任俄罗斯总统后，两国领导人共同签署了为期20年的《中俄睦邻友好合作条约》，彻底解决了历史遗留的边界问题，明确了增进政治互信、扩大务实合作、加强战略协作、推动世代友好的方针，建立起了中俄战略协作伙伴关系。中俄战略协作伙伴关系的持续稳定发展促进两国在双边经贸、社会文化、国家安全等多个领域的合作取得丰硕成果。

最后是遵循平衡性和多维性原则，与相关国家协同解决共同面临的问题。随着全球经济一体化进程的推进，新兴市场经济国家在国际体系和国际机制中逐步崭露头角，美国一极化趋势得到遏制。在平衡国际关系时，俄罗斯加强了对独联体国家的控制，主导欧亚经济共同体的区域经济一体化；积极参与上海合作组织，提高与亚太经合组织的协作水平；推动以经贸关系为核心的俄欧"共同空间"（包括共同经济空间，共同自由、安全和司法空间，共同外部安全空间和共同科教文化空间）的协议签署。[①] 面对严峻的世界经济金融形势，加强国际合作、政策协调、共渡时艰正成为许多国家的共识。尤其是2008年美国次贷危机引发的全球性金融危机，使全球经济陷入困境，也使处在经济稳步复苏中的俄罗斯遭遇寒流。国际反恐形势日益严峻，国际合作成为必然选择。

## 二　收缩外交战线，突出经济利益

叶利钦时期，俄罗斯在外交领域采取的是对国际和地区事务广泛参与的策略，以支撑从苏联继承的世界大国地位和责任。但由于定位过高、财力不够、

---

① 李中海：《普京八年：俄罗斯复兴之路（2000～2008）·经济卷》，经济管理出版社，2008，第215～220页。

精力和手段不足，最终超出了其承受能力、得不偿失。2000 年普京当选总统后，为了应对国际关系的风云变幻和国内全面私有化造成的改革困境，他坚持务实和效益原则，把尽快消除经济和社会危机作为国家稳定和快速发展的前提和基础，因此普京在总的战略思维上强调经济建设，在其他领域则采取有所为有所不为的策略。在外交政策上，他一方面强调要坚持"主权民主"，俄罗斯应不受外部干扰，根据自己的国情独立自主地走本国特色的民主道路；另一方面提出要外交"经济化"，即以经济利益优先为原则，在其他目标和方向上则持收缩态度，保持务实和灵活性。

普京采取的外交策略被称为"经济外交"，即在维护国家主权和保障领土完整的基本前提下，把为国家经济建设服务放在第一位，以经济利益衡量外交政策成效。"经济外交"要求为国内国际市场接轨创造有利的外部条件，也要求通过外交活动吸引国外投资，促进俄罗斯外向型经济的发展，拉动国内经济水平的提升。普京认为，外交政策至高无上的优先方向是保护个人、社会和国家的利益；外交要为国内经济振兴、居民生活水平提高、民主改革、巩固宪法制度以及维护人权与自由创造有利的外部条件。[①] 他强调一切外交的决策和行动都必须服从于把俄罗斯建设成为经济强大、科技先进、思想有影响力的国家这一总目标。

"经济外交"也是巩固和扩大俄罗斯国际地位的重要手段。俄罗斯利用国际经济交往而产生的彼此相互依赖的国际经济关系来制衡国际政治关系。欧亚经济共同体就是俄罗斯经济外交的一个典型例证。欧亚经济共同体是由俄罗斯、白俄罗斯、哈萨克斯坦、塔吉克斯坦、吉尔吉斯斯坦五国，在经济全球化的大形势下，利用苏联时期形成的经济和贸易传统联系，为促进区域性经济合作，于 2000 年 10 月在独联体范围内组建的一个次区域组织。经过十几年的发展，欧亚经济共同体建立了共同的领导机构和监督机构，在各领域通过了规范共同体成员国行为的基本文件和相关制度，消除了一些体制障碍和利益冲突，向建立关税同盟方向迈进。在欧亚经济共同体建设发展过程中，俄罗斯作为最大的经济主体始终扮演着共同体一体化进程中火车头的角色。欧亚经济共同体

---

① Концепция внешней политики，http：//www.scrf.gov.ru/documents/25.html，2015 – 04 – 16.

在发展过程中先后吸引了摩尔多瓦、乌克兰、亚美尼亚三国，它们成为该经济共同体的观察国，以期在经济共同体发展中分一杯羹。三国之中的摩尔多瓦、乌克兰是具有明确的反俄亲美政治组织"古阿姆"的成员国。另外，乌兹别克斯坦曾是2001年"古阿姆"组织正式成立时共同协议的签署国，后该国于2005年5月退出"古阿姆"，2006年加入欧亚经济共同体。这说明区域经济发展已成为俄罗斯撬动独联体国家间外交关系的重要杠杆。从总体上看，欧亚经济共同体并未给俄罗斯经济带来期待中的收益，但形成了一个亲俄罗斯的利益中心，由此产生的良性效益有利于巩固俄罗斯在独联体地区的地缘战略地位，抗衡美国在独联体这一俄罗斯传统势力范围的渗透和蚕食。

### 三　把握根本利益，适度妥协让步

在普京经济优先外交理念的指导下，俄罗斯在外交事务中不断强化务实灵活的外交风格。普京根据俄罗斯综合国力急剧下降、迫切需要发展经济的严峻现实，要求俄罗斯外交活动遵循"节约""经济"的原则，集中在涉及切身利益的领域做文章，外交政策的目标应与其实力、手段保持平衡。普京多次指出："俄罗斯外交政策的制定应以确定明确的优先方向、务实主义和提高经济效益为基础。"[①] 新时期外交应当为俄罗斯经济服务，应该捍卫整个国家、俄罗斯企业和公民的经济利益，真正为俄罗斯经济提供保障。也就是说，俄罗斯的外交应该和国家的商务活动相配合，这种配合是系统的和长期的。俄罗斯"经济外交"的重点是同近邻的伙伴发展互利的经济合作关系，优先发展与美国、欧盟及中国的关系，同时兼顾外交的全球战略，在欧洲、亚洲、非洲和拉丁美洲寻找伙伴和盟友。

"普京主义"的务实外交主张在坚决维护国家根本利益的同时，可以进行适度的妥协。在无力维护国家的一些重要利益时，可以做出适当让步；在不存在俄罗斯的国家利益或较少存在利益的地方，俄罗斯可以"收缩"。比如，当美国宣布退出反导条约后，普京一方面表示反对，认为美国的这一做法是错误的，另一方面却表示不仅应该保持俄美之间现在的双边关系水平，而且应该尽

---

① 《普京文集》，中国社会科学出版社，2002，第710页。

快制定新的战略关系框架。俄罗斯还特赦了以"间谍罪"被莫斯科法院判处20年徒刑的美国人波普。再比如在旷日持久的加入世界贸易组织的进程中，俄罗斯也是以适度妥协让步为代价的。俄罗斯要参与经济全球化、融入世界经济，加入世界贸易组织是其必然选择，这将为俄罗斯日益增长的出口需求创造良好的国际经济条件，保护俄罗斯出口商在国际贸易中免遭贸易伙伴的不法侵害。但俄罗斯争取入世的进程实际上也是大国利益博弈的过程。从1993年6月俄罗斯正式提交入世申请到1994年开始相关谈判，俄罗斯的入世进程步履维艰。其中俄罗斯与美国的谈判前后进行了8年时间，双方在包括知识产权、美国农产品对俄出口、美国公司进入俄银行和保险业市场等多项问题上存在分歧。俄罗斯在相关问题上不得不做出一定程度的让步，才最终于2006年11月与美国签订了俄罗斯加入世贸组织的双边协议，为入世扫清了最后的主要障碍。

由过去带有强烈意识形态和军事霸权色彩的外交政策转型为普京的"经济外交"政策，这是俄罗斯外交的一个重大转变。这一转变是立足于俄罗斯国家经济快速提升的现实需求，是务实和理性的选择。普京不会放弃重振世界强国雄风的梦想，但普京更清楚地知道，俄罗斯要真正在世界格局中成为重要一极，首先需要有雄厚强大的综合国力做支撑，而国家综合实力的首要因素正是经济实力。

当然，普京重视"经济外交"政策，并不意味着俄罗斯会放弃保持军事优势的外交传统，因为无论何时，安全因素都处在国家关系中的首要地位。普京在2006年的国情咨文中特别强调要加强军事武装力量的建设。他指出，世界军备竞赛已经达到新的技术水平，有可能出现破坏性的新武器，俄罗斯的武装力量必须做好准备；俄军应能同时在世界性冲突和地区性冲突中作战，一旦有必要，也能同时在几个局部地区冲突中作战；但是，俄罗斯不应重返冷战时期的错误，军事建设不应当损害发展经济和社会的任务。普京宣布：我们永远准备反击潜在的外部侵略和打击国际恐怖主义，反击对俄罗斯施加外交压力的任何企图，"包括靠牺牲我国利益来谋求巩固自己阵地的企图"①。

---

① 李兴耕：《普京的"主权民主"》，《当代世界》2006年第7期。

# 第七章　俄罗斯国家意识形态
建设的困境与挑战

从普京总统的首个任期开始，俄罗斯经过四个阶段的实践和积累，逐渐探索了一条符合俄罗斯基本国情的现代化发展道路，克服了转型期的"制度陷阱"，逆转了苏联解体初期近10年的经济下滑、政治动荡、思想迷茫，摆脱了国家治理危机，满足了俄罗斯民众对于秩序、稳定和发展的期许，从而赢得了广大民众的广泛支持，为"普京主义"的正义性提供了最坚实的社会基础。当然，"普京主义"意识形态在俄罗斯国家治理中不断展现出积极而重大作用之时，隐藏在其理论构建之中的源自体制、文化和社会民族心理等多方面深层次的内在矛盾也日益凸显，使俄罗斯意识形态建设陷入发展困境；同时伴随俄罗斯新中产阶级兴起、选民结构代际变化、全球化信息化时代发展等，俄罗斯意识形态的发展也面临着新挑战。

## 第一节　俄罗斯国家意识形态建设的困境

### 一　现行宪法对官方意识形态的否定

俄罗斯意识形态发展面临的首要困境是现行宪法对官方意识形态的否定。作为宪政国家，叶利钦、普京、梅德韦杰夫等都竭力维护现行宪法的权威，努力建设并不断完善以宪法为核心的法律体系，让遵循现行宪法及法律成为国家、社会及个人的生活准则。普京总统首个任期中的一项重要任务就是治理各联邦主体法律中相关条款与宪法和联邦法的规定有冲突的问题。普京认为如果一部法律是违反俄罗斯宪法基本原则和相关规定的，这种法律就不应该存在；它的存在有损于国家宪法的安全、联邦中央的权威性以及俄罗斯领土的完整性，会导致法律和政治意义上的危机。俄罗斯宪法通过多年来，宪政意识已经为俄罗斯民众广为接受。

俄罗斯现行的 1993 年宪法第十三条有明确规定："俄罗斯联邦主张意识形态多元化……任何思想体系都不能被确立为国家的、每一个公民都必须接受的意识形态。"这就从宪法和法律意义上否定了俄罗斯官方意识形态的存在，也就是说，在俄罗斯任何一种思想体系都不会被纳入宪法和法律，并被强制实施。普京也曾明确表态不赞同在俄罗斯实行国家官方的意识形态，因为"意识形态"这个词容易让人联想到过去的共产主义极权政治，他认为："凡是在国家意识形态被当作一种官方赞同和有国家支持的思想的地方，严格地说，在那里就不会有精神自由、思想多元化和出版自由。也就是说，不会有政治上的自由。"①

然而基于政治稳定和国家发展的现实需要，普京在政治实践中却十分重视意识形态的作用，并在政治实践中渐进地、有意识地建构、发展、完善自己的政治思想体系。在 1999 年 12 月 30 日发表的《千年之交的俄罗斯》一文中，普京坦然地说："我相信，达到应有的增长速度，不仅仅是一个经济问题，这也是一个政治问题；我不怕讲这个词，从某种意义上来说，这是意识形态问题。"② 在 2005 年的国情咨文中，普京也明确阐述："我要涉及一连串的原则性的意识形态和政治问题。"③ "普京主义"的价值目标、核心价值理念和国家主导治理各领域的思想，都源自俄罗斯本国的政治传统、历史文化、民族心理和现实国情，与俄罗斯现阶段的政治现状、思想现实和国家发展需求相适应。"普京主义"并未取得国家宪法或法律的表现形式，主要是通过总统讲话、国情咨文、政府文件和政党意识形态等方式表达，借助于俄罗斯超级总统制权力

---

① 《普京文集》，中国社会科学出版社，2002，第 8 页。
② 〔俄〕普京：《千年之交的俄罗斯》，〔俄〕《独立报》1999 年 12 月 30 日。
③ 《普京文集（2002—2008）》，中国社会科学出版社，2008，第 178 页。

模式、普京"政治强人"的魅力和统一俄罗斯党的巨大政治影响力,"普京主义"已经成为俄罗斯意识形态领域的主导思想体系。

在俄罗斯政治实践中事实上还存在意识形态的一元化掌控倾向。普京掌控的政权党统一俄罗斯党在国家杜马中一党独大,占据绝对多数席位,在全国拥有 100 多万名党员、3 万多个基层组织,在全俄罗斯拥有广泛的群众基础和政治影响力。普京的意识形态主张通过统一俄罗斯党政党意识形态的形式公开地发挥着引领社会思潮和民众社会心理的作用。普京还通过修订《政党法》《选举法》来控制体制内的不同政党及其意识形态;通过制定或修改《非营利组织法》、《网络黑名单法》和《集会法》对体制外的激进反对派进行有效监督和控制;制定《公民爱国主义教育纲要》《爱国主义教育构想》来加强思想政治教育与引导;重新编写历史教科书,禁止丑化、歪曲俄罗斯民族的历史;利用《大众传媒法》加强传媒监管,控制舆论导向,塑造政府正面形象。

因为没有宪法赋予的法理支持,"普京主义"在实践过程中也备受质疑,其凝聚人心、协调各方意见及价值导向的作用也因之大打折扣。随着全面私有化、市场化的发展和宪政民主的巩固,俄罗斯的一元化意识形态控制与宪法多元化主张之间的矛盾也日益凸显。如同俄罗斯的主权民主政治模式备受西方批评和指责一样,"普京主义"意识形态也备受西方和俄罗斯反对派的批评与指责。

已经在意识形态领域取得主导权的"普京主义"如何取得法定地位的问题,是困扰当今俄罗斯国家意识形态建设的首要问题。在这个问题上,普京已经开始了试探性的努力,即把他本人提倡的核心价值理念与宪法蕴含的价值观挂钩。在 2012 年普京第三次赢得大选的第一篇国情咨文中,普京谈到人口危机和价值观危机会影响俄罗斯民族的生存和发展,并首次把宪法和核心价值观联系在一起,他说:"今天是 12 月 12 日,我国的宪法日。我想谈一谈我国根本大法包含的价值观。宪法规定,全国人民要为同代人和子孙后代担负起对祖国的责任,这是俄罗斯国家的基本原则。公民责任心和爱国主义情怀是俄罗斯一切政策的凝聚基础。"① 这其中蕴含的逻辑就是,如果普京提出的核心价值

---

① 《普京文集(2012—2014)》,世界知识出版社、华东师范大学出版社,2014,第 255 页。

理念在宪法中都有与之相对应的条款，那么"普京主义"就是对宪法的一种解读，自然也就取得了合法地位。普京的这种尝试只是初步的，要想突破困境、取得实质性进展尚须等待政治时机。

## 二　传统政治文化的含混性与冲突性

俄罗斯横跨欧亚大陆，地处东方的最西面、西方的最东面，置身于东西方的交界处。东方与西方两股世界历史之流在俄罗斯发生碰撞。在本民族文化的基础上，俄罗斯广泛吸收基督教文化、佛教文化、伊斯兰文化、犹太文化等东西方的文化，形成了众多的亚文化群，形成了由多种文明和多样民族文化组成的文明体系。俄罗斯文化与生俱来的这种文化秉性，使其派生的政治文化表现出先天性的"异质多源"特征。

文化多源性导致了俄罗斯政治文化的含混性。比如，作为俄罗斯民族思想根基的斯拉夫派就没有统一的理论和纲领。许多人自称斯拉夫主义者，但每个人对这个主义都有自己的理解。有的人认为斯拉夫主义指代的是语言和统一的民族；有的人则从与西方派相对立的角度来理解斯拉夫主义；有的人认为斯拉夫主义是对独特民族性的追求；有的人把斯拉夫主义等同于对东正教的追求。[1] 事实上，斯拉夫派的主张只是对彼得一世以来俄罗斯西方文化影响泛滥的一种反作用，反映了欧化进程中受到伤害的俄罗斯民族感情，斯拉夫主义并没有自己清晰的内涵定位。

再如，20世纪20年代在俄国侨民中兴起的欧亚主义，认为俄罗斯民族既不是纯粹的欧洲民族，也不是纯粹的亚洲民族，俄罗斯本身就是巨大的东方与西方，并将两个世界结合在一起。欧亚主义带有明显的东方倾向和帝国色彩，迎合了俄罗斯加强联合、维护民族尊严、谋求发展的政治心理。但欧亚主义的实质到底是什么并不清晰，其内涵是比较含混的。有学者形容当今的欧亚主义是"披着地缘政治的外衣，顶着东正教的帽子，戴着伊斯兰的面纱，握着共产主义手册，喊着民族主义口号……"[2] 事实上，欧亚主义的本质是建立在特

---

① 姚海：《俄罗斯文化》，上海社会科学出版社，2013，第176页。
② 解蕾：《试析俄罗斯欧亚主义的兼容性特征》，《今日东欧中亚》1999年第3期。

定地理环境基础上的一种俄罗斯身份认同，一种扎根于民族专制主义的意识形态，一种对于痛苦历史记忆和现实不满的宣泄，一种对"大西洋主义"和经济全球化的回应。

又如，20 世纪 90 年代俄罗斯社会的急剧转型，促成了保守主义在俄罗斯的复兴。俄罗斯几乎所有的政党都不同程度地吸收了俄罗斯传统价值中的某些成分来构建和解释自己政党的纲领或政治见解，因而许多政党都声称自己是保守主义政党，无论左翼、右翼，还是中派。一位统一俄罗斯党的党员道出了很多人的困惑："我们，毫无疑问是保守主义者，但还不知道保守主义为何物。"① 很多人对保守主义内涵的理解是其尊重传统主义，是相对激进而言的一种科学理论。

文化多源性也带来了俄罗斯政治文化内部的冲突性。"俄罗斯过去、现在、将来都在政治亚文化的矛盾、冲突中发展，这是俄罗斯文化不可消弭的特征。"② 在俄罗斯历史上，北欧的瓦里亚基人领导斯拉夫人共同缔造了早期的罗斯国家，988 年，基辅罗斯又接受了基督教，所以在精神文化层面，俄罗斯与欧洲文化传统渊源深厚；同时俄罗斯也是东方文化传统的继承者，它的国家制度和统治方式都是从蒙古金帐汗国直接继承下来的，但在俄罗斯东方式高度中央集权的政治体制内仍保留着西欧基督教文化的精神追求，这正是俄罗斯政治文化内部冲突的深层根源。17 世纪初，彼得大帝开始西化改革，这是俄国在经历了数百年的东方化发展之后再次转向西方。彼得大帝的改革开启了俄罗斯的现代化进程，但批评者认为这一改革再次造成了民族分裂：一方面是东方中央集权统治下的农奴制度不断被强化；另一方面是上层贵族对西方政治制度和生活方式的顶礼膜拜。彼得大帝的改革引发了西化派与斯拉夫派之争，两派各持一端，激烈对抗。斯拉夫派歌颂"村社原则"和"集体精神"，迷恋彼得大帝改革以前"纯朴的俄罗斯"，对改革持批评态度；西方派则强调世界历史的共同规律，认为俄国与西欧没有任何本质的不同，要走西方文明发展之路。今天的"现代斯拉夫主义"和"欧洲—大西洋主义"的激烈争论正是历史上

---

① 张昊琦：《俄罗斯保守主义与当代政治发展》，《俄罗斯中亚东欧研究》2009 年第 3 期。
② 王立新：《转轨以来俄罗斯社会思潮的变迁和应对策略》，《南京师大学报》（社会科学版）2010 年第 5 期。

两派争议的现代演绎。到 19 世纪下半叶，俄罗斯又新增了马克思主义与民粹主义的主义之争。1991 年苏联解体之后，从社会主义体制向资本主义体制的根本转型给俄罗斯带来了全方位的变化，社会转型的现实状况进一步加剧了俄罗斯政治文化内在的冲突性。

俄罗斯的政治文化多元性与一般多民族国家的文化多元性不同，其多元文化是异质的非协调性文化。深层次世界观和思维方式的差异性导致多种政治亚文化始终处在不断冲突之中，且经常出现极端化倾向，难以实现混合型政治文化的融合。

俄罗斯政治文化的冲突性反映在俄罗斯国家意识形态中，表现为"普京主义"内部多重价值观的冲突。"普京主义"是一个渐进发展、不断完善的体系，其构建方式以多元性和包容性为特征，力图实现东西文化传统、"普世价值"和俄罗斯传统价值观的结合与融合。普京的"俄罗斯新思想"是一个有机合成体，他把"高于各种社会阶层、集团和种族利益的超国家的全人类价值观"与"被人们称为俄罗斯人自古以来就有的传统的价值观"结合在一起；普京的"主权民主"思想也是个混合体，他把俄罗斯国家政治的独特性和西式民主原则的普遍性结合在一起；普京的"俄罗斯保守主义"更是兼容并蓄的意识形态，它保守的内容囊括了能使俄罗斯作为伟大强国的所有事物。可见在"普京主义"的多重价值观中，既有东西方的对立，也有保守与激进的斗争，其中以大西洋主义与斯拉夫主义、集权主义与民主主义、权威主义与无政府主义的矛盾最为突出。这种非协调性文化价值被揉捏在一起，短期内起到了缓和矛盾、平衡各方势力、维护稳定的作用，但从长远来看，内部多重价值观的冲突会导致决策的矛盾性和民众的无所适从，甚至可能导致国家意识形态的分裂。

## 三　意识形态的内涵争议和认识分歧

"普京主义"意识形态在俄罗斯具有比较广泛的群众基础，在各方面发挥了重要作用，但是国内的争议、质疑甚至反对之声从来都没有间断过。比如，因为"主权民主"概念相对宽泛与复杂，俄罗斯国内对"主权民主"思想的合法性、立论依据、价值定位都存在分歧和争议。有人认为"主权民主"是建设性的思想体系，是一种官方意识形态；有人认为"主权民主"作为国家意识形态还有许多不完善、不健全之处；有人认为"主权民主"是一种民主模式，它决定着俄罗斯的政治发展道路；有人认为"主权民主"是俄罗斯新的主导战略。自由民主派认为俄罗斯必须选择符合"普世价值"的欧洲文明之路，"主权民主"的基本原则永远也无法建立起真正的民主制度；而俄罗斯共产党则认为俄罗斯需要的不是"主权民主"旗号下的精英专制，而是建立在国家完整的政治经济主权基础上的人民民主。

再如，对于"俄罗斯保守主义"理论，统一俄罗斯党把它视为自己政党的意识形态，认为该理论为俄罗斯提供了在全球化时代稳定发展并保持国家身份认同的现实性，是实现俄罗斯现代化的纲领；但俄罗斯共产党则批评其保守的对象并不是其所说的领土完整、主权独立，不是俄罗斯文明的精神文化价值，而是保护统一俄罗斯党及其成员在激进改革时期的既得利益和政治精英地位；公正俄罗斯党甚至认为政权党提出的"保守主义现代化"不仅在思想上，而且在实质上都是荒谬的；"亚博卢"则认为，"俄罗斯保守主义"把帝国时期的国徽、苏联时期的国歌和俄罗斯民主建设时期的国旗结合在一起，是一种大杂烩，"保守主义现代化"就是斯大林主义和沙皇时期"东正教、专制制度和国民性"的现代化。

俄罗斯政治高层内部在对"普京主义"的认同上也存在明显分歧。普京和梅德韦杰夫是志同道合的政治伙伴，为了复兴俄罗斯的伟大事业两人精诚合作，然而梅、普二人在政治价值观、对苏联解体的态度和对外政策等多方面也存在认识分歧，二者经常发表不一致甚至矛盾的观点。比如普京坚持"主权民主"，他认为在全球化时代，讨论"主权民主"问题是十分必要的。他说："俄罗斯作为具有竞争力的市场经济和有效社会政策的主权民主国家，它应该有自己的政治发展意向。"① 而时任总理梅德韦杰夫却在 2007 年 1 月举行的达沃斯论坛上对"主权民主"表示了异议，他说民主本来就是通用的政治和法律术语，不需要在前面加上特别的说明词。再如，在俄罗斯"现代化"问题上，梅德韦杰夫和普京也存在观点上的差异。普京力推"2020 战略"和"新经济"增长模式，而梅德韦杰夫强调要实现"全面现代化"，对"现代化"问题的不同理解代表着两种

---

① http：//www. polit. ru/14. 09. 2006，2015 - 04 - 16.

不同的发展思路。普京着眼于持之以恒抓好经济，在经济稳定发展的基础上渐进式推动政治改革；而梅德韦杰夫则认为政治改革必须与经济发展同步，否则难以实现创新发展。在俄罗斯国家意识形态的表述方式上，梅、普二人也不完全一致。就在普京构建"普京主义"的话语体系之时，梅德韦杰夫在 2009 年 8月的国情咨文中却把俄罗斯国家意识形态表述为："公正，自由，人的生命、福祉与尊严，家庭传统，爱与忠诚，爱国主义。"

关于"普京主义"内涵的争议和认识分歧，一方面反映了在实践中逐步形成和建构起来的意识形态理论体系自身还不完善，在界定相关概念、厘清逻辑关系、经受实践检验等多方面还有漫长的路要走；另一方面，也反映了俄罗斯社会纷繁复杂的政治斗争现状，要实现国家意识形态的高度认同还来日方长。这也正是普京多次呼吁俄罗斯各党团、组织和运动的领袖，增强对祖国和人民命运的责任感，不要为狭隘的党团利益或一己利益而去牺牲整个俄罗斯的利益和前途的重要原因。

## 四　俄罗斯社会思潮的极端化倾向

俄国思想家弗兰克曾对俄罗斯政治文化中的一种现象提出过质问："看似如此稳定而坚固的知识分子之道德基础何以如此迅速而彻底地动摇和崩塌？如何解释那些纯粹正直、受过优秀人物教诲的俄国知识分子，竟能在一夜之间就堕落到行凶抢劫和兽性的肆无忌惮呢？"[①] 这种文化现象反映的正是俄罗斯好走极端的民族性格和思维方式。别尔嘉耶夫也说："俄罗斯民族是一个非常好走极端的民族。它可以入迷，可以失望，总是给人一些出人意料的东西，引起人们对自己强烈的爱或恨，这是一个使欧洲各民族不安的民族。"[②]

政治文化上的极端化倾向导致俄罗斯的社会制度比较极端，社会改革几乎都是通过极端的强制性手段完成的。别尔嘉耶夫曾列举了在俄罗斯历史上有代表性的极端政治制度或政治事件，如绝对的集权主义制度、人类历史上最可怕的农奴制、彼得大帝的强制性西化改革、对知识界最残酷的迫害、对

---

① 〔俄〕弗兰克：《俄国知识人与精神偶像》，徐凤林译，学林出版社，1999，第 46 页。
② 〔俄〕尼·别尔嘉耶夫：《俄罗斯思想》，雷永生、邱守娟译，三联书店，1995，第 165 页。

十二月党人处以死刑等。他认为："俄罗斯民族的历史是世界上最痛苦的历史之一。"① 苏联解体前后激烈的政治动荡，也是俄国人好走极端的现实反映。先是苏联领导人的思想被来自僵化概念的武断定理和传统所左右，对本国文化显示出盲目自大、因循守旧、故步自封；随后俄罗斯又陷入另一个极端，全盘否定自己，采用强制性的"休克疗法"，实现政治经济基本制度从社会主义向全盘西化的急剧转换，导致社会的剧烈阵痛，国家甚至面临崩溃。

造成俄罗斯民族具有极端化思维倾向的原因有三个方面：一是俄罗斯历史上的小农经济是极端主义的社会基础，契约行为和妥协精神是在市场交换过程中培育出来的，而俄罗斯的小农经济自给自足，缺乏妥协精神；二是俄罗斯文化中东西方两重性很难协调，外来文化和本国文化的分歧无法统一，这是各种极端现象的文化根源；三是俄罗斯社会结构两极化的特征，一极是专制君主，另一极是激进知识分子，俄罗斯由于资本主义的弱小，没有形成强大的中产阶级，没有一种力量能够调节和缓冲两极之间的冲突。

俄罗斯好走极端的民族性格和思维方式在当今俄罗斯各种社会思潮中主要表现为民族极端主义的萌动。在苏联解体后政治混乱、经济衰落、社会失序的危急之际，俄罗斯民族主义自然成为团结民众、增强民族认同和国家向心力的重要思想力量，也是俄罗斯未来发展中必须依赖的精神资源。然而民族主义是一把"双刃剑"，民族主义具有排外倾向，走向极端必然会陷入种族主义和沙文主义的深渊。新时期俄罗斯的经济发展状况落后于西方发达国家，甚至比不上中国这样的发展中国家，这使得许多俄罗斯人在思想上和心理上难以接受，一些人产生了民族自卑心理，另一些人尤其是部分青少年心里则产生了民族纳粹思想。俄罗斯目前最大的民族极端主义政治组织是以亚历山大·巴尔卡绍夫为首的俄罗斯民族统一党。该党把反犹太主义作为自己的宗旨，主张以东正教保持俄罗斯精神的纯洁性，确立俄罗斯族在国家中的绝对统治地位，对非俄罗斯族的民众采取暴力手段。俄罗斯目前影响最恶劣的民族极端主义团体是"光头党"，这是一个带有新纳粹主义性质的激进组织。该组织成员崇尚极端民族主义和纳粹主义，自诩为民族和种族斗士，极度排外。"光头党"成员大

---

① 〔俄〕尼·别尔嘉耶夫：《俄罗斯思想》，雷永生、邱守娟译，三联书店，1995，第21页。

都是 20 岁左右的青少年，标志性明显，通常剃着光头，身穿黑夹克，手拿铁鞭，专门使用暴力袭击有色人种。民族极端主义以其防御性的民族主义和非理性的排他主义，对俄罗斯政治制度构成巨大的挑战，是俄罗斯建构民主政治和公民社会发展的一种障碍。

## 第二节　俄罗斯国家意识形态发展的挑战

### 一　俄罗斯国内主张民主政治改革的呼声高涨

"普京主义"意识形态的构建，始于俄罗斯激进西化改革引发社会灾难之时，发展于复杂国际国内政治经济形势下俄罗斯稳定政局、恢复经济和加速发展的过程之中。"普京主义"意识形态适应了俄罗斯以超级总统制为核心的威权主义政治模式和国家掌控重要战略资源并指导市场的经济模式。在治乱之中和加速发展之际，有着中央集权专制政治文化传统和国家依赖心理的俄罗斯，接受了这种带有鲜明集权主义色彩的意识形态。普京两届总统任内，俄罗斯实现了秩序稳定和经济增长，同时扩大了国际影响力，使俄罗斯重新成为世界经济的主要行为主体和全球治理不可或缺的重要参与者。普京治理国家的正面效应为"普京主义"的正当性提供了最坚实的社会基础。

"普京主义"正当性基础在 2008 年全球金融危机中遭到了严重冲击，尽管经过几年调整，俄罗斯基本摆脱了危机影响，经济水平基本恢复到金融危机之前，但以经济发展换取政治支持的权力公式已大打折扣。另外，国家发展中一些根本性问题没有得到解决，如国家经济结构没有得到实际调整，过度依赖能源与原材料出口；现代化进展缓慢，贫富差距不断拉大（2000～2010 年最贫困 10% 的人口与最富有 10% 的人口之间收入差距扩大了 1/5），这使民众对俄罗斯发展的信心受损。2010 年的一项民调结果显示，可能参加抗议活动的民众比例已经接近 50%。①

---

① 杨成：《"普京主义"的社会基础与 2012 年总统选举之后的俄罗斯政治生态发展趋势》，《俄罗斯研究》2012 年第 2 期。

2011 年 12 月的第六届国家杜马选举成为俄罗斯政治发展中的一个重要节点，不仅决定着未来 5 年各派政治力量在俄罗斯政治格局中的地位，也直接关系到 2012 年的总统大选，因此各党派竞争十分激烈。统一俄罗斯党遭受重挫，只获得了 49.32% 的选票（上届为 63.8%），在议会中的席位由 315 席减少到 238 席，失去了取得超过 2/3 绝对多数席位的优势。雪上加霜的是，对政权党可能存在选举舞弊行为的指责，激发了民众对民主政治改革的强烈诉求，民众积蓄多年的对普京威权主义政治模式的不满被引爆了。一系列针对统一俄罗斯党和普京的大规模民众抗议行动在全国各地相继举行，这是苏联解体后自叶利钦炮轰白宫事件以来最大规模的群众示威性事件。

12 月 4 日选举当天下午，反对派就发动了集会，反对舞弊行为，抗议选举不公正。12 月 5 日晚，莫斯科数千民众再次冒雨涌上街头示威游行，高喊"俄罗斯不要普京""窃贼普京"等口号，指责选举中的舞弊行为，要求实行社会改革。当天圣彼得堡也爆发了类似的游行活动。两地警察先后逮捕了 400 余人。12 月 10 日，大约有 2.5 万名示威者聚集在莫斯科博洛特纳亚广场，挥舞旗帜，呼喊口号，抗议选举中出现的舞弊行为，要求中央选举委员会主席丘洛夫辞职，释放 12 月 5 日抗议活动中被捕的反对派代表，重新进行选举。同一天，俄罗斯全国各地都掀起了针对国家杜马选举结果的示威性群众活动。12 月 24 日，在莫斯科萨哈罗夫院士大街又举行了一次由反对派组织的更大规模的示威游行，俄罗斯内务部的统计数据是有 2.9 万人参加了示威流行，游行组织者宣称至少有 10 万人参加了这次活动。当天，在圣彼得堡、车里雅宾斯克、托木斯克等城市也举行了类似的游行和集会。大规模示威活动的参加者来自左、中、右各派代表和民族主义者及普通民众，运动口号是反对选举舞弊和要求政治民主改革。

除了金融危机的巨大冲击外，还有如下原因导致俄罗斯国内民主政治改革呼声高涨。

其一，反对派力量有所增强。俄罗斯体制内的反对派政党是俄罗斯联邦共产党、公正俄罗斯党和自由民主党，它们在国家杜马中扮演着竞争者的角色。统一俄罗斯党的社会支持率明显下滑，这三个政党则分享了统一俄罗斯党失去的选票和席位，国家杜马中"一党独大、三党陪衬"的政治力量格局有所调整。体制外的"亚博卢"、"俄罗斯爱国者"党和"正义事业"党因未超过5%的选举"门槛"未能进入新一届国家杜马，但近年来它们表现活跃，对不能进入体制内合法表达政治诉求一直耿耿于怀。前副总理涅姆佐夫、前总理卡西亚诺夫领导的"人民自由党"（其主要支持者来自社会中产阶级）和由埃尔杜阿尔·利莫诺夫领导的"另一个俄罗斯"则是参与组织民众抗议活动的最大的两个反对派，他们对第六届国家杜马选举中可能存在舞弊行为反应激烈，持续不断地发动街头抗议活动，要求重新举行"干净的选举"。

其二，选民结构的变化。首先是新中产阶级的兴起。据俄罗斯战略研究中心的研究，欧式中产阶级目前在俄罗斯成年人中的占比约为1/3，在大城市几乎占比50%，而且数量在未来还将稳步增长。① 根据普京提出的"2020战略"中的数字，目前俄罗斯的中产阶级占居民总数的27%，到2020年，这一数字将可能达到40%左右。中产阶级是可以选择政策的群体，他们接受的教育水平较高，会理性地看待候选人，并乐于表达自己参与民主政治的诉求。其次是近年来俄罗斯35岁以下的选民比例逐步提高。与2000年相比，2004年的选民结构中有7%的新人，2008年新选民占比达到10%，这种年轻化的趋势在2012年还在延续扩大。新生代选民大都出生于苏联解体之后，是伴随着自由、民主的口号在新的政治环境中成长起来的新一代俄罗斯公民，其政治参与的积极性较强，重视个人的自由等民主权利的保障程度，对过度的"可控民主"持反对倾向。在参加反对普京游行示威的人员构成中，60%的参加者不到40岁，70%的人受过高等教育。最后，选民的地区性结构差异明显。边远落后地区对普京的支持力度大，占比一般为60%～70%，在车臣甚至高达99.7%，而在莫斯科这样的大城市普京的支持率仅为49.2%。更极端的例子发生在莫斯科大学，在这个高级知识分子和年轻人聚集之地，普京排在投票排行榜的末位。在俄罗斯主流民意求稳的情况下，大中城市的中产阶级、知识分子、大学生的民主呼声和求新图变的诉求日益凸显。

其三，民主政治改革相对滞后。以普京为代表的俄罗斯政治精英重视社会稳定和经济增长，对公民自我意识的觉醒缺乏足够认识，没有积极主动地去完

---

① *Moscow Times*, 2012.5.4.

善俄罗斯的政治民主制度,多年来,"去普京化"社会负面情绪不断发酵。首先是民众对威权主义政治模式的质疑由来已久。俄罗斯的私有化和市场经济改革是在西方自由主义思潮洗礼下推动的,经历过西方自由民主理念教化的民众开始对国家过于依赖某一个强权人物表现出怀疑和不满,而深层次的腐败问题则激发了民众对官僚集权政治体制的厌恶,民众越来越反对政治垄断,呼吁发展竞争性政治。其次是普京与梅德韦杰夫之间"王车换位"式的国家权力交接方式,使民众的民主参与感严重受挫。国家总统选举似乎成为普、梅两人对国家权力"私相授受"式的政治游戏,看似不违宪,实则践踏民主,这"羞辱"了民众的政治参与感,民众觉得自己的民主权利实际上被剥夺了。

2012年3月4日,俄罗斯举行新一轮的总统选举,普京虽然以63.60%的得票率(2004年普京得票率为71.3%,2008年梅德韦杰夫得票率为70.23%)再次当选俄罗斯总统,顺利回归克里姆林宫,但普京政权已清晰地感受到了来自社会的严重不信任。针对反对派和民众特别是城市中产阶级日益高涨的扩大政治参与、增加政治竞争的需求,普京在第三任期更多地表现出了灵活而务实的政治家气度,在不触及其核心价值理念和核心治国思想的前提下,适度接纳新形势下的自由民主思想成分,在保守主义稳定原则基础上,强化了发展原则,使"普京主义"成为一个相对开放的体系。在具体的政治实践中,他一方面继续强调俄罗斯民主带有自身传统,是俄罗斯人民自我管理的权力,即"主权民主";另一方面他又重视发展直接民主,采取一系列措施建立更加公平的政治竞争环境,比如简化政党登记制度,适度降低组建政党的门槛,恢复地方领导人直选,在国家杜马中恢复了混合选举制,赋予人民立法动议权等;政党竞选联盟也有望在未来恢复,这使小微政党有机会通过政党联盟的方式形成较大力量参与竞争而进入议会,政治的参与面更加广泛。普京为回应民众民主呼声采取的改革新举措,在一定程度上缓解了民主与集权的矛盾。但因为普京的威权主义政治模式并未有实质性改革,其带有鲜明集权主义色彩的"普京主义"意识形态依然面临严峻挑战。

## 二 国际上与西方主流政治价值观的冲突日益明显

普京倡导的国家意识形态立足于俄罗斯国家根本利益和长远发展,强调俄罗斯的独立主权和繁荣强大，与西方资本主义国家所期望的政治价值观差距较大。近年来，俄罗斯与西方国家在文化认同、道德价值和国家精神等方面的冲突已经成为它们之间的另一战场。①

　　美国著名学者亨廷顿认为，无所适从的国家要确定文明认同，除了在国内要得到政治和经济精英的普遍支持和公众的默认以外，在文明中占主导地位的国家（大多数情况下是指西方国家）也必须愿意接受这种转变。② 亨廷顿认为，俄罗斯就是这样一个传统上无所适从的国家，它现在想通过"普京主义"重建自己的文明认同，但在它向往的西方国家中无论是政治界、经济界，还是学界都对俄发展中的国家意识形态持否定与质疑的态度。在西方国家眼中，"普京主义"是一个等同于"专制集权主义"的贬义词。美国学者乔治·威尔认为，"普京主义"在本质上是民族主义酝酿的结果，它甚至就是剔除了极端因素的国家社会主义。曾出任普京首席经济顾问的安德烈·伊拉里昂诺夫指出，"普京主义"使俄罗斯通过强力形成了一个新的政治秩序，这个国家已经由只顾自身利益的国家机构所控制，奉行"纳什主义"、奉行权力的选择性运用。英国《每日电讯报》的副主编西蒙（Simon Heffer）直言不讳地指出，普京的继任者梅德韦杰夫只是一个将代表极权专制的普京主义制度化的工具。莫斯科卡内基基金会副主任特列宁认为："在俄罗斯人眼里没有绝对的自由，也不存在完美的民主，民众无不生存在政府的欺瞒之下。"③ 部分西方学者还以经济问题为切入点，对俄罗斯的民主前景表现出惯有的忧虑，他们认为这种专制统治迟早要崩溃，新一轮的金融危机强化了他们对"普京主义"终结的预期。

　　西方国家对"普京主义"意识形态的否定有深刻的国际政治背景。普京执政期间，俄罗斯持续的政治稳定和经济发展使俄罗斯综合国力和外交影响力在很大程度上得到了恢复，总体上已经具有恢复全球超级大国地位的前景，有

---

① 陆南泉：《俄罗斯国家转型研究》，社会科学文献出版社，2013，第297页。
② 〔美〕塞缪尔·亨廷顿：《文明的冲突和国际秩序的重建》，周琪等译，新华出版社，1999，第146～147页。
③ Trenin, D., "Russia Redefines Itself and Its Relations with the West", *The Washington Quarterly*, 2007, Spring.

望进入世界五强行列。俄罗斯抛弃了过去融入西方世界的臆想，推行以"主权民主"思想为核心的对内对外政策，不容许西方国家以民主为理由干预俄罗斯内政，在国际上越来越独立地以维护本国利益和谋求大国地位为原则开展国际交往。俄罗斯的日益强盛让西方国家寝食难安。

遏制俄罗斯发展的一个重要切入点，就是批评俄罗斯的民主政治。以美国为代表的西方国家以 2011 年俄罗斯第六届国家杜马选举为由，对俄罗斯横加指责。在 2011 年 12 月 6 日举行的欧安组织外交部长理事会上，美国国务卿希拉里公开批评俄罗斯国家杜马选举缺乏公正和自由，呼吁要就此进行调查。俄罗斯外交部 6 日当天发表声明，表示对希拉里的指责难以接受，同时希望美国在发表不友善言论时应保持克制，不要影响俄美双边关系总体发展的势头。普京也在 8 日严厉指责希拉里在没有真凭实据的情况下对俄罗斯国家杜马选举做出的批评，点明美国的本意是向俄罗斯国内的反对派释放鼓励的信号。然而希拉里依然故我，12 月 14 日，她再次就俄罗斯民主问题发声，她指出，俄罗斯接受高等教育的人口众多且中产阶级迅速增长，他们有要求政治民主化的内在愿望和权利。

与西方主流政治价值观的冲突制约了俄罗斯国际影响力的进一步扩大。俄罗斯的"主权民主"理论与目前国际上已经形成一定影响力的全球安全原则有冲突之处。自美国"9·11"事件以来，西方国家出于自身利益需要，主张在全球化时代应将全球安全原则置于国际安全合作的优先地位，从而提出了"国家主权过时论"。随着国际关系和国际法的日益发展，国家主权应受国际法约束的观念在全球已有较大影响，行使主权应以国际法为前提也成为一定范围内的共识。西方国家认为，俄罗斯过度强调主权将会受到国际上多方面的牵制，甚至使俄罗斯孤立于国际体系之外。

## 三　全球化与信息化给俄罗斯意识形态带来的新课题

面对国际经济形势的严峻挑战和国内经济发展的迫切需求，俄罗斯选择了主动融入经济全球化的大潮。从国际上来看，经济全球化是全球化进程的原动力和先导，它推动了生产、贸易、投资、金融等生产要素在全世界范围的有效配置，使世界越来越成为一个有机的经济整体。经济全球化已经以不可阻挡之势把世界各个国家裹挟进国际化的市场分工和协作之中。从国内情况来看，俄罗斯经济的痼疾在于经过 20 余年的改革努力始终未能从根本上扭转经济结构严重失衡的现状。俄罗斯经济发展过度依靠能源出口，为国际市场变化所左右，缺乏可持续发展的能力。自叶利钦时代起，俄罗斯就已经认识到本国经济存在的缺陷和问题，试图调整经济结构。近年来，俄罗斯加紧实施创新经济战略，推动经济结构调整，增加现代化的高新技术产业和传统的优势产业在国民经济中的占比。如果俄罗斯不能参与国际市场的自由贸易和技术交流，不能在健全的市场体制下推动经济增长方式的变革，创新发展和经济现代化就无从谈起。因此，申请加入世界贸易组织是俄罗斯融入全球化经济进程的必然选择，是强制性推动其经济改革的有力举措。入世有助于俄罗斯吸引外资和先进技术、扩大出口、促使俄进行内部改革、完善经济制度安排、建设公平透明的竞争环境，由此提高俄经济的整体竞争力。经过 18 年的艰苦谈判和各种努力，2011 年 12 月 16 日，世界贸易组织第八次部长级会议正式批准俄罗斯入世，这对处于转型阶段的俄罗斯显得尤为重要，对俄罗斯经济的健康、稳定发展大有裨益。

全球化不仅仅是一个经济问题。以经济全球化为核心，世界各国各地区在政治、文化、科技甚至军事、安全和意识形态等多领域形成了相互联系、相互依存、相互渗透的新态势。全球化带来的深层交融和激荡，不仅深刻地改变着世界的生产方式、利益格局和国际政治经济秩序，而且更深刻地影响着人们的思想观念、生活方式和价值体系，冲击着各国的意识形态安全。以加入世贸组织为标志，俄罗斯全面融入了世界的全球化进程，这对俄罗斯既是机遇，也是挑战，不仅仅表现在经济领域，同时也表现在思想领域。在引入外资和先进技术的同时，西方的政治、法律、道德意识和生活方式也随之进入和渗透于俄罗斯民众的生活中。经济上，俄罗斯必须接受国际贸易普遍规则，履行入世承诺，降低关税和开放市场，改善国内投资环境；在法治思想、管理理论、职业道德等多方面，俄罗斯也需要学习借鉴发达国家，与西方国家保持一致。特别是随着服务和文化市场的开放，俄罗斯面临着更加开放的思想和文化环境，西方推进"颜色革命"的渠道更加畅通了，俄罗斯国内意识形态和思想文化领域的斗争也更加激烈了。西方国家依托经济科技优势掌控着文化主动权，通过文化产品和大众传播媒介强力输出西方的主流意识形态，对俄罗斯人的价值体系、文化传统、思维模式及社会心理产生了极大影响。新自由主义思潮再次卷土重来，冲击着俄罗斯威权主义政治模式；"欧美文化中心论"的论调再次高涨，考验着刚刚恢复的俄罗斯民族国家认同。全球化进程中俄罗斯民族传统文化和价值观如何保持，俄罗自己独特的发展道路如何坚持等，都需要俄罗斯初具体系的国家意识形态去回答、去应对。

信息化与全球化相生相伴。信息化是推动世界加速发展的工具性手段，也成为意识形态领域矛盾与挑战的加速器和放大器。当今世界，信息技术的发展超出了人们的想象，超越主权国家国界的信息交流日益频繁，互联网已经成为影响人们思想观念和价值取向的"第一影响源"。与传统的纸质媒体和电视相比，互联网具有快速、便捷等一系列优势，便于使用，却难以控制和封锁，在促进社会文化思想交流的同时，也对国家意识形态的传播和控制构成了严峻挑战。近年来俄罗斯互联网及新媒体发展非常迅速，2008 年 3 月的数据显示，俄罗斯互联网用户的年平均增长率为 19.2%，2009 年 10 月的数据为 35.3%。① 互联网及新媒体已经成为官方垄断电视节目的替代品，在俄罗斯政治经济生活中扮演着重要角色。

俄罗斯政府对传统媒体的掌控卓有成效。政府不但控制了全国最有影响力的电台、电视台和纸质媒体，还熟练地运用媒体影响力，成功塑造了以普京为代表的政府高级官员的良好形象，宣传了政府政绩。但面对信息化时代的新媒体，俄罗斯目前的管理还处在放任自流、茫然无措的状态。互联网成为人们发泄不满的最便捷、传播最快的渠道，体现反对派思想的互联网资源成倍增长。网络在 2011 年冬至 2012 年春的俄罗斯社会抗议活动中发挥了巨大的作用。一些社交网络，如 Facebook、Twitter、Vkontakte 等成为人们交流信息和反对派组织抗议活动的有效平台。俄罗斯国内的互联网上不断出现揭露选举违规的视频，多家媒体网站和监督机构网站在总统选举当天因遭遇"黑客"攻击而瘫痪。新媒体不断放大俄罗斯虚拟空间及社交网络平台中对"普京主义"的不

---

① 杨成：《"普京主义"的社会基础与 2012 年总统选举之后的俄罗斯政治生态发展趋势》，《俄罗斯研究》2012 年第 2 期。

满。2012 年 2 月 15 日早上，俄罗斯网络上居然出现了"俄罗斯总理普京被控参与恐怖主义与盗窃国家财产遭逮捕"的惊人视频。这段视频长达 50 秒，采用移花接木的手法，截取普京和夫人参加 2010 年人口登记时的镜头与莫斯科哈默夫尼切斯基法院现场嫁接，以画外音的方式模仿指控"普京"盗窃国家财产、金融舞弊、滥用职权、参与筹备针对人民和政府的恐怖袭击，并宣判"普京"13 年半有期徒刑。该视频被上传至 YouTube 后，被多家俄罗斯网站转载。尽管这只是一个政治讽刺的闹剧，但已足以说明网络对国家意识形态的冲击和威胁。

　　信息化进程中伴随着信息污染和信息渗透，也滋生着信息侵权和信息犯罪。网络上各种各样的社会思潮和主义泛滥，极大地影响了俄罗斯民众的信息选择和价值取向。有三种主义在网上横行，与俄罗斯国家意识形态冲突严重。一是网络无政府主义。由于互联网的全球性和开放性，各国政府在解决互联网产生的问题时几乎都有些束手无策，导致网络无政府主义盛行。无政府主义反对一切国家和政府，反对一切权力和权威，反对一切集中和领导，反对来自政府或其他集团的、法律的和技术的管制，主张虚拟空间的独立性，主张个人或小团体的绝对自由和极端民主。网络无政府主义与普京强调的"国家观念"，即把强大的国家及其体制和机构作为秩序的源头和保障的理念完全相左，更是与普京政府实施的威权主义政治相对立。二是网络民族主义。网络民族主义往往由民族争端地区的民族分离势力所操纵。俄罗斯车臣等地区的极端民族主义者都开设了网站，占据网络舆论新高地，为其宣传、煽动、教唆民族分裂活动提供方便，具有突发性、影响大、难以控制等特点。网络民族主义和民族极端主义势力遥相呼应，成为威胁俄罗斯民族团结、政治稳定的重大威胁。三是网络恐怖主义。互联网为网络恐怖主义的泛滥及其活动提供了空间和手段。未来的恐怖分子也许能用键盘做出比用炸弹更多的坏事。宗教极端势力是实施网络恐怖活动的主体，其影响的范围日益扩大，互联网成为"基地"组织及其分支机构宣扬活动和招募成员的重要渠道。几乎所有的恐怖集团都有自己的网站，甚至同时经营几个网站并不断更换域名，让政府部门难以应对。

# 结　语

　　普京在俄罗斯政治实践中结合国家发展不同阶段的现实需求，与他的精英政治团队一起有意识地建构、发展、完善其政治思想体系——"普京主义"。"普京主义"思想体系的核心目标、基本价值理念和国家治理思想，源自俄罗斯本国的政治传统、历史文化、民族心理和现实国情，是在俄罗斯大地上自然生长的并与俄罗斯转型期经济基础、政治现状、思想现实和国家发展需求相适应的主流意识形态，它深刻影响着俄罗斯内政外交的方方面面。"普京主义"虽未取得国家宪法的表现形式，但借助"超级总统制"权力模式、统一俄罗斯党的巨大政治影响力和普京的个人魅力，其已经成为俄罗斯意识形态领域的主导性思想，发挥着国家意识形态的重要作用。

　　俄罗斯国家意识形态建设与发展的历程带有深刻的时代印记和国情特色，其中也蕴含着意识形态建设的一般规律，现对此做初步提炼，或可为各转型国家的意识形态建设提供借鉴。

## 一　"强国梦"是俄罗斯国家意识形态最重要的软实力

　　根据马克思的历史唯物主义理论，只要人类社会存在，就有意识形态；只要国家和阶级存在，就有国家意识形态。支撑一个国家政权稳固和事业发展最重要的两种力量：一是国家强制力量，这来源于政府机关、军队、警察、法庭和监狱等镇压性国家机器；二是民众自觉服从的力量，这来源于国家意识形态价值引导下的社会认同。无论一个国家是否承认自己有官方意识形态，国家意识形态都是客观存在的。

当我们理性、客观、全面地考察俄罗斯的历史进程时，我们会清晰地发现，国家意识形态始终是伴随俄罗斯兴衰的重要因素，有时甚至是主要或首要因素。从列宁"革命模式"下意识形态功能的能动发挥到斯大林"控制模式"下的唯意识形态论，从赫鲁晓夫"修正思维下"意识形态的局部"解冻"到勃列日涅夫"看守思维"下意识形态的僵化，从戈尔巴乔夫"漂移模式"下的新思维到叶利钦自由主义口号下的去意识形态化，再到普京"强国思维"下的国家意识形态重塑，苏联兴盛时期的荣耀、解体时期的悲催、新俄罗斯的困顿与奋发，无不与国家意识形态的变迁休戚相关。历史的经验和教训告诉人们，国家意识形态是最重要的软实力，必须把国家意识形态建设当作事关国家发展、民族生存和人民福祉的重要战略任务来抓，须臾不可放松。

以"强国梦"为核心的国家意识形态建设是俄罗斯实现光明未来的三大战略任务之首。普京反复强调："无论讨论多久什么是基础，什么是对于我国而言牢固的道德基础，除了爱国主义想不出别的东西。"[1]爱国主义精神源自俄罗斯民族传统，而强国理念是俄罗斯爱国主义精神的核心价值和突出特征。俄罗斯爱国主义精神的基本原则是"国家利益至上"，根本目标是"强国梦"。俄罗斯意识形态的"国家性"色彩十分强烈，如国民思想的共同基础是对国家的忠诚和情感；影响国家决策和民众思维倾向的是强国意识；复兴俄罗斯的主要依托是国家机器；社会团结的习惯源自对国家和集体生活的信任和依赖；治国思想强调的是国家在完全独立自主地决定内外事务前提下的民主政治制度构建。

"强国梦"呼应了俄罗斯脱离世界二流甚至三流国家困境的迫切现实需要，反映了利益群体分化加剧和新兴阶层不断涌现的急剧转型时期不同社会群体的共同利益诉求。它让一个基本阶层和主要政治力量信奉不同的价值观、几近四分五裂的社会再次凝聚到俄罗斯伟大复兴的统一旗帜下来，为俄罗斯经济社会的恢复与发展提供了根本的精神动力，为现存政治模式和政治行为提供了合法性依据，并通过价值引导和社会教育的方式帮助国家实现社会整合与控

---

① 《普京文集（2012—2014）》，世界知识出版社、华东师范大学出版社，2014，第150页。

制。"强国梦"也是俄罗斯从容应对西方国家进行意识形态渗透、策划"颜色革命"的强大精神武器。

## 二　民族文化和精神传统是国家意识形态建设的重要根基

普京重塑俄罗斯意识形态的过程也是寻找意识形态思想资源的过程。苏联以马克思主义为指导，而马克思主义的三大理论来源是德国的古典哲学、英国的政治经济学和欧洲空想社会主义，其现实基础是西欧发达资本主义国家的经济政治和社会现状。叶利钦时代，俄罗斯选择自由主义为主导思想，该主义是伴随着 17 ~ 18 世纪西欧工业革命和资本主义制度建设而产生的反对封建主义君权神授、专制独裁的资产阶级思潮，强调个人的权利和私有财产的合法性，主张自由放任的经济政策，限制政府权力的运用。在普京看来，无论是马克思主义还是自由主义都是舶来品，不是从俄罗斯民族历史中自然生长出来的思想，并不能有效支撑俄罗斯意识形态。普京一再强调不能将外国课本上的抽象模式和公式简单地照搬到俄罗斯，否则一定要为此付出巨大的代价。

普京始终把俄罗斯民族文化和精神传统作为国家意识形态的主要资源和重要根基。在普京即将首次入主克里姆林宫的世纪之交，他提出了"俄罗斯新思想"。在这一新思想的两个组成部分中，普京对"普世价值"的阐述只是蜻蜓点水，而对俄罗斯传统价值观的论述则浓墨重彩，用大量篇幅对来自俄罗斯民族文化和精神传统的"爱国主义""强国意识""国家观念""社会团结"进行了深刻分析。2005 年，普京在第二次就任总统之初就提出了"主权民主"思想，"主权"捍卫的正是俄罗斯民族千年历史和文化传统孕育出的特殊国情和独特政治运行体制。在普京连续两个总统任期届满，即将离开克里姆林宫时，他再次强调："只有当社会拥有一套共同的道德纲领体系，当国家保留了对母语的尊重、对独特文化价值的尊重、对祖先的尊重和对国家每一页历史的尊重之时，才能够设立并最终实现伟大的目标。"他用"俄罗斯保守主义"的外衣来总结和包装自己的意识形态，同样把保守主义价值观的渊源归结为俄罗斯社会本身已经具有的道德基础。2012 年普京第三次就任俄罗斯总统之时，他在就职仪式讲话中再次号召："只要依靠我们坚实的多民族文化和精神传统、依靠我们的千年历史、依靠我们生活的基本道德和价值观……我们必将取得成功。"①正是俄罗斯的传统价值观为普京推行威权主义政治模式提供了合法性依据，而经过 20 世纪波澜壮阔一百年考验的带有社会主义性质的价值观同样也对俄罗斯国家意识形态的构建产生一定的影响力。

民族文化和精神传统本质上也是一种意识形态，它是一个民族得以维系和凝聚的精神纽带，在一个民族的生存和发展中发挥着精神支柱和内在动力的作用。在现代社会中，民族文化与精神传统日益成为政治意识形态的组成部分，成为发展新意识形态的重要依托。而国家意识形态作为具有独特逻辑和结构的思想理论体系，既在特定社会中历史地存在并发挥重要的历史作用，也会随着时间的流逝沉淀为民族文化和精神传统的重要内容。在建设和创新国家意识形态的过程中，如何将国家意识形态成功地嵌入民族文化和精神传统之中，运用它们的作用机制在潜移默化之中实现国家意识形态的现实功能，这是意识形态建设和学术研究中一个十分重要的课题。

### 三　国家意识形态建设主动呼应经济政治社会的发展变迁

历史唯物主义和辩证唯物主义告诉我们，经济基础和上层建筑之间存在着辩证关系。经济基础决定上层建筑的基本内容和性质，决定上层建筑的变化和发展方向；上层建筑具有相对独立性，能动地反作用于经济基础，为经济基础提供服务，发挥着促进或制约生产力发展的双重作用。

苏联解体之后，俄罗斯以激进改革的方式开始了国家和社会的全面转型，彻底与斯大林时期形成并发展起来的高度集中的政治、经济体制决裂。俄罗斯转型第一阶段即叶利钦执政时期，是俄罗斯资本主义经济、政治体制的初创期；第二阶段即普京执政 8 年，全面私有化与重要战略资源国有化并行，政治上的中央集权化趋势不断加强；第三阶段即"梅普组合"时期，基本延续了普京的改革进程；第四阶段即普京 2012 年第三次当选为俄罗斯总统至今，全面回归普京主导的国家治理模式。持续不断的私有化和市场化改革从根本上改变了国家的经济基础、政治上层建筑和社会基本结构。从经济基础来看，转型后的俄罗斯全面抛弃了苏联单一公有制的计划经济体制，

① 《普京文集（2012—2014）》，世界知识出版社、华东师范大学出版社，2014，第 126。

建立了以全面私有化为基础的自由资本主义市场经济体制。从政治制度来看，以西方"分权与制衡"原则为指导，确立了以超级总统制为核心的国家权力体系、多党制和西方议会民主的政体架构。从社会结构来看，基本经济制度变化带来了根本性的阶级分化和社会结构变革，占人口总数 6% 的大资产阶级掌握和支配着 50% 的生产资料，成为俄罗斯社会统治阶级的主体；中产阶级在人口总数中占比近 20%，艰难地朝"社会支柱"方向成长，是统治阶级的组成部分。

国家经济基础、政治上层建筑和社会基本结构的根本变迁必然要求国家意识形态的根本变迁。从本质上看，当今的俄罗斯已经是一个资本主义性质的国家，必然会而且已经全面抛弃了无产阶级的精神武器和指导思想——马克思主义。新俄罗斯的国家意识形态代表的是以俄罗斯大资产阶级为主的资产阶级的根本利益，反映的是资产阶级的价值倾向、情感意志和愿望要求。从整体倾向上看，俄罗斯国家意识形态从社会主义转向了西方所认同的基本价值观念。国家意识形态的建设是一个与经济和政治发展互动的渐进过程。"普京主义"意识形态是普京和政治精英们在俄罗斯国家发展的不同阶段逐步完善构建起来的；而"普京主义"在发展过程中，也深刻地影响着国家领导人和执政集团的思想倾向，对俄罗斯的经济转型、政治转型以及外交战略转型的各项决策和政策实施发挥着能动的反作用。

## 四 以开放姿态增强国家意识形态的包容性、普适性和灵活性

增强俄罗斯意识形态的包容性表现在普京善于处理好开展国家意识形态建设与宪法意识形态多元化主张之间的关系。国家意识形态首先体现和维护统治阶级的根本利益，反映统治阶级的价值倾向、意志情感和愿望，但作为国家的主导思想，国家意识形态还必须反映全社会绝大多数人的愿望和要求，只有在体现不同阶级、阶层和利益群体的共同利益和愿望方面具备更多的普遍性和内在一致性，才能拥有更广泛的民众基础，提高社会影响力和政治亲和力。苏联时期，以"共产主义"为核心的国家意识形态是无产阶级专政政权的指导思想，只强调代表无产阶级和工农联盟的利益；在苏联解体之初的俄罗斯，"自由主义"政治思想一度成为执政者和当权派的主流思潮，反映和维护的主要

是激进私有化改革既得利益者和私有者的利益。普京执政时期，俄罗斯社会各阶级阶层之间的观念斗争更加激烈。为超越阶级阶层和政治派别的局限性，普京在重塑俄罗斯意识形态的过程中将国家性和国家利益放到了至高地位，强调"宪法将两个基本的优先——公民的权利与自由的地位和强大的国家联系在一起"①。普京始终把"爱国主义"作为构筑俄罗斯未来的稳固基础，把"社会团结"作为重要目标和任务，为意识形态留下了兼容并包的空间。

增强俄罗斯意识形态的普适性表现在普京从全人类价值观和俄罗斯传统价值观相结合的角度，去构建俄罗斯意识形态的核心价值理念。意识形态虽然反映的是特定国家、特定阶级的愿望和要求，但其中包含某些人类共同的要求和愿望，反映的是具有人类特性的那部分价值因素，比如自由、平等、民主、法治等，这些无论在社会主义国家还是在资本主义社会都可共通。普适性还表现在普京对传统文化思想的继承与发扬。每一个社会思想的发展都离不开对前一社会思想成果的吸收和继承，人类思想的发展就是一个不断沉淀、积累和创新的过程。普京一再强调俄罗斯的历史并不是开始于苏联解体之后，也不限于追溯到苏联的辉煌历史，而是要追溯到俄罗斯帝国千年历史的起点。

增强俄罗斯意识形态的灵活性表现在普京把"普京主义"思想体系作为一个开放的体系，顺应时代发展和民众呼声，对其理论内涵不断进行调整、充实和更新。普京第三次出任俄罗斯总统以来，针对新形势下反对派和民众特别是城市中产阶级日益高涨的扩大政治参与、增加政治竞争的诉求，做出积极回应，表现了灵活而务实的政治家气度。他一方面强调带有自身传统的俄罗斯式"主权民主"；另一方面他又重视发展直接民主，通过简化政党登记制度、适度降低组建政党门槛、恢复地方领导人直选、恢复国家杜马中的混合选举制、赋予人民立法动议权等一系列举措营造更加公平的政治竞争环境。这使"普京主义"成为一个相对开放的体系，在不触及其核心价值理念和核心治国思想的前提下，适度接纳新形势下的自由民主思想成分，从而保持和扩大其在民众中的影响力和思想基础。

---

① 《普京文集（2012—2014）》，世界知识出版社、华东师范大学出版社，2014，第503页。

## 五　增强国家意识形态的法理基础以把握意识形态领导权

国家意识形态代表统治阶级的根本利益，为现存基本政治经济制度提供理论支撑，引领规范其他社会意识形式。作为国家机器重要组成部分的国家意识形态必然要求自己在整个意识形态领域处于中心的统治和支配地位。强化国家意识形态，支配并控制整个意识形态领域也是统治阶级国家治理的题中之义和应然之举。

苏联斯大林时期是泛意识形态化的极端时期，封闭僵化、粗暴专横的意识形态控制制造了许多人间悲剧，刺痛了民众心灵，最终也助推了苏联解体，使人民丧失了统治阶级地位。苏联解体之后，俄罗斯一度走向了另一个极端，把意识形态的国家掌控看成极权手段，从宪法和法律上否定国家意识形态，对意识形态领域完全放任自流，导致整个民族的国家认同和基本价值观危机。普京在重塑国家意识形态的过程中，将意识形态的国家控制融入其威权主义的政治模式之中。在俄罗斯经济持续稳定发展的支撑下，借助普京的领袖魅力和统一俄罗斯党的政治优势，俄罗斯意识形态的国家控制不断得到强化。

受限于俄罗斯 1993 年宪法对国家意识形态的否定，"普京主义"并未取得国家宪法或法律的表现形式，主要是通过总统讲话、国情咨文、政府文件和政党意识形态等方式来表达，但以普京为核心的政治精英团队十分注重增强"普京主义"意识形态的法理基础和内在逻辑，也注重采取柔性手段来实现在意识形态领域的领导权。普京政权在意识形态领域改变了传统的理论灌输和行政强制手段，善于通过法律手段规范政党制度建设，宏观控制意识形态领域差异；善于利用社会资源构建和谐政教关系，促进社会团结和道德建设；善于发挥学校教育的传统优势，推进爱国主义和公民道德教育；也善于掌控新闻舆论工具，塑造国家领导人和政府的正面形象，使国家意识形态在促进社会团结、凝集民众力量、实现俄罗斯振兴的进程中发挥切实的作用。

总而言之，"普京主义"意识形态建设是一个自觉的、理性的、渐进的过程。经过 20 多年的艰辛探索，俄罗斯国家的转型尚未根本完成，俄罗斯国家意识形态的建设仍处在进行时态。

在"普京主义"内涵不断丰富并在国家治理中展现出积极而重大作用之

时，隐藏在其理论构建之中的源自体制、文化和民族心理的多重深层次矛盾也日益凸显，同时国内政治民主化进程、西方政治价值观渗透、全球化和信息化时代变迁等都使"普京主义"的主导地位面临着巨大挑战。尽管如此，"普京主义"意识形态的正义性、合法性社会基础依然存在：俄罗斯持续多年的政治稳定和经济发展，还足以支撑俄罗斯民众对于秩序、稳定和发展的期待；俄罗斯民众对普京的信任率仍居众多政治家之首，普京被民众视为稳定、强国和国家尊严的象征；俄罗斯的政党格局没有根本变化，统一俄罗斯党依然是国家杜马第一大党，依然是普京政权和"普京主义"意识形态最坚定的支持者、响应者和执行者，体制内外的反对派尚不足以撼动统一俄罗斯党的地位。尽管当前国际风云变幻，但短期内俄罗斯与他国发生大规模战争的可能性不大，国内部分地区分裂主义造成的冲突和动荡尚不足以影响俄罗斯政治大局。乌克兰危机的恶化反而强化了普京的政治权威，巩固了其威权主义政治模式和意识形态控制，一如当年的车臣战争；而国内部分地区分裂主义造成的冲突和动荡也不足以影响俄罗斯政局。更重要的是，俄罗斯依然是对世界上具有重要影响的能源大国，石油天然气等战略性自然资源依然可以支撑俄罗斯经济的发展。普京牢固的执政基础决定了"普京主义"未来在俄罗斯仍将占据着国家意识形态的主导位置。

# 参考文献

## 一 著作

1.〔澳〕安德鲁·文森特:《现代政治意识形态》,袁久红等译,江苏人民出版社,2005。

2.〔德〕卡尔·曼海姆:《意识形态与乌托邦》,黎鸣等译,三联书店,2011。

3.〔德〕马克思:《剩余价值学说史》,郭大力译,人民出版社,1975。

4.〔德〕马克斯·韦伯:《学术与政治》,冯克利译,三联书店出版社,1998。

5.〔俄〕M. P. 泽齐娜等:《俄罗斯文化史》,刘文飞译,上海译文出版社,1999。

6.〔俄〕阿里尼、马尔琴科:《俄罗斯联邦制度形成的教训和问题》,莫斯科因杰尔杰赫有限公司,1999。

7.〔俄〕费·丘耶夫:《同莫洛托夫的 140 次谈话》,王南枝等译,新华出版社,1992。

8.〔俄〕弗兰克:《俄国知识人与精神偶像》,徐凤林译,学林出版社,1999。

9.〔俄〕格·阿·阿尔巴托夫:《苏联政治内幕:知情者的见证》,徐葵等译,新华出版社,1998。

10.〔俄〕久加诺夫:《俄罗斯——我的祖国,国家爱国主义思想》,莫斯科,1996。

11.〔俄〕罗伊·麦德韦杰夫:《俄罗斯往何处去——俄罗斯能搞资本主

义吗?》,徐葵等译,新华出版社,2000。

12. 〔俄〕尼·别尔嘉耶夫:《俄罗斯思想》,雷永生、邱守娟译,三联书店,1995。

13. 〔俄〕切尔尼亚耶夫:《在戈尔巴乔夫身边六年》,徐葵等译,世界知识出版社,2001。

14. 〔俄〕亚·维·菲利波夫:《俄罗斯现代史(1945—2006)》,吴恩远等译,中国社会科学出版社,2009。

15. 〔法〕路易·阿尔都塞:《保卫马克思》,顾良译,商务印书馆,2006。

16. 〔法〕托克维尔:《论美国民主》(下),董果良译,商务印书馆,2004。

17. 〔美〕大卫·科兹等:《来自上层的革命》,曹荣湘等译,中国人民大学出版社,2003。

18. 〔美〕曼纽尔·卡斯特:《认同的力量》,曹荣湘译,社会科学文献出版社,2006。

19. 〔美〕塞缪尔·亨廷顿:《文明的冲突和国际秩序的重建》,周琪等译,新华出版社,1999。

20. 〔美〕汤普逊:《理解俄国:俄国文化中的圣愚》,杨德友译,三联书店,1998。

21. 〔美〕詹姆斯·比灵顿:《俄罗斯寻找自己》,杨恕译,兰州大学出版社,2007。

22. 〔美〕兹比格涅夫·布热津斯基:《大棋局——美国的首要地位及其地缘战略》,中国国际问题研究所译,上海人民出版社,1998。

23. 〔美〕兹比格涅夫·布热津斯基:《大失控与大混乱》,潘嘉玢、刘瑞祥译,中国社会科学出版社,1995。

24. 〔希〕尼科斯·波朗查斯:《政治权力与社会阶级》,叶林等译,中国社会科学出版社,1982。

25. 〔匈〕卢卡奇:《历史与阶级意识》,杜章智等译,商务印书馆,1992。

26. 〔英〕大卫·麦克里兰:《意识形态》,孔兆政、蒋龙翔译,吉林人民出版社,2005。

27. 〔英〕佩里·安德森：《西方马克思主义探讨》，高铦等译，人民出版社，1981。

28. 安启念：《东方国家的社会跳跃与文化滞后》，中国人民大学出版社，1994。

29. 陈超：《哲学与政治——阿尔都塞读本》，吉林人民出版社，2003。

30. 陈义平：《当代西方政治思潮》，安徽大学出版社，2008。

31. 陈振明：《政治学》，中国社会科学出版社，1999。

32. 冯绍雷、相蓝欣：《转型中的俄罗斯社会与文化》，上海人民出版社，2005。

33. 顾海良：《马克思主义发展史》，中国人民大学出版社，2009。

34. 郭小丽：《俄罗斯的弥赛亚意识》，人民出版社，2009。

35. 季广茂：《意识形态》，广西师范大学出版社，2005。

36. 金重远：《20世纪的世界——百年历史回溯》（上卷），复旦大学出版社，2000。

37. 乐峰：《俄国宗教史》（上卷），社会科学文献出版社，2008。

38. 李慎明：《历史的风——中国学者论苏联解体和对苏联历史的评价》，人民出版社，2007。

39. 李永全主编《俄罗斯发展报告（2012）》，社会科学文献出版社，2012。

40. 李永泉主编《俄罗斯发展报告（2013）》，社会科学文献出版社，2013。

41. 李中海本卷主编《普京八年：俄罗斯复兴之路（2000～2008）·经济卷》，经济管理出版社，2008。

42. 《列宁选集》第1、3、4卷，人民出版社，1995。

43. 陆南泉：《俄罗斯国家转型研究》，社会科学文献出版社，2013。

44. 罗荣渠：《现代化新论》，北京大学出版社，1993。

45. 《马克思恩格斯选集》第1、2、3、4卷，人民出版社，1995。

46. 孟伟等：《演变后的俄罗斯》，深圳出版发行集团、海天出版社，2010。

47. 庞大鹏：《观念与制度——苏联解体后的俄罗斯国家治理（1991～2010）》，中国社会科学出版社，2010。

48. 《普京文集（2002—2008）》，中国社会科学出版社，2008。

49.《普京文集（2012—2014）》，世界知识出版社、华东师范大学出版社，2014。

50.《普京文集》，中国社会科学出版社，2002。

51.《斯大林全集》（第6卷），人民出版社，1956。

52.《斯大林选集》（下卷），人民出版社，1979。

53.《苏共决议汇编（第二分册）》，人民出版社，1964。

54. 谭索：《戈尔巴乔夫的改革与苏联的毁灭》，社会科学文献出版社，2006。

55. 童世骏：《意识形态新论》，上海人民出版社，2006。

56. 王立新等：《三十年来中俄政治改革与政治发展比较研究》，人民出版社，2013。

57. 王立新：《苏共兴亡论》，中共中央党校出版社，2007。

58. 许新：《叶利钦时代的俄罗斯》（经济卷），人民出版社，2001。

59. 燕继荣：《政治学十五讲》，北京大学出版社，2013。

60. 姚海：《俄罗斯文化》，上海社会科学出版社，2013。

61. 郑羽、蒋明君总主编《普京八年：俄罗斯复兴之路（2000～2008）》，经济管理出版社，2008。

62. 郑羽：《普京时代（2000～2008）》，经济管理出版社，2008。

63. 周濂：《现代政治的正当性基础》，三联书店，2008。

64. 周新城、张旭：《苏联演变的原因与教训——一颗灿烂红星的陨落》，社会科学文献出版社，2008。

## 二 论文

65.〔俄〕弗·多博林科夫：《全球化条件下的俄罗斯意识形态》，徐海燕摘译，《国外理论动态》2007年第2期。

66.〔俄〕弗·尼·舍甫琴科：《现代化之路还是民族之路——关于俄罗斯发展道路的争论》，陈红编译，《当代世界与社会主义》2013年第6期。

67.〔英〕叶莲娜·切班科娃：《俄罗斯的基本保守主义：探寻现代性》，谢礼圣编译，《当代世界与社会主义》2013年第6期。

68. Giddens, A., "Four Theses on Ideology", In Arthur, K. & Marilouise, K. (eds.), *Ideology and Power in the Age of Lenin in Ruins*, NY: St. Martins Press, 1991: 21.

69. Trenin, D., "Russia Redefines Itself and Its Relations with the West", *The Washington Quarterly*, 2007, Spring.

70. 安启念、姚颖:《苏联解体后俄罗斯的道德混乱与道德真空》,《国外理论动态》2006 年第 12 期。

71. 白晓红:《普京的"俄罗斯思想"》,《东欧中亚研究》2000 年第 2 期。

72. 迟凤云、张鸿燕:《当代俄罗斯公民教育的特点及启示》,《外国教育研究》2007 年第 34 期。

73. 崔光胜:《苏联模式由盛转衰的经济根源探析》,《中共四川省委党校学报》2001 年第 3 期。

74. 丁原洪:《从普京国情咨文看俄罗斯的发展战略》,《和平与发展》2013 年第 2 期。

75. 范建中、徐宜鹏:《俄罗斯的"主权民主":由来、争议及前景》,《俄罗斯研究》2007 年第 4 期。

76. 范建中:《俄罗斯各派关于国家意识形态的不同主张》,《国外理论动态》2002 年第 6 期。

77. 付轶男:《国家政策的回归——新世纪俄罗斯思想道德教育发展走向》,《外国教育研究》2003 年第 30 期。

78. 高雨阳:《叶利钦时期的俄罗斯思想政治教育》,《科教文汇》2008 年第 10 期。

79. 葛立娟、袁晓东:《俄罗斯爱国主义教育研究》,《中国科技信息》2009 年第 14 期。

80. 耿密:《近十年俄罗斯的思想政治教育浅析》,《西伯利亚研究》2009 年第 36 期。

81. 顾志红:《俄罗斯国家意识形态露出端倪》,《中国社会科学院院报》2007 年 9 月 4 日。

82. 关贵海:《论俄罗斯转型期的意识形态》,《俄罗斯研究》2001 年第

2 期。

83. 韩莉：《解体后俄罗斯爱国主义教育体系的重构及其特点》，《西北师大学报》（社会科学版）2008 年第 45 期。

84. 黄军甫：《社会转型过程中的俄罗斯政治思潮分析》，《东欧中亚研究》2000 年第 2 期。

85. 蒋晓燕：《俄罗斯的爱国主义教育及村社意识》，《比较教育研究》2008 年第 2 期。

86. 焦建辉：《普京时代俄罗斯国家意识形态分析》，华东理工大学，2009 年硕士学位论文集。

87. 解蕾：《试析俄罗斯欧亚主义的兼容性特征》，《今日东欧中亚》1999 年第 3 期。

88. 雷永生：《宗教沃土上的民族精神——东正教与俄罗斯精神之关系探略》，《中国青年政治学院学报》1998 年第 1 期。

89. 李渤：《俄罗斯人大国思想渊源初论》，《俄罗斯中亚东欧研究》2009 年第 5 期。

90. 李兴耕：《俄罗斯四大议会政党的意识形态比较研究》，《中共天津市委党校学报》2010 年第 5 期。

91. 李兴耕：《普京的"主权民主"》，《当代世界》2006 年第 7 期。

92. 李兴耕：《统俄党内的三个政治平台》，《当代世界与社会主义》2014 年第 2 期。

93. 李兴耕：《统俄党内的意见分歧和争议》，《当代世界与社会主义》2005 年第 5 期。

94. 李兴耕：《统一俄罗斯党的意识形态——"俄罗斯保守主义"》，《当代世界与社会主义》2010 年第 1 期。

95. 李志忠：《社会转型时期的俄罗斯民族主义》，北京大学 2003 年博士学位论文集。

96. 刘绵锦、王立新：《苏联集权体制的嬗变及启示》，《理论月刊》2002 年第 1 期。

97. 刘莹：《俄罗斯民族认同中的政治文化指向》，《西伯利亚研究》2008

年第 35 期。

98. 刘莹:《普京的国家理念与俄罗斯民族国家认同重建》,《俄罗斯文艺》2008 年第 4 期。

99. 刘玉英:《东正教在俄罗斯社会转型时期的作用与影响》,《辽宁大学学报》(哲学社会科学版) 2002 年第 30 期。

100. 刘长江:《全球化背景下的俄罗斯民族主义》,《唯实》2008 年第 1 期。

101. 吕岩松:《美国中情局发表惊人报告:俄将分裂成 8 个国家》,《环球时报》2004 年 4 月 30 日。

102. 苗贞、丁晓正:《穿越历史时空的意识形态资源——俄罗斯东正教的历史、现状与未来》,《科学大众》2007 年第 6 期。

103. 孙国军:《论斯大林模式》,《邵阳学院学报》(社会科学版) 2011 年第 10 期。

104. 万成才:《雄心勃勃的亚夫林斯基集团》,新华社莫斯科 1993 年 12 月 8 日电。

105. 汪宁:《普京的"俄罗斯新思想"》,华东师范大学 2002 年博士学位论文集。

106. 王春英:《建构中的俄罗斯新意识形态》,《俄罗斯中亚东欧研究》2010 年第 5 期。

107. 王春英:《近期俄罗斯思想政治教育发展路向及启示》,《思想理论教育导刊》2008 年第 7 期。

108. 王春英:《转型期间的俄罗斯意识形态建构之状况》,《学术交流》2010 年第 1 期。

109. 王春英:《转型期间俄罗斯意识形态构建的路径及启示》,《黑龙江社会科学》2009 年第 4 期。

110. 王立新:《转轨以来俄罗斯社会思潮的变迁和应对策略》,《南京师范大学学报》(社会科学版) 2010 年第 5 期。

111. 王立新:《转轨以来俄罗斯政治文化的发展》,《学海》2001 年第 3 期。

112. 王宗礼、史小宁：《政治、语境与历史：意识形态概念的变迁》，《南京师范大学学报》（社会科学版）2012 年第 1 期。

113. 吴恩远：《俄罗斯最新历史教科书关于苏联历史评价的一些新观点》，《马克思主义研究》2009 年第 4 期。

114. 武卉昕、徐宁：《俄罗斯公民道德教育的复归》，《西伯利亚研究》2009 年第 2 期。

115. 徐海燕：《普京时代的青年爱国主义教育》，《青年探索》2007 年第 6 期。

116. 杨成：《"普京主义"的社会基础与 2012 年总统选举之后的俄罗斯政治生态发展趋势》，《俄罗斯研究》2012 年第 2 期。

117. 杨育才：《国外俄罗斯民族主义研究综述》，《俄罗斯中亚东欧研究》2007 年第 3 期。

118. 于晓霞：《社会转型时期俄罗斯中小学德育改革研究》，东北师范大学，2006 年硕士学位论文集。

119. 张昊琦：《俄罗斯保守主义与当代政治发展》，《俄罗斯中亚东欧研究》2009 年第 3 期。

120. 张树华：《转轨期俄罗斯社会的分层与结构转型》，《东欧中亚研究》1997 年第 4 期。

121. 张跃进：《俄罗斯农地制度变革及其绩效》，《经济社会体制比较》2008 年第 6 期。

122. 周尚文：《俄罗斯思想与俄罗斯社会转型》，《当代世界与社会主义》2002 年第 4 期。

## 三 其他

123. 〔俄〕别洛夫：《俄罗斯命运的预兆》，〔俄〕《苏维埃俄罗斯报》2000 年 7 月 6 日。

124. 〔俄〕《普京 2005 年国情咨文》，http：//www. president. kremilin. ru/。

125. 〔俄〕普京：《千年之交的俄罗斯》，〔俄〕《独立报》1999 年 12 月 30 日。

126. 〔俄〕谢·伊万诺夫:《民族价值观的三大支柱》, http//www. oldmilru/articles/article 14358. shml, 2015 - 04 - 15。

127. 〔俄〕尤·阿法纳西耶夫1990年3月12日在苏联人民代表大会上的发言。

128. 〔法〕《世界报》2001年7月8日

129. http: //www. polit. ru/14. 09. 2006.

130. Moscow Times, May 4, 2012.

131. Концепция Внешней Политики, http: //www. scrf. gov. ru/documents/ 25. html, 2015 - 04 - 16.

132. Неверов: Идеология развития, http: //er. ru/news/2012/4/6/ neverov - ideologiya - razvitiya, 2015 - 04 - 16.

133. 《不列颠百科全书(英汉双语版)》, http: //pocket. china. eb. com/ cgi - bin/gs/gsweb. cgi, 2015 - 04 - 05。

134. 《俄罗斯联邦宪法》, http: //www. poccuu. org/xianfa0. htm, 2015 - 04 - 17。

135. 聂寒非:《普京内忧外患初现端倪 俄面临解体隐忧》,《南方日报》 2005年4月27日。

136. 王丹:《俄罗斯国家意识形态的构建与历史意识的转变》,《中国社会科学院院报》2004年9月2日。

137. 闻心芳:《流亡大亨语出惊人 俄迟早爆发"流血革命"》,《新快报》 2005年4月13日。

138. 新华社1995年5月16日转〔俄〕《独立报》总编辑文《官僚党的盲目乐观》。

139. 新华社1995年9月26日转〔俄〕《苏俄报》8月31日载俄共竞选纲领《为了我们的苏维埃祖国》。

# 后　记

20世纪的世界历史是带着鲜明意识形态色彩的。马克思主义、法西斯主义、民族解放主义、自由主义四种意识形态体系曾深远地影响着这个世纪的世界格局、各国命运及其根本的政治经济体制。新保守主义思想、社会民主主义思想、伊斯兰教等也曾在这一百年中的西方政治舞台上发挥重要影响力。20世纪末，以苏联解体、两大阵营冷战结束为标志，一大批社会主义国家走上了转型道路，全球的意识形态对抗全面降温，似乎应验了以反马克思主义和反共产主义为目的的"意识形态终结论"。作为社会主义苏联国际主体地位的继承者，俄罗斯走上了激进西化改革之路，把国家意识形态与极权制度画等号，不仅否定斯大林模式下的社会主义意识形态，而且反对把任何一种思想体系作为官方意识形态。"非意识形态化"的观念在俄罗斯曾一度泛滥。

根据马克思的历史唯物主义和辩证唯物主义理论，经济基础与上层建筑的辩证关系始终存在。抛弃或回避国家官方的意识形态，不等于意识形态问题就在各国现实的历史发展进程中消失了。事实证明，意识形态领域的国际竞争虽秘而不宣却日益激烈，国家意识形态对国家稳定和发展的重要作用更加凸显。接受了意识形态建设两个极端时期的沉痛教训，俄罗斯最终走上了渐进式建构、发展和完善自己独具特色的国家意识形态之路。

作为长期从事思想政治教育与管理的教育工作者，我对意识形态领域的理论和现实问题比较敏感和关注，这既是个人的学术兴趣，也是知识分子的一份责任担当。中国在实现国家现代化转型的历史进程中，十分重视意识形态领域的建设，注重发挥意识形态对经济改革、政治改革和社会改革的积极能动作用。在当前中国政治经济改革步入攻坚期和深水区之时，意识形态领域同样面临着艰巨而复杂的矛盾和问题。在我们坚定中国特色社会主义道路自信、理论自信、制度自信的前提下，学习、研究、借鉴其他转型国家意识形态建设的经验与教训成为应然之举。俄罗斯和中国是比邻而居的世界大国，历史渊源深厚而复杂。作为曾经的社会主义盟友，当前两国都面临着社会转型攻坚克难的历史重任。选择相似度和可比性较高的俄罗斯作为研究对象，对我国意识形态建设应有较大的借鉴意义。

本文以转型期俄罗斯国家意识形态研究为题。我在梳理意识形态概念的历史流变和进一步明确马克思主义意识形态理论基本内涵的基础上，立足于俄罗斯意识形态发展的历史背景和俄罗斯转型以来政治经济社会的现实变革，初步回答了四个方面的重大问题，即俄罗斯要不要国家意识形态？俄罗斯国家意识形态是什么？俄罗斯国家意识形态如何转化为民众的社会意识？俄罗斯国家意识形态是如何发挥能动作用的？对"普京主义"意识形态的理论框架、基本内涵、本质特征进行了大胆提炼和初步分析，使得原本隐蔽、复杂而含混的俄罗斯国家意识形态变得相对清晰可见。尽管俄罗斯国家意识形态的未来发展仍面临着诸多困境与挑战，初具体系的"普京主义"意识形态已然在俄罗斯国家的现代化征程中发挥了重要的政治导向和思想引领作用。俄罗斯国家意识形态建设中蕴含的一般规律性经验，十分值得转型国家在建设意识形态领域时学习借鉴。

俄罗斯国家意识形态的建设是个渐进的过程，许多重大问题仍有待研究和深化。在意识形态建设日益得到党和国家领导人高度重视的今天，中俄之间意识形态建设的比较研究也一定有着极为广阔的空间。本人学术基础浅薄、研究能力有限，仅以此初步研究成果求教于方家，期待在未来的学术之路上能得到更多同行专家的帮助和指点。

我的导师王立新教授是俄罗斯问题方面的专家，我十分幸运能成为王教授的博士生。我对科学社会主义和国际共产主义运动专业的兴趣源于本科阶段，而王教授当时正是这门课程的任课教师，他是我进入这一学科领域的启蒙导师。王教授不仅学养深厚、治学严谨，在中俄政治改革比较研究方面成果丰硕，而且对学生十分耐心，既严格要求又热情鼓励。在我撰写论文期间，王教授在论文选题、基本框架、重点难点创新点把握、写作进度安排乃至语言文字细节等多方面给予我全方位的专业指导。我的专业基础不甚扎实、学术积累不够，从选题、开题、撰写、修改到完成，我如同经历了一次凤凰涅槃。因为目前学术界关于俄罗斯意识形态的研究不多，本选题难度较大，我在收集国内外相关文献资料方面花费了大量时间和精力。在发现问题、梳理线索、理顺逻辑、构建体系、充实论据、规范论证的过程中，自己的学术思维能力和研究水平得到了较大提升。如果没有王教授的无限信任、不断鼓励和悉心指导和督察，我是难以在繁忙的工作和家务之余坚持完成学业的。

我要衷心感谢南京师范大学公共管理学院学科导师组的俞良早教授、王永贵教授、王进芬教授、孟宪平教授等各位导师，他们像对待自己的博士生一样，帮助我修改论文提纲、调整篇章结构、梳理论证逻辑、丰富研究资料，并在学术论文写作的科学性、规范性、准确性等方面给予精心指导。同时衷心感谢苏州科技大学的姚海教授，作为国内著名的俄罗斯史学专家，他从历史学科的角度给予我很多指点、帮助和鼓励。

我还要衷心感谢苏州科技大学、南京特殊教育师范学院的领导和同事们给予的理解和支持，让我有了学习和研究的时间和空间。感谢陆道平教授、刘强博士和亚太国家现代化与国际问题研究中心同仁给予我学术上的帮助与支持；感谢曹岩、严海兵、赵传森、张洋等几位同事在提供资料、原文翻译、排版格式、论文印刷等方面给予的大力帮助。

我也必须由衷地感谢我的父母、公婆、丈夫和女儿，他们永远是我前行的根本动力和坚强后盾。一个独自在异地工作的职业女性试图追求学术之路，对家庭的亏欠是可想而知的。六年中女儿在中考和高考之路上顽强拼搏，真不知是我这个母亲给她树立了表率，还是乖巧的她激励着我坚持奋斗。

**图书在版编目（CIP）数据**

转型期俄罗斯国家意识形态研究／张钦文著. -- 北
京：社会科学文献出版社，2016.12
ISBN 978 - 7 - 5097 - 9812 - 6

Ⅰ.①转… Ⅱ.①张… Ⅲ.①社会意识形态 - 研究 -
俄罗斯 Ⅳ.①D751.269

中国版本图书馆 CIP 数据核字（2016）第 245726 号

---

## 转型期俄罗斯国家意识形态研究

著　　者／张钦文

出 版 人／谢寿光
项目统筹／祝得彬　张苏琴
责任编辑／张苏琴

出　　版／社会科学文献出版社·当代世界出版分社（010）59367004
　　　　　　地址：北京市北三环中路甲 29 号院华龙大厦　邮编：100029
　　　　　　网址：www. ssap. com. cn
发　　行／市场营销中心（010）59367081　59367018
印　　装／三河市东方印刷有限公司

规　　格／开　本：787mm × 1092mm　1/16
　　　　　　印　张：14.5　字　数：234 千字
版　　次／2016 年 12 月第 1 版　2016 年 12 月第 1 次印刷
书　　号／ISBN 978 - 7 - 5097 - 9812 - 6
定　　价／68.00 元

---